Ole Kofoed-Olsen

Törnführer Dänemark 2

Seeland · Lolland · Falster · Møn · Bornholm

Edition Maritim

Autor und Verlag übernehmen für Irrtümer, Fehler oder Weglassungen keinerlei Gewährleistung oder Haftung. Die Pläne dienen zur Orientierung und nicht zur Navigation; sie ersetzen also keinesfalls Seekarten und Seehandbücher.

Impressum

Die Deutsche Bibliothek - CIP-Einheitsaufnahme
Törnführer Dänemark / Ole Kofoed-Olsen. - Hamburg : Ed. Maritim.
(Nautischer Reiseführer)
Teil 1 verf. von Sanne Wittrup
NE: Wittrup, Sanne; Kofoed-Olsen, Ole
2. Seeland, Lolland, Falster, Møn und Bornholm / [Übers.:
Alexander Zimmermann]. - 1993
ISBN 3-89225-255-6

Titel der dänischen Originalausgabe:
Sejltouren går til Østdanmark

Umschlag: Buchholz / Hinsch / Hensinger, Hamburg
Übersetzung: Alexander Zimmermann, Hamburg
Redaktion: Jens Teglbjærg
Pläne: Erik Leenders
Titelfoto: Berit Notzke, Hamburg
Fotos: Ole Kofoed-Olsen, Jyllinge, Dänemark
Satz: Grafisches Zentrum Hess GmbH, Hamburg
Druck: PDC Paderborner Druck Centrum GmbH, Paderborn
Titelfoto: Kreidefelsen Møns Klint

Printed in Germany 1993
1. Auflage
ISBN 3-89225-255-6

Inhalt

Kopenhagen

Eine kurze Stadtgeschichte 9
Langelinie Yachthafen 12
Von Langelinie zum Christianshavns-Kanal 15
Trangraven Marina und Wilders Plads Marina 17
Von Christianshavn nach Nyhavn 18
Nyhavn 18
Von Nyhavn zum Frederiksholm-Kanal 18
Frederiksholm-Kanal 19
Vom Frederiksholm-Kanal zum Fiskerihavn 20
Fiskerihavn 20
Kalvebodernes Havn 21
Vom Fiskerihavn nach Hvidovre 21
Hvidovre Yachthafen 21
Von Hvidovre nach Dragør 22
Dragør Havn 22
Von Dragør nach Kastrup 22
Von Kastrup nach Sundby 23
Sundby Sejlforenings Havn 23
Von Sundby nach Saltholm 24
Saltholm (Barakkebro) 24
Von Saltholm zum Flakfort 24
Vom Flakfort nach Margretheholm 25
Margretheholm 25
Von Margretheholm zum Skudehavn 26
Skudehavn 27
Vom Skudehavn zum Kalkbrænderihavn 27
Kalkbrænderihavn/ Copenhagen Boat Center 27
Vom Kalkbrænderihavn zum Svanemøllehavn 28
Svanemøllehavn 28
Von Svanemølle nach Hellerup 28
Hellerup Havn 28

Das nordöstliche Seeland 29

Von Hellerup nach Skovshoved 29
Skovshoved Havn 29
Von Skovshoved nach Tårbæk 30
Tårbæk Havn 30
Von Tårbæk nach Vedbæk 31
Vedbæk Havn 31
Von Vedbæk nach Rungsted 32
Rungsted Yachthafen 32
Von Rungsted nach Nivå 32
Nivå Bugt Havn 32
Vom Nivå Bugt Havn nach Sletten 33
Sletten Havn 33
Von Sletten nach Humlebæk 33
Humlebæk Havn 33
Von Humlebæk nach Espergærde 34
Espergærde Havn 34
Snekkersten 35
Von Snekkersten nach Helsingør 35
Helsingør Nordhavn 35
Von Helsingør nach Hornbæk 39
Hornbæk Yachthafen 39
Von Hornbæk nach Gilleleje 39
Gilleleje Fischerei- und Yachthafen 39
Von Gilleleje nach Hundested 40
Hundested Fischerei- und Fährhafen 40
Von Hundested nach Lynæs 42
Lynæs Havn 42

Der Roskilde Fjord 43

Kulhuse Havn 43
Von Kulhuse nach Frederiksværk 43
Frederiksværk 45
Von Frederiksværk nach Kignæs 45
Kignæs Yachthafen 46
Von Kignæs nach Frederikssund 47
Frederikssund und Marbæk Yachthafen 48
Von Frederikssund nach Skuldelev 49
Skuldelev Havn 51
Von Skuldelev nach Jyllinge 52
Von Jyllinge nach Sønderby 53
Sønderby Havn 54
Von Sønderby nach Veddelev 55
Veddelev Yachthafen 56
Von Veddelev nach Roskilde 56
Roskilde Havn 56
Von Roskilde nach Herslev 59
Herslev Yachthafen 60
Von Herslev nach Gershøj 60
Gershøj Fischerei- und Yachthafen 61
Von Gershøj nach Hellas 61
Hellas 61
Von Hellas zur Møllekrogsbro 62
Møllekrog 62

Isefjord 64
Vom Roskilde Fjord nach Ejby 64
Ejby Fischereihafen 64
Von Ejby nach Holbæk 66
Holbæk Marina/Havn 67
Von Holbæk nach Hørby 69
Hørby Yachthafen 69
Von Hørby nach Orø 69
Orø Havn 70
Von Orø nach Nykøbing/Seeland 71
Nykøbing/Seeland 71
Von Nykøbing nach Rørvig 72
Rørvig Havn 73
Von Rørvig zum Kattegat 73

Westseeland 74
Vom Isefjord nach Odden 74
Hesselø 74
Odden (Havneby) 74
Von Odden nach Havnsø 76
Havnsø 76
Von Havnsø nach Nekselø 77
Nekselø Bro 77
Von Nekselø nach Sejerø 78
Sejerø 78
Von Sejerø nach Røsnæs 80
Røsnæs Fischereihafen 80
Von Røsnæs nach Kalundborg 81
Kalundborg 81
Von Kalundborg nach Reersø 83
Reersø Fischereihafen 83
Von Reersø nach Mullerup 83
Mullerup Yachthafen 83
Von Mullerup nach Sprogø 84
Musholm 84
Sprogø 84
Von Sprogø nach Korsør 86
Korsør Havn 86
Von Korsør nach Skælskør 86
Skælskør Havn 88
Von Skælskør nach Agersø 89
Agersø Havn 89
Von Agersø nach Omø 90
Omø Havn 90
Von Omø nach Bisserup 92
Bisserup Havn 92
Von Bisserup nach Karrebæksminde 93
Karrebæksminde Havn 93
Von Karrebæksminde nach Næstved 94
Næstved Yachthafen 94
Næstved Industriehafen 95

Süd- und Ostseeland 97
Von Næstved nach Dybsø 97
Dybsø Naturhafen 97
Von Dybsø nach Vordingborg 97
Vordingborg Nordhavn 99
Von Vordingborg nach Tærø 100
Tærø Havn 100
Von Tærø nach Petersværft 101
Petersværft Lilleputhavn 101
Von Petersværft nach Kalvehave 101
Kalvehave Havn 101
Von Kalvehave nach Sandvig 101
Sandvig Fischereihafen 102
Von Sandvig nach Stavreby 102
Stavreby Havn 102
Von Stavreby nach Præstø 102
Præstø Havn 103
Von Præstø nach Fakse Ladeplads 104
Fakse Ladeplads 104
Von Fakse Ladeplads nach Rødvig 105
Rødvig Havn 105
Von Rødvig zum Bøgeskov-Fischereihafen 107
Bøgeskov-Fischereihafen 107
Von Bøgeskov nach Køge 108
Køge Yachthafen 108
Von Køge nach Mosede 109
Mosede 109
Von Mosede zum Køge-Bugt-Strandpark 109
Hundige Yachthafen 109
Ishøj und Vallensbæk 110

Die Südseeinseln 111
Vejrø Havn 111
Von Vejrø nach Femø 114
Femø Havn 114
Von Femø nach Dybvig 116
Dybvig Havn 116
Skalø 116
Von Dybvig nach Askø 117
Askø Havn 117
Lilleø 119
Von Askø nach Sakskøbing 119

Sakskøbing Havn 119
Von Sakskøbing nach Bandholm 120
Bandholm Havn 121
Von Bandholm nach Blans 122
Blans Havn 122
Von Blans nach Kragenæs 122
Kragenæs Havn 122
Von Kragenæs nach Urne 123
Urne Fischereihafen 123
Von Urne nach Onsevig 123
Onsevig Fischereihafen 123
Von Onsevig nach Tårs 124
Tårs Fischereihafen 124
Von Tårs nach Nakskov 124
Nakskov Handelshafen 125
Von Nakskov nach Langø 125
Langø Havn 125
Von Langø nach Albuen 126
Albuen (Naturhafen) 126
Von Albuen nach Kramnitse 127
Kramnitse Fischereihafen 127
Von Kramnitse nach Rødby 127
Røbdy Havn 127
Von Rødby Havn nach Errindslev 128
Errindslev Fischereihafen 128
Von Errindslev nach Nysted 128
Nysted Havn 128
Von Nysted nach Gedser 131
Gedser Yachthafen 131
Von Gedser nach Nykøbing/Falster 131
Nykøbing/Falster Havn 132
Von Nykøbing/Falster nach Guldborg 134
Guldborg Anlegebrücke 134
Guldborg Brücke und Bootshafen 135
Von Guldborg nach Gåbense Bro 135
Gåbense Bro 135
Von Gåbense nach Sortsø 136
Sortsø Anlegebrücke 136
Bogø Fischerei- und Fährhafen 136
Skåningebro 138
Von Bogø nach Stubbekøbing 139
Stubbekøbing Havn 139
Von Stubbekøbing nach Borreknold 139
Borreknold 139
Hårbølle Havn 140
Von Hårbølle nach Hesnæs 141
Hesnæs Fischereihafen 141
Von Hesnæs nach Klintholm 141
Klintholm Havn 141
Von Klintholm nach Nyord 143
Nyord Havn 143
Von Nyord nach Stege 145
Stege Havn 145

Bornholm und Christiansø 147

Von Seeland oder Møn nach Hammerhavn 148
Hammerhavn 149
Von Hammerhavn nach Vang 151
Vang Havn 151
Von Vang nach Teglkås 152
Teglkås Havn 152
Von Teglkås nach Helligpeder 152
Helligpeder Havn 152
Von Helligpeder nach Hasle 152
Hasle Havn 152
Von Hasle nach Nørrekås 153
Nørrekås Havn 153
Rønne Industriehavn 154
Von Rønne nach Arnager 156
Arnager Havn 156
Von Arnager nach Snogebæk 156
Snogebæk Havn 157
Von Snogebæk nach Neksø 157
Neksø Havn 157
Von Neksø nach Årsdale 159
Årsdale Havn 159
Von Årsdale nach Svaneke 161
Svaneke Havn 161
Von Svaneke nach Listed 162
Listed Havn 162
Bølshavn 163
Von Bølshavn nach Melsted 163
Melsted Havn 163
Von Melsted nach Gudhjem 164
Gudhjem (südlicher Hafen) 164
Gudhjem Havn (Nørresand) 166
Von Gudhjem nach Tejn 167
Tejn Havn 167
Von Tejn nach Allinge 167
Allinge Havn 167
Von Allinge nach Sandvig 168
Sandvig Havn 168
Von Sandvig nach Christiansø 170
Christiansø 170

Ortsregister 174

Vorwort

Eine der Freuden des Segelns ist es, an Land zu gehen. Und ein Fahrtensegler bevorzugt - deshalb segelt er ja - Orte, die er ohne seine Yacht vielleicht nicht erreichen könnte. Im Schutze Jütlands, das seinen Rücken gegen das barsche Wetter wendet, laden die östlich gelegenen Fahrwasser den Fahrtensegler ein, diese selbst wie auch Land und Leute zu entdecken.

Hier ist es möglich, weit in die Buchten und Fjorde einzusegeln, und man kann mit wenigen Ausnahmen alle dänischen Kaufmannsstädte von der Seeseite her besuchen. Das sind fantastische Möglichkeiten, um die wir Dänen zu recht beneidet werden, und sollten wir unser Land einem Ausländer beschreiben, so könnte man es am besten so formulieren: Es ist das Land gerade über dem Meeresspiegel.

Und so sind denn die dänischen Segler privilegiert, haben sie doch gleich vor den heimischen Küsten der Welt bestes Segelrevier - auf jeden Fall eines der besten. Es gibt keine Tide, auf dem Kompaß fast keine Mißweisung, die Häfen liegen nahe beieinander, die Fahrwasser sind gut betonnt und haben in der Regel einen weichen Sandgrund. Nur das ständig wechselnde dänische Sommerwetter läßt sich nicht vorhersagen.

Der „Törnführer Dänemark 2“ wurde nach einer Segelodyssee rund um Seeland, die Inseln der dänischen Südsee und um Bornholm erstellt. Das vorliegende Buch ist nicht als Ersatz für Seekarten oder Hafenhandbücher gedacht, sondern als eine Ergänzung, die all jenes beschreibt, was über den Rahmen der Hafenhandbücher hinausgeht.

Die Absicht unseres Törnführers ist es, dem Segler Wissen über den Hafen zu vermitteln, der als Ziel ausgesucht wurde, und auf die Sehenswürdigkeiten hinzuweisen, die im Hafen und seiner näheren Umgebung zu finden sind.

Ole Kofoed-Olsen

Die in den dänischen Karten und Plänen enthaltenen Begriffe bedeuten:

Bro	- Brücke
Færgehavn	- Fährhafen
Fiskerihavn	- Fischereihafen
Jernbane	- Eisenbahn
Lystbådehavn	- Sportboothafen
Mølle	- Mühle
Politi	- Polizei
Roklub	- Ruderverein
Rutebilstation	- Bushaltestelle
Slot	- Schloß
Sømil	- Seemeile
Station	- Bahnhof
Svømmebad	- Schwimmbad
Torv	- Markt
Zool. Have	- Zool. Garten

Kopenhagen

Langelinie – Christianshavns Kanal – Nyhavn – Fiskerihavn – Dragør – Saltholm – Flakfort – Svanemøllehavn – Hellerup

Die erste der drei Routen dieses Buches lädt zu einem Törn rund um Seeland ein. Dazu wird jeder Hafen, auch die kleinen, auf diesem Kurs beschrieben. In der Praxis wird man vielleicht nicht jedes aufgeführte Ziel ansteuern, vielmehr wird man sich denjenigen Hafen oder Ankerplatz aussuchen, der am besten in den weiteren Verlauf der Reise (und des Wetters) paßt.

Dem Segler, der Kopenhagen nicht kennt, kann es schon schwerfallen, sich für einen Liegeplatz zu entscheiden, denn die Auswahl ist recht ansehnlich: Der Sportboothafen Langelinie und der Kai am Christianshavns Kanal sind bevorzugte Liegeplätze für Gäste, zumeist aufgrund ihrer Nähe zum Zentrum und daher mitten im Geschehen.

Auch Svanemøllehavn, Copenhagen Boat Center im Kalbrænderihavnen, Sejlklubben Sundets Steg im Skudehavn, der Hafen von Sundby Sejlforening, Lynetten, Nyhavn (nur für Oldtimer) und die Stege des Segelvereins Enigheden im Fiskerihavn können für einen Besuch in der Stadt der kleinen Meerjungfrau angelaufen werden.

Eine kurze Stadtgeschichte

In den fünfziger Jahren machte Danny Kaye das „Wonderful Copenhagen“ mit einem Film über H.C. Andersen weltberühmt. Der Film war eine treffende Huldigung der dänischen Hauptstadt, der im übrigen größten Stadt Skandinaviens. Doch trotz seiner Größe hat es Kopenhagen vermocht, durch die Jahrhunderte der Stadtentwicklung und des Wachstums seinen Charme und seine Seele zu bewahren.

Nähert man sich auf dem Wasser der Stadt, sind es die Hafenanlagen, die sich zuerst einprägen. Sie liegen zwischen den Inseln Seeland, die auf dänisch „Sjælland“ genannt wird, und Amager, und ihre Wasserwege breiten sich als ein Netz von Kanälen durch den ältesten Teil der Stadt aus. Hier spürt man den Pulsschlag, welcher der Stadt und ihrem Wachstum Leben und Nahrung gegeben hat.

Im 11. Jahrhundert wurde die Stadt zum ersten Male erwähnt, zuerst nur „Havn“ (Hafen) genannt, später mit dem lateinischen Namen „Hafnia“ bezeichnet. Saxo Grammatikus nennt sie in „Danmarks Riges Krønike“, der Chronik des dänischen Reiches, „Købmændenes Havn“, den „Hafen der Kaufleute“.

In der Entwicklungsgeschichte Københavns treten zwei Persönlichkeiten entscheidend hervor. Zuerst Bischof Absalom, der im Jahre 1167 eine Burg auf dem Slotsholm erbaute, von der heute noch Reste unter dem Parlamentssitz Christiansborg vorhanden sind. In dieser Zeit entstand auch der erste Wall. Innerhalb dieses Walls gab es reichlich Platz für die sich nun entwickelnde Stadt; genug bis in das 17. Jahrhundert hinein, als man begann, die neuen Viertel zwischen den Wällen und den „Søerne“, den Seen zu erbauen.

Erst in den 1850er Jahren schleifte man Wälle und Festungsgräben – von denen noch Reste im Tivoli und im Ørstedspark zeugen – und verdichtete die Bebauung auf Nørrebro, Østerbro und Vesterbro. Um die Jahrhundertwende herum wurden Brønshøj, Valby und Sundby eingemeindet, während Frederiksberg bis heute eine selbständige Gemeinde blieb.

Man hat zu Recht König Christian IV.

den zweiten Gründer Kopenhagens genannt. Er erweiterte unter anderem die Stadt außerhalb der ältesten Wälle und den Hafen, so daß seine Anlagen allein so umfänglich wurden wie die späteren Erweiterungen zusammengenommen.
Während einer Hafenrundfahrt kann man heute am besten sehen, welch ein weitblickender Seemann und Bauherr Christian IV. war. Die Börse, das Schloß Rosenborg, Holmens Kirke – die heute das Zeughausmuseum beherbergt –, die für Seeleute errichteten „neuen Buden“ Nyboder, der Stadtteil Christianshavn und vieles

Kopenhagens Zoo ist mit 2500 Tieren einer der größten Europas

andere mehr geht auf ihn zurück. Der König, der ein ausgesprochen selbstbewußter und selbständiger Praktiker war, macht sich nach 1600 an die ambitionierteste Planung Københavns seit Absaloms Zeiten. Kriege, Pest und Großbrände haben in den Jahren nach Christian IV. die Entwicklung der Stadt verzögert. 1711 wurde die Stadt von einer großen Pest heimgesucht und ein Drittel ihrer Einwohner, ungefähr 24.000 Menschen, starben. 1728 legte ein Brand 1640 Gebäude, darunter das Rathaus, fünf Kirchen und die Universität, in Schutt und Asche. 1794 brannte das Königsschloß, die erste Christiansborg, und im Jahr darauf gingen wiederum 951 Häuser, ein Viertel der Stadtbebauung, in Flammen auf. 1801 erlitt die Stadt während der Seeschlacht auf der Reede im Øresund Schäden, und 1807 bombardierten die Engländer Kopenhagen von See her. Die großen Brände sind die Ursache dafür, daß man in København heutzutage kaum noch auf Fachwerkhäuser stößt, denn seit dieser Zeit wurden keine Fachwerkbauten mehr errichtet.

Zwischen den Jahren 1807 und 1940 erlebte die Hauptstadt weder Krieg noch Besetzung. Ein ruhiger und zuverlässiger Fortschritt prägte das Leben Kopenhagens dieser Periode. Nach dem Zweiten Weltkrieg folgten einige Jahre der Rationierung, und es war nicht leicht, die Räder wieder in Gang zu bringen. Aber in den 60er und 70er Jahren kam erneut Schwung in die Entwicklung.

Das Kopenhagen für Touristen ist heute in erster Linie das alte København innerhalb der Wallstraßen. Ungefähr 700 Gebäude in der inneren Stadt und auf Christianshavn sind denkmalgeschützt, und von den besonders sehenswerten Plätzen und Straßenzügen können der Gråbrødre Torv, Teile der Strøjet (Nygade-Amagertorv), Gammel Strand, Nyhavn und die Kanalstraßen in Christianshavn besonders hervorgehoben werden. Das Erlebnis dieser städtischen Atmosphäre kann man mit einem Rundblick aus der Vogelperspektive ergänzen. Drei der Türme, die mit dazu beitrugen, Kopenhagen den Beinamen „Stadt mit den schönen Türmen“ zu geben, kann man besteigen. Vom Rathausturm (Rådhustårnet), Rundetårnet und dem

Turm der Vor Frelsers Kirke hat man eine beeindruckende Aussicht über das alte København im Zentrum, vor dem neueren als Hintergrund.

Langelinie Yachthafen

Segler, die den Kopenhagener Hafen ansteuern wollen, müssen dem schmalen Fahrwasser Lynetteløb zwischen Trekronerfortet und der Werft von Burmester & Wain folgen. Anschließend bleibt man östlich der Reihe gelber Tonnen gegenüber der Langelinie. Kronløbet, die weite Einfahrt in den Hafen, darf von Sportschiffen nicht benutzt werden, weil dort die Tragflügelboote aus Schweden ihre Landebahn haben. Also: segeln Sie durch Lynetteløb und folgen Sie der nächsten Regel der Hafenverwaltung: „Das Einlaufen in den Hafen Langelinie muß quer zum Hauptfahrwasser erfolgen, ohne den übrigen Verkehr zu stören."

- Telefon
- Wasser
- E-Anschluß
- Hafenmeister Tel. 31 26 23 38
- Fahrradverleih
- Nächste Tourist-Information:
  Tivoli, H.C. Andersens
  Boulevard 22 A
  Tel. 33 11 13 25

Die heutige Gestalt erhielt Langelinie in den 30er Jahren, als auch der kleine Sportboothafen gebaut wurde. Man liegt dort etwas unruhig, hauptsächlich aufgrund der Tragflügelboote, die den ganzen Tag vorbeifahren, und deren Schwell man noch im Hafenbecken ausgesetzt ist. Doch der Hafen ist sicher vor Wind und Wetter, nicht zuletzt deshalb, weil die großen Bäume, die ihn umgeben, Schutz bieten und dazu eine kleine Oase in der Großstadt bilden. Der Hafen wird bevorzugt von ausländischen Seglern angelaufen, doch auch eine ganze Anzahl dänischer Gastlieger findet den Weg hierher.
Die Buslinien 1, 6 und 9 fahren von der Store Kongensgade aus zum Kongens Nytorv. In den Sommermonaten (1.5. - 31.8.) fährt die Linie 50 zum Radhusplads. Die S-Bahn fährt ab Østerport Station.

Die Umgebung

Nur wenige Schritte vom Hafen entfernt sitzt eine der meist fotografierten Frauen Dänemarks direkt am Wasser auf einem Stein. Es ist „Den Lille Havfrue", **die kleine Meerjungfrau.** Zweimal wurde diese Figur beschädigt, indem sie einmal ihres Kopfes, ein andermal ihres einen Armes beraubt wurde. Daß diese „Körperteile" ersetzt wurden, ist zum Glück nicht zu erkennen. Berühmt ist sie auch eher ihrer Geschichte wegen, denn aufgrund ihrer künstlerischen Qualität. Entworfen hat sie im Jahre 1913 Edward Erichsen.
Auch das **Kastell** liegt in unmittelbarer Nähe des Hafens. Es ist eine Zitadelle, die im Jahr 1640 von König Christian IV. begonnen und von Frederik III. in den Jahren 1662 - 65 fertiggestellt wurde. Die Bauleitung hatte dabei der holländische Festungsspezialist Heinrich Rüse. Im Laufe der Zeit wurde das Kastell verändert und ausgebaut, so wurde z.B. im Jahre 1704 eine Kirche erbaut, und 1725 kam das Kommandantenhaus hinzu. Die meisten Gebäude aus der Zeit Frederiks III. sind erhalten geblieben. Im Norden und Süden kann man noch die imponierenden Festungstore sehen, zwischen denen die „Hauptstraße" des Kastells verläuft. Parallel dazu erstrecken sich die Lager und Magazine. Das alte Staatsgefängnis, in dem u.a. auch Johann Friedrich Graf von Struensee einsaß, findet man gleich hinter der Kirche. Beide Gebäude sind miteinan-

der verbunden, so daß die Gefangenen, ohne ihre Zellen zu verlassen, dem Gottesdienst folgen konnten. Das Gefängnis wurde 1725 erbaut und diente bis 1872 als Staatsarrest. Auf dem Wall westlich der Kirche steht eine schöne Windmühle aus dem Jahr 1847. Vorher stand dort eine Bockmühle. Die ganze Wallanlage ist vor kurzem restauriert worden und besitzt nun wieder ihre ursprüngliche Form.

Das **Freiheitsmuseum** liegt im Churchillpark. Die Geschichte der Besetzung Dänemarks durch deutsche Truppen (1940–1945) während des Zweiten Weltkrieges wird hier anhand von Fotos, Dokumenten, Sabotageausrüstungen u.a.m. dargestellt. Es gibt Räume, in den das Innere z.B. einer illegalen Druckerei, einer Gefängniszelle und einer Werkstatt zur Herstellung von Waffen gezeigt wird. Draußen vor dem Museum steht ein selbsterbauter, illegal hergestellter Panzerwagen aus Frederiksværk. Das Museum ist eine Abteilung des Nationalmuseums.

Neben dem Museum liegt der **Gefionspringbrunnen.** Nach einem alten Skaldengesang versprach der schwedische König Gylfe der nordischen Fruchtbarkeitsgöttin Gefion soviel Land, wie sie an einem Tage umpflügen konnte. Diese nun verwandelte ihre vier Söhne in Ochsen und erwarb sich so mit ihnen die spätere Insel Seeland. Das Loch, das in Schweden dadurch entstand, ist der heutige Vänern-See. Der Gefionbrunnen stellt die Szene des Pflügens dar. Er wurde im Jahr 1908 von Anders Bundgaard geschaffen.

Weil Kopenhagens zahlreiche Sehenswürdigkeiten über ein weites Gebiet verstreut liegen, ist es sinnvoll, zuerst die interessantesten aufzusuchen. Es gibt hier Erlebnisse und Eindrücke für die ganze Familie, doch kann man bei einem Besuch nicht alles sehen. Eine „Top-Ten-Liste“ mit einigen der beliebtesten Sehenwürdigkeiten Kopenhagens, ausgewählt für eine Seglerfamilie mit kleinen und großen Kindern, könnte z.B. so aussehen:
Kanalrundfahrt, Cirkus Benneweis, Tivoli, Louis-Tussauds-Wachsfigurenkabinett, das Schloß Rosenborg, der Rundetårn, der Zoologische Garten und das Königliche Theater. Von diesen Attraktionen sind die drei erstgenannten nur im Sommer geöffnet, das Königliche Theater dagegen ist im Juli und August geschlossen.

Die vielen festen Brücken über die Kanäle Kopenhagens besitzen eine lichte Höhe von nicht mehr als 1,8 m und sind von den meisten Sportbooten nicht zu durchfahren. Darum kann eine **Hafen- und Kanalrundfahrt** eine entspannende und schöne Möglichkeit sein, um eine Reihe Kopenhagener Sehenswürdigkeiten kennenzulernen. Man kann zwischen mehreren Routen wählen, die entweder am Gammel Strand oder am Kongens Nytorv (beim Anker) starten. Die Rundfahrten beginnen in der Zeit vom 1.5. bis 15.9. zu jeder halben und vollen Stunde. Unterwegs sieht man u.a. Langelinie, die kleine Meerjungfrau und Christianshavn. Es gibt sowohl Touren mit als auch ohne Fremdenführer. Weitere Informationen erhält man im Kontor der Havne- und Kanalrundfahrt, Tel: 31 13 31 05.

Von Mai bis Oktober kann man den **Circus Benneweis** – er ist einer der Welt größten und besten – im alten Zirkusgebäude an der Jernbanegade erleben. Die Vorstellungen finden jeden Abend um 19.00 Uhr statt, mittwochs, sonnabends, sowie an Sonn- und Feiertagen außerdem um 15.00 Uhr. Der Kartenverkauf ist von 12.00 Uhr bis 18.00 Uhr geöffnet, Tel. 31 14 21 92 und 31 14 44 43.

Der Haupteingang zum **Tivoli** befindet sich an der Vesterbrogade. Es gibt jedoch auch Eingänge am H.C. Andersens Boulevard, der Tietgensgade

Die Galionsfigur der Korvette „Fortuna“ im Orlogsmuseet

und der Bernstorffsgade. Das Tivoli ist das bekannte Etablissement für Sommervergnügung. Hier gibt es auch schöne Blumenanlagen, z.B. im Parterregarten, wie hübsche Springbrunnen, die abends beleuchtet werden. Dazu noch Vergnügungsstätten und Restaurants, Spielplätze für Kinder u.v.m. Der Garten wurde 1843 vom Journalisten Georg Carstensen gegründet und heißt eigentlich „Københavns Sommer Tivoli“. Die ältesten noch existierenden Gebäude sind der Haupteingang und das Pantomimentheater, die 1874 erbaut wurden. Die älteste Institution ist der 1843 gegründete Divan I und II. Auch die Tivoligarde besteht seit 1843.

Dicht beim Rådhusplads liegt **Louis Tussauds Wachsfigurenkabinett** am H.C. Andersens Boulevard, in einem schloßähnlichen Bau untergebracht. Hier kann man Wachsfiguren von berühmten dänischen und ausländischen Staatsmännern (und -frauen), Wissenschaftlern und Künstlern bestaunen, die auf Podesten stehend durch Licht- und Geräuscheffekte „zum Leben erweckt“ werden. Außerdem gibt es ein Märchenland und ein Gruselkabinett.

An der Overgade oven Vandet 62 auf Christianshavn steht das 1957 gegründete **Orlogsmuseet**. Man kann u.a. die Entwicklung des Schiffbaus anhand von Galionsfiguren, Fotos, alten Stichen und Seekarten verfolgen. Gezeigt wird auch ein großes Modell von Nyholm, dem alten Kopenhagener Werftenviertel, mit 60 liebevoll gebauten Schiffsmodellen im Maßstab 1 : 250.

Legetøjmuseet, das Spielzeugmuseum, steht an der Valkendorfsgade 13. Es zeigt Spielzeug aus der Zeit von ca. 1840 bis 1930: mechanisches Spielzeug, Puppen, Kinderbücher, Christbaumschmuck, Zinnsoldaten und die wohl älteste noch erhaltene Spielzeug-Arche-Noah aus dem Jahr 1790. Es hat das ganze Jahr über täglich von 10.00 Uhr bis 16.00 Uhr geöffnet.

Rosenborg Slot, das Schloß Rosenborg, steht in der Østervoldgade 4a. König Christian IV. ließ „die große Gartenlaube“ in den Jahren 1606 - 17 im Renaissancestil errichten. Das Schloß wurde anfänglich als Landsitz genutzt, später fanden hier die Feste des Hofes statt, bis es schließlich im Jahre 1833 zum königlichen Familienmuseum avancierte. Seitdem residiert hier „Die Chronologische Sammlung der Dänischen Könige“. Das Schloß beherbergt eine einzigartige Sammlung von Porzellan, Silber, Gemälden u.a.m. Hier werden auch die königlichen Insignien aufbewahrt, die zusammen mit anderen Kleinodien in einen diebstahl- und bombensicheren Keller verwahrt werden. Man kann sich auch Kunstschätze im alten Kommandantenhaus ansehen.

Rundetårnet, der Runde Turm, steht in der Købmagergade. Der weltbekannte 36 m-Turm wurde in den Jahren 1637 - 42 erbaut. Der Durchmesser beträgt ca. 15 m, und statt über eine Treppe geht man einen 206 m langen Schneckengang hinauf. Die Steigung ist so gering, daß die russische Kaiserin Katharina diese am 2.10.1716 in einer Kutsche bewältigte, während ihr Gemahl Peter der Große vorneweg hinaufritt. An den Turm grenzt die Trinitatiskirche. St. Trinitatis wurde als Studentenkirche geplant, und in deren Turmspitze - damals noch „Regententurm" genannt - wurde ein Observatorium eingerichtet. Die Bildinschrift an der Außenmauer des Turms an der Købmagergade kann so entziffert werden: Doctrinam et justitiam dirige, Jehova, in corde coranti Christiani Qvarti, 1642; d.h.: „Lenke Du, Herr, den Glauben und die Gerechtigkeit in des Königs, Christian IV., Herzen". Der Turm ist tagsüber für Besucher geöffnet, und man hat von seiner Plattform aus einen schönen Rundblick über Kopenhagen bis zum Øresund.

Zoologisk Have, der zoologische Garten am Roskildevej 32, wurde im Jahr 1859 angelegt, der „Eiffelturm" beim Haupteingang entstand erst 1905. Dort befindet sich die Garderobe, wo man auch Klapp- und Leiterwagen als fahrbaren Untersatz für die Kleinsten ausleihen kann. In der „Søndermark" ist ein Kinderzoo mit Ziegen, Kühen und anderen Haustieren eingerichtet. Hier gibt es die Möglichkeit für einen kleinen Ritt - und im Kaninchengehege können sich Kinder und Kaninchen gegenseitig studieren. Der Zoo zeigt etwa 450 Tierarten mit 2500 Exemplaren in einer ca. 12 ha großen Parkanlage. Er ist einer der größten Tiergärten Europas und weltbekannt, so daß auch viele ausländische Besucher kommen.

Det kongelige Teater, das Königliche Theater am Kongens Nytorv 8, nimmt als Dänemarks Nationalbühne eine Sonderstellung ein. Es ist weltweit eines der wenigen Theater, in dem Schauspiel, Oper und Ballett unter einem Dach vereinigt sind, und wo der Spielplan innerhalb der Woche in den Darstellungsarten wechselt.

Das heutige Theatergebäude - die „Gamle Scene" - wurde in den Jahren 1872 - 1874 anstelle des Vorgängerbaus von 1748 errichtet. Der Zuschauerraum faßt 1500 Plätze und wurde von verschiedenen Künstlern, u.a. Constantin Hansen, reich dekoriert. 1931 wurde die „Nye Scene" eröffnet. Sie wird allgemein als „Stærekasse" bezeichnet, was soviel wie Star-Kasten bedeutet. In ihr haben 1050 Zuschauer Platz. Sie ist mit der „Gamle Scene" durch ein turmartiges Gebäude über die Tordenskjoldsgade hinweg verbunden.

Da es in Kopenhagen sehr viele Sehenswürdigkeiten gibt, ist es ratsam, sich vorher bei der Touristeninformation beim Tivoli, H.C. Andersens Boulevard 22, Tel. 33 11 13 25, zu informieren. Hier kann man auch Broschüren speziell zu den Themen erhalten, die einen besonders interessieren.

Von Langelinie zum Christianshavns-Kanal

Nach soviel Stadtgeschichte kann es erholsam sein, wieder Wasser unterm Kiel zu haben. Also gehen wir auf südlichen Kurs, der uns in das große Hafengebiet führt, mit der Burmeister & Wain-Schiffswerft an Backbord und dem Langeliniepavillon an Steuerbord. Der alte Langeliniepavillon wurde während der Besetzung als Vergeltung für die Sabotage der Widerstandsgruppen zerstört. In der davor liegenden Bucht, an deren Ufer „die kleine Meerjungfrau" sitzt, hatte vor dem Krieg der K.D.Y, der Königlich Dänische Yachtklub, seine Liegeplätze. Dort lagen schöne Holzyachten, unter ihnen auch die 10m-Yacht „Rita" von Christian X. Anschließend folgt Nordre Toldbod, die „nördliche Zollbude", und das Königsschiff -, besser

gesagt: das Königinnenschiff - die „Dannebrog" an seinen Festmachertonnen vis à vis.
Das Zollhäuschen liegt beim sog. Bomløb, und damit sind wir im alten Hafen Kopenhagens angelangt. Als Kopenhagen noch von Wällen umgeben war, wurden die Stadttore abends geschlossen, und auch der Hafen war nachts für die Schiffe gesperrt. Das geschah mit Hilfe eines schweren (Schlag-)Baums, der quer über die Einfahrt des „Baumfahrwassers" gelegt wurde - daher der Name „Bomløb". Die Gegend südlich davon war Sumpfland, durchzogen von Flachwasserarealen, hier und dort lagen kleine „Holme", d.h. kleine Inseln bzw. Werder. Im Laufe der Jahrhunderte wurden die Flächen zwischen den Inseln nach und nach aufgeschüttet, doch noch heute prägen ihre Namen deutlich den Stadtplan Kopenhagens.
Auf Nyholm wurde seinerzeit die Marinewerft errichtet, direkt gegenüber den Zollbuden auf der Stadtseite. Dieser Holm war teilweise aus dem Ballast entstanden, den die Schiffe vor ihrer Einfahrt in den Hafen hier leichterten. Die Flotte erhielt ihre Liegeplätze westlich und südlich der kleinen Insel, wo auch heute noch der Marinehafen liegt. Er wird vom zivilen Hafenbereich mittels einer (Schlag-) Baumkonstruktion, die Hønsebro, Hühnerbrücke, genannt wird, abgesperrt. Im gleichen Maße wie Nyholm wuchsen auch die anderen Holme, Frederiksholm, Margretheholm, Gammelholm und die Arsenalø durch Aufschüttungen.
Jetzt, innerhalb von Nørdre Toldbod, tritt eine neue Regel von Københavns Havnevæsen, der Hafenregeln von Kopenhagen, in Kraft. Diese besagt, daß hier nicht gesegelt werden darf. Falls man also keinen Hilfsmotor an Bord hat, muß das Boot geschleppt werden. Man fährt hier an alten, dekorativen Lagerhäusern entlang.

Christianshavns Kanal ist eine Oase in der Großstadt

Unmittelbar nach der Kvæsthusbro dreht man nach Backbord, quert das Fahrwasser und läuft dann in den Trangraven, den Trangraben ein, der heute kein Graben mehr ist, sondern die Einfahrt zum Christianshavn-Kanal.

Trangraven Marina und Wilders Plads Marina

Trangraven Marina und Wilders Plads Marina sind kleine, private Yachthäfen

- Telefon
- Wasser
- Proviant
- Benzin / Diesel
- E-Anschluß
- Hafenmeister Tel: 31 57 37 72
- Fahrradverleih
- Nächste Tourist-Information: Tivoli, H.C. Andersens Boulevard 22, Tel. 33 11 13 25

auf Christianshavn. Der Trangraven endet in einer Sackgasse, und hier liegt auch die gleichnamige Marina. Die Liegeplätze entlang des Kanals und direkt am Wilders Plads gehören hingegen zur letztgenannten Marina. Diese Gegend gehört sicherlich zu den idyllischsten und malerischsten der Stadt, und man findet vorzugsweise ältere Schiffe an den Ufern festgemacht. Hier sind Gastlieger willkommen, auch wenn der Hafen nicht offen um sie wirbt, denn es gibt nicht genügend Platz für eine größere Anzahl von Schiffen. Die Route der Hafenrundfahrt führt durch diesen Kanal, und es entsteht eine gewisse Unruhe, wenn diese Schiffe passieren. Es gibt aber einen Platz im kleinen Seitenkanal hinter Wilders Plads, dort, wo Dänemarks bekannteste Yacht, die „Nordkaperen", ihren festen Liegeplatz hat. Auch wenn sie meistens nicht da ist, sollte man hier nach einem Liegeplatz Ausschau halten. Ein Stückchen weiter im Hauptkanal liegt ein schmuckes Feuerschiff, das bewohnt wird.

In der Stadt

Es war König Christian IV., der Christianshavn im Jahre 1618 als selbständige Kaufmannsstadt anlegen ließ. Sie wurde geplant als Kanalstadt nach holländischem Muster, mit Straßen, die nach dem Schachbrettprinzip der Renaissance angelegt waren. Die Wallanlagen sollten sowohl die Stadt als auch den Hafen gegen Angriffe von Osten und Süden schützen. Ursprünglich bestand Christianshavn aus einigen sumpfigen Eilanden, bis findige Kaufleute dort die Möglichkeit sahen, ihre eigenen Kaianlagen und Lagerhäuser zu errichten. Schließlich waren ihre Bollwerke besser als die Kopenhagens, und die Kanäle boten eine größere Wassertiefe. Die Schiffe konnten daher direkt an den Kais festmachen, und mußten ihre Ladung nicht erst auf Schuten umladen.
Aber die Zeiten ändern sich, und als die Dampfschiffsära begann, zog der Handel wieder hinüber nach København, und Christianshavn wurde Armenviertel. Bis in die 1960er Jahre blieb dieser Zustand, doch dann engagierten sich „wohlmeinende Investoren" in diesem malerischen Stadtteil, bauten Wohnungen in den dortigen Lagerhäusern, modernisierten die alten Wohnhäuser - und verkauften sie mit hohen Gewinnen. Es gab dort auch einige, die ihr Augenmerk auf die heruntergekommene Kaserne in der Bådsmandstræde mit dem dahinterliegenden, verlassenen militärischen Areal richteten. Dieses Areal umfaßt 32 ha Fläche, 150 Gebäude sowie waldbewachsene Wälle und den alten Wallgraben. 1971 rief hier eine Gruppe junger Leute den „Fristaden Christiania" aus, den Freistaat Christiania. Der existiert bis heute, so daß man ge-

trost sagen kann, daß auf Christianshavn die Gegensätze aufeinandertreffen.

Von Christianshavn nach Nyhavn

Die Fahrt ist sehr kurz. Nachdem man den Kanal zurückgefahren ist, quert man das große Hafenfahrwasser rechtwinklig zur gegenüberliegenden Seite bis zur Einfahrt in den Nyhavn, den Neuen Hafen. Hier sucht man sich „sein" schönstes Fachwerkhaus aus und macht dann davor fest.

Nyhavn (nur für alte Holzschiffe)

- Telefon
- Wasser
- Proviant
- Hafenmeister Tel.: 33 12 20 63
- Fahrradverleih
- Nächste Tourist-Information: Tivoli, H.C. Andersens Boulevard 11, Tel.: 33 11 13 25

Nyhavn ist heute eines der Stadtviertel, die das Bild des alten København mit aufrechterhalten. Viele alte Frachtsegler haben hier ihren Heimathafen gefunden, einige von ihnen sind aus dem Frihavn hierher verlegt worden. Das gibt dem Ort eine Atmosphäre, die sich vom früheren „Milieu" sehr unterscheidet; der Nyhavn ist in den letzten Jahren geradezu mondän geworden. Nyhavns „Damen" haben längst ihre „Geschäftsadresse" gewechselt. Es gibt nur noch wenige der alten Kneipen, die meisten wurden in mehr oder weniger mondäne Restaurants mit vielen „Kochmützen" in den Restaurantführern umgewandelt.
Deswegen hört man auch die alten Bezeichnungen, wonach die Südwestseite die „gute Seite" ist und die gegenüberliegende Kanalseite die „unartige", nicht mehr so häufig.
Ganz in der Nähe, in der Havnegade, gibt es einen Schiffsausrüster. Und in einem netten Hinterhof auf der „unartigen" Seite findet man die „Søfartens Bibliotek" mit reichhaltigen Sammlungen zu allen maritimen Themen.
Nyhavn ist ein alter Kanal. Auf Befehl von Christian V. begannen Soldaten 1671 damit, ihn auszuheben, während die Grundeigentümer, deren Grundstücke an das spätere Bassin grenzten, dazu verpflichtet wurden, ihre Kaiplätze mit einem soliden Bollwerk zu versehen. Oder, wie es im Befehl heißt: „Diese, die da Plätze haben am Kongengs Torv gegen den neuen Canal, der da eingeschnitten werden soll, sollen selbige einpfählen, oder sie an jene verlieren, die einpfählen wollen." - Wohlan!
Auf halber Höhe führt über den Kanal eine Brücke, die sich öffnen läßt, aber stark befahren ist. Sie wird ausnahmsweise nur für historische Holzschiffe geöffnet. Man wendet sich an die „Nyhavnsforening", Café West, oder an die Hafenbediensteten am Toldboden über UKW-Sprechfunk.
Am Ende des Kanals, ganz oben, am Kongens Nytorv, ist ein Anker der Fregatte „Fyn" aufgestellt. Er steht dort als Denkmal für die dänischen Seeleute, die ihr Leben im Zweiten Weltkrieg verloren.

Von Nyhavn zum Frederiksholm-Kanal

Im Süden vom Nyholm-Kanal befindet sich die schmalste Stelle des Hafengebietes, und hier wurde sinnvollerweise eine Brücke gebaut - die Knippelsbro. Die Brückenverbindung existiert bereits seit der Gründung Christianshavns im 17. Jahrhundert. Der Name der Brücke verweist vermutlich auf den Ratsherren Hans Knip, dessen Haus bei dieser Brücke

stand. Lange nach seinem Tod wurde dieses Haus als „Knippens Hus" bezeichnet. Im Laufe des 18. Jahrhunderts entstand dann der Name „Knippensbro", der später in die heutige Bezeichnung abgewandelt wurde. Das technische Wunder einer Holzbrücke aus der Zeit Christians IV. hielt 200 Jahre, doch waren Brücken von damals nicht für die starken Belastungen von heute gebaut. Die jetztige Brücke ist bereits die fünfte, sie stammt aus dem Jahr 1937. Die lichte Höhe im geschlossenen Zustand beträgt 5,4 m, und Yachten, die eine Öffnung der Brücke wünschen, können diese nur zusammen mit einem Handelsschiff passieren.
Zwischen Knippelsbro und der folgenden Brücke, der Langebro, befindet sich die Einfahrt in den Frederiksholms-Kanal. Er führt im weiten Bogen hinauf zum Gl. Strand und zurück zur Børsbro, oder umgekehrt - einmal rund um den Slotsholm. Er wird von sieben Brücken überquert, die alle so niedrig sind, daß nur Motorboote bis ca. 1,8 m Höhe den Kanal befahren können.

Frederiksholm-Kanal

Im Kanal „gedeihen" einige Motorbootvereine. Hier liegen die „Schre-

- Telefon
- Wasser
- Proviant
- E-Anschluß
- Hafenmeister, Tel. 31 95 86 08
- Fahrradverleih
- Nächste Tourist-Information: Tivoli, H.C. Andersens Boulevard 22, Tel.: 33 11 13 25

Yachten mitten in der Großstadt im Frederiksholm-Kanal

bergartenkapitäne" mit ihren gemütlichen Booten in ebensolcher Atmosphäre, umgeben vom Großstadtgewimmel. Oben auf der Tøjhusbro stehen Touristen mit ihren Kameras und fotografieren diese stacheldrahtumzäunte Schrebergartenkolonie mit dem aufgemalten Fachwerk und den blühenden Blumenkästen. Es gibt Tische und Bänke auf den Stegen, und an der Wand hängen echte, farbenfrohe Blumen in ihren Kästen.

Vom Frederiksholm-Kanal zum Fiskerihavn

Auf unserer weiteren Route durch den Hafen erreichen wir zunächst die Langebro - sie ist bereits die siebte Konstruktion an dieser Stelle. Sie ist größer und breiter als die Knippelsbro und wurde 1957 eingeweiht. Im geschlossenen Zustand hat sie eine Durchfahrtshöhe von ca. 7 m. Hier gilt das gleiche wie an der Knippelsbro: Yachten, die das Öffnen der Brücke wünschen, können sie nur zusammen mit Berufsfahrzeugen passieren.
Nach den Brücken folgt nun ein zwei Kilometer langer, verlassener Kai: Islands Brygge mit der Sojaölmühle, dem Sydhavn, mit Teglholm und Sluseholm. Kopenhagens früher so geschäftiger Hafen ist heute fast ausgestorben. Städteplaner und Politiker diskutieren seit Jahren, wie der Hafen mit neuen Ideen für Einwohner und Gäste wiederbelebt werden könnte, doch währenddessen verfällt das Gelände weiter. Dieser Teil ist die unerfreulichste Gegend des Hafens. Noch ein Stückchen weiter entladen die von Süden kommenden Kohlenschiffe ihre schwarze Fracht am H.C. Ørsteds Værk. Das Werk verpestet die Luft, das Wasser ist hier schwarz und trübe.
Bei der Sjællandsbro findet man eine der wenigen Schleusen Dänemarks. Zwar ist der Schleusenhub nicht groß, und die Schleuse reguliert eigentlich die Strömung innerhalb des Hafens, aber immerhin ... Sie wurde um die Jahrhundertwende gebaut, gleichzeitig mit einem Sperrwerk über die Kalveboder, die Kälberbuden. In das Sperrwerk wurden einige Luken eingebaut, so daß ein wenig Wasser in den Hafen strömen kann, um das dortige aufzufrischen. Die Sjællandsbro wurde später südlich der Schleuse und des Damms erbaut, und die Brückenwache kann von ihrem Turm aus die Schleusentore bedienen.
Südlich von Sjællandsbro und der Schleuse liegt ein schon seiner Größe wegen recht ansehnlicher Yachthafen Seite an Seite mit Fischereifahrzeugen. Ihr Hafen heißt:

Fiskerihavn

Hier draußen im Sydhavn, wie das gesamte Gebiet heißt,herrscht eine ganz besondere Atmosphäre. Denn daß die Großstadt gleich um die Ecke liegt, spürt man hier überhaupt nicht. Kleine Wege durch den Bootshafen, der Hafen selbst und die Stellflächen mit den Netzen und Geräten der Fischer verleihen dem Areal seinen Charme. Die meisten der hier beheimateten Vereine haben Clubhäuser mit Cafeterien und Restaurants gebaut, die dem Segler, der diesen Teil Kopenhagens besucht, offen stehen.

- Telefon
- Wasser
- Proviant
- Benzin / Diesel
- E-Anschluß
- Hafenmeister (Sejlklubben Einigheden), Tel. 31 30 06 37
- Nächste Tourist-Information: Tivoli, H.C. Andersens Boulevard 22, Tel. 33 11 13 25

Nicht weniger als 12 Vereine haben hier ihren Sitz. Die größten und älte-

sten sind: die Motorbootvereine „West" und „Slusen", die Bootsvereinigung „Trekanten", die Segelvereine „Enigheden" und „Mellemfortet". Doch kommen ständig neue Vereine mit ihren Stegen in diesem Teil Sydhavnens hinzu.
Die S-Bahn fährt von der Station Sydhavn zum Hauptbahnhof, wie auch die Buslinie 46, die am Sydhavns Plads hält.

Kalvebodernes Havn

Nur wenige hundert Meter weiter südlich liegt ein neuer, wirklich großer Yachthafen, der rasch bekannt wurde: Kalvebodernes Havn. Der Hafen dehnt sich entlang des Kalvebod-

- Telefon
- Wasser
- E-Anschluß
- Hafenmeister: Kalvebod Bådelaug, Tel. 31 16 85 65
  Bådeklubben Molen,
  Tel. 31 46 77 87
  Bådeklubben Mellemfortet,
  Tel. 31 16 47 82
  Bådeklubben Sjællandsbroen,
  Tel. 31 16 32 89
  FDF / FPF Bådelaug,
  Tel. 31 16 39 28
  Sejlforeningen Syd,
  Tel 31 46 94 61
  Sejlklubben Tokosten,
  Tel. 31 46 49 08
- Nächste Tourist-Information: Tivoli, H.C. Andersen Boulevard 22, Tel. 33 11 13 25

Fahrwassers aus, und eine ganze Reihe von Vereinen besitzt hier, jeder für sich, seine privaten Steganlagen und Clubhäuser. Das Land hinter dem Hafen gleicht einem wildgewachsenen Schuppenquartier. Die gemütlichen, dicht beieinander stehenden Schuppen, die Stapel von Heringskisten, die wunderbaren Stockrosen und der Duft von Teer machen diesen Teil des Sydhavns zu einer Attraktion. Die Gastfreundschaft ist groß, doch gibt es nur wenige freie Plätze. Die Versorgungsmöglichkeiten sind von Steg zu Steg unterschiedlich.

Vom Fiskerihavn nach Hvidovre

Man folgt nun auf einer fast vier Seemeilen langen Strecke der ausgebaggerten Kalveløb-Rinne. Die Umgebung ist hier nicht so interessant: Von Amager sieht man nichts als einen Deich, der ein weites Wiesenland, „Klapperne" genannt, schützt. Nach Süden und Norden blickt man auf die Wasserfläche von Kalveboderne, und ganz weit drinnen kann man den Yachthafen von Hvidovre erkennen.

Hvidovre Yachthafen

Hvidovre ist eine selbständige Gemeinde und, verglichen mit Kopenhagen, tiefe Provinz. Doch das Wachstum Kopenhagens hat diese Grenze verwischt, und es sind auch nur etwa zehn Kilometer, um ins Zentrum der Hauptstadt zu gelangen.

- Telefon
- Wasser
- Proviant
- Benzin / Diesel
- Hafenmeister Tel. 31 78 18 43
- Nächste Tourist-Information: Tivoli, H.C. Andersen Boulevard 22, Tel. 33 11 13 25

Der Hafen liegt in einem dichtbesiedelten Reihenhausviertel und gehört dem Hvidovre Sejlklub Suset. Die Anlage ist gut ausgestattet, doch auch hier gibt es nur wenige Gastliegeplätze. Leider findet man hier nur wenige attraktive Sehenswürdigkeiten. Die

Buslinie 132 fährt zum Toftegards Plads, von dem aus die Buslinie 10 zum Radhusplads in Kopenhagen führt. Die S-Bahn fährt ab der Station Friheden in Richtung Zentrum.

Von Hvidovre nach Dragør

Schon kurz nach dem Verlassen des Hafens von Hvidovre kann man die neue Avedørebro erkennen, die ihren Bogen in einer Höhe von 16 m über das Fahrwasser spannt. Folgt man der Fahrrinne weiter in Richtung Süden, kann man die Køge-Bucht erreichen. Will man jedoch nach Dragør, muß man die Südspitze Amagers runden. Man sollte dabei einen Abstand von zwei Seemeilen zur Aflandshage - so heißt Amagers Südspitze - halten, um sich von Bundgarnpfählen freizuhalten. Genau südlich von Dragør muß man auf einige steinige Untiefen achten. Wegen dieser sollte man nicht zu früh nach Norden drehen. Es ist leicht, die Fahrrinne zum Hafen Dragørs zu finden, denn diese ist gut betonnt, da sie auch überwiegend dem Fährverkehr nach Limhamn dient.

Dragør Havn

Man segelt nun auf der „Hauptstraße", die rund um Seeland führt, und trifft deshalb auf eine große Anzahl von Fahrtenseglern, die den Sund in beiden Richtungen passieren. Dragør ist einer der Orte, die sowohl mit einem idyllischen Hafen als auch mit einem hübschen Stadtbild aufwarten können. Dragørs relativ neuer Yachthafen zwischen dem Fährhafen und dem Fort bildet zusammen mit der alten Seefahrerstadt einen angenehmen Freizeitbereich. Noch 1877 war Dragør die drittgrößte Hafenstadt Dänemarks. Eine Erinnerung an diese Seefahrtszeit stellt ein kleines Pechhaus dar, in dem die Seeleute das Pech erwärmten. Das war wegen der Brandgefahr an Bord untersagt. Beim Hafen steht noch ein Lotsenturm, und an der Øresunds Allé ein bemerkenswerter Leuchtturm aus den 1870er Jahren.

In der Stadt

Hier kann man einen Stadtrundgang im eigentlichen Sinne unternehmen, die Straßen auf und ab schlendern, an idyllischen Häusern vorbei, die zumeist als Fachwerkbauten errichtet wurden. Man bekommt geradezu Lust darauf, die Häuser mit Mann, Frau, Kind und Kegel in die Tasche zu stecken, um sie den Kindern mit nach Hause zu bringen. Ca. 70 Häuser stehen unter Denkmalschutz. Die meisten stammen aus dem 19. Jahrhundert und ergeben ein einzigartiges Gesamtbild.
Das älteste Haus der Stadt ist das **Museumshuset** am Hafen. Es stammt aus dem Jahr 1682; ursprünglich ein Zunfthaus, wurde es auch als Rathaus genutzt. Auf interessante Art und Weise präsentiert es viele Beispiele aus der Blütezeit Dragørs als Stadt der Seefahrt. Im Museum findet man Schiffsmodelle, Seekarten, Navigationsinstrumente und Galionsfiguren. Außerdem Einrichtungen alter Schiffer-Häuser, u.a. eine Stube mit alten Türen, der Decke, den Paneelen und Alkoven. Das Museum besitzt weiterhin eine reiche Sammlung an Stickereien und gewebten Tuchen, die in Dragør hergestellt wurden.

Von Dragør nach Kastrup

Knapp drei Seemeilen nördlich von Dragør liegt Kastrup. Man segelt mit Nordkurs bis zum Nordre Røse Fyr und dreht dann nach Westen. Die Einfahrt in den Hafen ist gut markiert. Das Wasser ist hier sehr klar und kann einen glauben machen, man hätte nicht genug davon unterm Kiel. Er-

schrecken können hier die startenden und landenden Flugzeuge, die im Minutenabstand nur wenige hundert Meter über den Masten hinwegfliegen.
In Kastrup gibt es vier Häfen: zwei Yachthäfen, einen Industrie- und den alten Bootshafen, der der Kastrup Broforening gehört.

Kastrup Strandpark

ist ein moderner Yachthafen mit ca. 950 Liegeplätzen. Der erste Teil wurde 1978 eingeweiht, der zweite vor wenigen Jahren. Dieser neue Yachthafen liegt ca. 700 m nördlich des alten Yachthafens. Ein geruhsamer Fahrradweg führt die Küste entlang nach Amagerstrand. Die Buslinien 9 und 32 fahren zum Kopenhagener Rathausplatz.

- Telefon
- Wasser
- Proviant
- Benzin / Diesel
- E-Anschluß
- Hafenmeister Tel. 31 50 21 27
- Nächste Tourist-Information: Tivoli, H.C. Andersens Boulevard 22, Tel. 33 11 13 25

Die Umgebung

Ungefähr 600 m nördlich des Hafens liegt das Kastruper Fort. Es wurde im Jahr 1886 angelegt und ist heute ein öffentlicher Park. Gleiches gilt für das Areal entlang des Badestrandes bis hin zum Prager Boulevard, das sich über eine Länge von 1500 m erstreckt, und sich bei jung und alt großer Beliebtheit erfreut.

Kastrup Yachthafen

Auch dieser Yachthafen steht unter kommunaler Verwaltung. Er hat 175 Liegeplätze, die in der Regel belegt sind. Deshalb werden Gäste oft nach Kastrup Strandpark gewiesen, der o.a. Marina, die 0,4 sm weiter nördlich liegt. Der gemütliche Hafen der „Broforening" liegt gleich nebenan. Hier sind es zumeist Fischerboote, die den Luxus genießen, längsseits am Kai zu liegen. Der Hafen ist zwar sehr lang, jedoch sehr schmal und hat nur eine Wassertiefe von 1,8 m.

- Wasser
- E-Anschluß
- Hafenmeister Tel. 31 50 21 27
- Nächste Tourist-Information: Tivoli, H.C. Andersens Boulevard 22, Tel. 33 11 13 25

Von Kastrup nach Sundby

Von Kastrup aus fährt man die Fahrrinne bis zum Hauptfahrwasser, wo man dann auf Nordkurs geht und so parallel zum Amagerstrand den Hafen der Sundby Sejlsforening erreicht. Dieser liegt unmittelbar südlich des Prøvestenshavns, der für Sportboote gesperrt ist.

Sundby Sejlforenings Havn

Sundby Havn liegt zwar in einem Flachwassergebiet, doch die Wassertiefe in der Fahrrinne beträgt bei normalem Wasserstand 2,5 m. Die Rinne ist gut bezeichnet. Sundby Sejlforenings Havn ist eine gute Alternative sowie ein gemütlicher Hafen, wenn man Kopenhagen besuchen will und es trotzdem vorzieht, in einer friedlichen Umgebung zu liegen. Denn die Stimmung ist von Ruhe geprägt und das Zentrum mit der Buslinie 37 leicht zu erreichen. Die grüne Umgebung und der Badestrand direkt am Hafen wirken sogar sehr ländlich. Es gibt hier Schrebergärten, in denen die Kopenhagener ihre Wochenenden und Sommerferien verbringen. Der Hafen hat

370 feste Liegeplätze, und man kann gut und preiswert im großen Clubhaus essen. Das Clubhaus hat auch eine herrliche Terrasse, die der Brücke eines Schiffes nachempfunden ist, und von der aus man seinen Blick über einen gemalten Steven auf das vorausliegende Meer schweifen lassen kann.

- Telefon
- Wasser
- Benzin / Diesel
- E-Anschluß
- Hafenmeister Tel. 31 59 35 80
- Nächste Tourist-Information: Tivoli, H.C. Andersens Boulevard 22, Tel. 33 11 13 25

Von Sundby nach Saltholm

Die nächsten drei Seemeilen wird der Kurs leicht nordöstlich, quer zum Hauptfahrwasser zwischen Amager und Saltholm, zur Ansteuerungstonne abgesteckt, die 0,6 sm nordwestlich der Barakkebro, der Mole Saltholms, liegt. Sobald man die Tonne erreicht hat, ändert man den Kurs auf 117° und bleibt in der Richtmarkenlinie der beiden Baken mit Kegeltoppzeichen. So erreicht man den Molenkopf, vor dem das Wasser 2,0 m tief ist. Yachten mit mehr als 1,6 m Tiefgang sollten bei Niedrigwasser nicht versuchen, die Insel anzulaufen.

Saltholm (Barakkebro)

Saltholm ist ein friedlicher Ort, man fühlt sich inmitten der freien Natur, obwohl Kopenhagen so nah ist, daß man bei normaler Sicht die Silhouetten der Türme von der ganzen Insel aus sehen kann.
Die Gewässer sind im weiten Abstand von mehreren Seemeilen um die Insel herum sehr flach, so daß die Barakkebro, an der man festmachen kann, die einzige Anlaufmöglichkeit ist. Die Mole wird privat genutzt und bietet nur sehr wenige Gastplätze. Man läuft die Insel besser an einem Werktag an, denn sie wird, wenn das Wetter gut ist, von vielen Wochenendseglern besucht. Auf ihrer Inselwanderung kommen die meisten nicht weiter als bis zum Holmegard, wo sich auch der Kro befindet; er ist im Sommer geöffnet.

- Keine Versorgungseinrichtungen

Die höchste Erhebung Saltholms erreicht gerade einen Meter, die Insel ist 7 km lang und 3 km breit, doch ihr Umfang verringert sich bei Hochwasser bedeutend. Die Insel gehört einer Bauerngenossenschaft aus Amager, die sie im Jahre 1873 vom Staat kaufte. Saltholm ist der wichtigste Rast- und Nistplatz für Vögel im gesamten Øresund, aus diesem Grund können Besucher in der Zeit vom 1.4. bis 15.6. nur den Nordteil der Insel besuchen. Zwei Familien wohnen das ganze Jahr über auf Saltholm.

Von Saltholm zum Flakfort

Man fährt die Rinne von der Barakkebro zurück zur Ansteuerungstonne und setzt hier den Kurs direkt durch das flache Wasser auf das Flakfort nach Norden ab.

Das Flakfort

Das Flakfort wurde in den Jahren 1910–15 auf der Sandbank Saltholm Flak, damals 4,7 m Wassertiefe, wenige Seemeilen nordwestlich von Saltholm gebaut. Das Fort war Teil eines großen Verteidigungsringes: Auf der Landseite schuf man den riesigen Westerwall, der von Utterslev Mose bis fast zur Køge Bucht führte. Im Norden wurden Forts angelegt, und an der Seeseite baute man das Dragør Fort sowie das Flakfort zur Unterstützung der schon existierenden, dichter zur

Seit Jahrhunderten ist Saltholm der wichtigste Rast- und Brutplatz für Vögel im Øresund

Stadt liegenden Forts. Glücklicherweise kamen diese Forts nie zum Einsatz, und im Jahre 1969 räumte die Armee das Gelände, weil es veraltet war. Daraufhin lag es sechs Jahre verlassen da.

- Telefon
- St. Thomas Tel. 30 22 40 58

Während dieser Zeit ohne Aufsicht erlitt die Insel schwere Schäden. 1975 schlossen dann Københavns Sejlunion und Danmarks Motorbåds Union einen Mietvertrag mit dem Verteidigungsministerium ab, um das Flakfort als Erholungsort nutzen zu können. Und wirklich, den Sommer über besuchen die Sportschiffer, besonders die am Øresund beheimateten, das Fort häufig. Es gibt auf der Insel auch ein gutes Restaurant mit dem exotischen Namen „St. Thomas", wo man friedlich ein Pils fern – und doch nah – des Großstadtgewimmels genießen kann.

Vom Flakfort nach Margretheholm

Das nächste Ziel ist Margretheholm, der Heimathafen des Segelclubs „Lynetten". Dieser wird oft mit dem nördlich gelegenen Lynettehavn verwechselt, der für Sportboote jedoch geperrt ist.

Zuerst muß man das breite Fahrwasser queren, das über dem Hollænderdyb und dem Kongedyb 3,5 sm breit ist. Der Lynetthavn ist normalerweise leicht auszumachen, denn die hohen, hellgrauen Schornsteine mit den schwarzen Spitzen, die zum Amagerwerk gehören, stehen als Landmarken im Hinterland. Man steuert auf die Lücke zwischen dem nördlichsten Schornstein und der großen Schiffswerft von Burmeister & Wain zu. Durch einen Vorhafen hindurch erreicht man den Yachthafen.

Margretheholm (Lynettehavn)

Früher umgab eine Reihe von Batte-

Seit 1975 wird das Flakfort von den Seglern als Erholungsgebiet genutzt

rien die Stadt, zur Verteidigung. Die hier errichtete hieß „Quintus Lynette“ - daher der heutige Namen des Hafens. Der Hafen am Margretheholm ist verhältnismäßig neu und wurde von den Vereinsmitgliedern selbst gebaut. Als Resultat besitzen heute 600 Eigner einen preiswerten Liegeplatz. Der Hafen ist das größte Projekt, das in Eigeninitiative errichtet wurde. Und kaum hatten sich die fleißigen Mitglieder etwas erholt, bauten sie schon ein großes, rotes Clubhaus aus Holz. Grüne Bäume verdecken die Industriezone des Hafens; durch sie hindurch kann man den alten Mastkran auf Holmen, einem Militärgebiet dicht am Lynettehavn, erkennen.

Der Übungsplatz der Marinefeuerwehr liegt gleich oberhalb des Hafens. Dort finden an den meisten Werktagen Übungen statt, und bei ungünstigen Winden können sich Rußpartikel als schwarze Staubschicht auf die Boote legen. Das gehört zu den Umständen in diesem Hafen, die hingenommen werden müssen - die

- Telefon
- Wasser
- Benzin / Diesel
- Hafenmeister Tel. 31 57 57 78
- Nächste Tourist-Information: Tivoli, H.C. Andersens Boulevard 22, Tel. 33 11 13 25

Marine war schließlich zuerst hier. Ansonsten liegt man im Lynettehavn wohlbeschützt. Von der Landseite her liegt der Hafen jedoch ein wenig ab vom Schuß. Umgeben von der B & W-Schiffswerft, muß man 20 Minuten gehen, um in die Stadt zu gelangen. Es fährt aber auch ein Bus von der Werft nach Christianshavn.

Vom Margretheholm zum Skudehavn

Die Entfernung zwischen den Häfen ist nicht groß. Nur die Distanz von 1,5 sm quer über das Kronløb (-Fahrwasser) muß bewältigt werden, bevor man die Tonnen zum Skudeløb erreicht. Die Einfahrt zum Skudeløb liegt zwischen Böschungen, die mit Gebüsch bewachsen sind. Weiter landeinwärts erkennt man helle, haldenartige Hänge, aus denen Betonbrocken herausragen. Das Ufer besteht hier aus Bauschutt, einige gelben Tonnen dicht vor dem Ufer bezeichnen Untiefen davor.

Skudehavn

Der Skudehavn ist einer der gemütlichsten Häfen Kopenhagens. Hier gibt es u.a. kleine Schuppen und Lauben mit Blumenkästen vor den Fenstern, die an die Schrebergartenkultur erinnern. Man findet ein einzigartiges Milieu, das einen die Großstadt, die ja nur einen Steinwurf entfernt ist, vergessen läßt. Das Tuckern der Fischerboote schafft eine eigene Stimmung, und auf dem Platz, auf dem die Fischer ihre Netze trocknen, riecht es leicht nach Teer. Bei den Bootsstegen liegen die Segelvereine wie auf einer Perlenkette aufgereiht: die Seepfadfindergruppe „Gry", die Wassersportvereine „Søhesten", „Triton", „Øst" und „Sundet". Der letztgenannte hat hier jedoch nur Liegeplätze, während sein Clubhaus am Svanemøllehavn steht.
Auch der „Kvindelig Sejlklub", der Frauen-Segelverein, hat hier sein Clubhaus. Es wurde in nur kurzer Zeit errichtet: zwei schwarze Container bilden die Längsseiten, dazwischen wurde ein spitzes Dach errichtet. Die Giebel sind aus Holz und ebenfalls schwarz angemalt.
Ein Nachteil des Hafens besteht darin, daß man ca. 20 Minuten eintönige Industriestraßen hinter sich bringen muß, um zur S-Bahnstation Nordhavn zu gelangen, von der aus man noch einmal 8–10 Minuten unterwegs ist, um z.B. zum Hauptbahnhof zu gelangen.

- Telefon
- Wasser
- Proviant
- Diesel
- E-Anschluß
- Hafenmeister Tel. 31 29 64 78
- Nächste Tourist-Information: Tivoli, H.C. Andersens Boulevard 22, Tel. 33 11 13 25

Vom Skudehavn zum Kalkbrænderihavn

Die künstliche Halbinsel, auf der sich u.a. der Fährhafen Nord befindet, ist ein uninteressantes, aufgeschüttetes Gebiet, an dem man am besten vorbeieilt. - Nach Umrunden dieser Landspitze ist man klar zum Ansteuern des

Kalkbrænderihavn (Copenhagen Boat Center Havn)

Der alte Kalkbrænderihavn aus dem Jahre 1895, in dem die alteingesessene Nordhavn-Werft zu Hause war, ist heute ein privates Segelzentrum. „CBC", Copenhagen Boat Center, hat diesen Hafen zu einer modernen Yacht-Anlage umgebaut, in der es für gut fünfzig Yachten Gastplätze im Hafenbecken gibt. Dazu findet man Ausrüster, Segelmacher und Werkstätten in den umliegenden Gebäuden.

- Telefon
- Wasser
- Proviant
- Diesel
- E-Anschluß
- Hafenmeister Tel. 31 18 31 22
- Nächste Tourist-Information: Tivoli, H.C. Andersens Boulevard 22, Tel 33 11 13 25

Vom Kalkbrænderihavn zum Svanemøllehavn

Vom Kalkbrænderihavn kann man direkt hinüber zum Svanemølleværk sehen, zwischen beiden liegt der Schrecken der dortigen Segler, das Svanemølleværk, ein Kraftwerk. Besonders bei südwestlichen Winden fällt ein feiner Regen aus Kohlenstaub und Asche aus den hohen Schornsteinen auf die Yachten herab.

Svanemøllehavn

Kopenhagens großer Yachthafen in der Svanemølle-Bucht bietet ungefähr 1300 Liegeplätze und ist der Heimathafen von mehreren Vereinen, die hier ihre Clubhäuser mit den dazugehörigen Restaurants unterhalten. Der Hafen wird von Gästen bevorzugt angelaufen, denn man liegt hier ruhig, und gleichzeitig hat der Hafen u.a. wegen seiner vielen schönen Holzschiffe ein angenehmes Ambiente. Außerdem ist es nicht weit bis zur Innenstadt. Es sind nur 500 m bis zur Svanemølle-Station, von der aus eine S-Bahn direkt ins Zentrum fährt.

- Telefon
- Wasser
- Proviant
- Benzin / Diesel
- E-Anschluß
- Hafenmeister Tel. 31 20 22 21
- Nächste Tourist-Information: Tivoli, H.C. Andersens Boulevard 22, Tel. 33 11 13 25

Von Svanemølle nach Hellerup

Zwischen Svanemøllehavn und Hellerup liegt Tuborg Havn, ein privater Industrie- und Fährhafen, der nur im Notfall von Yachten angelaufen werden darf. Wenn man dort trotzdem eine große Yacht ein- oder auslaufen sieht, so ist es die „Holger Danske", Dänemarks 12-m-Rennyacht für großen Regatten, z.B. den America's Cup. Die Brauerei Tuborg ist der Hauptsponsor dieses Projekts. Von Tuborg Havn aus ist es nur noch eine halbe Seemeile bis zum kleinen, gemütlichen

Hellerup Havn

Der Hafen besteht aus einem Becken mit ca. 100 festen Plätzen; Gäste können an einem der wenigen freien Plätze an der Außenmole festmachen. Es ist ein wenig eng, und oftmals ist kein Platz mehr zu finden.

- Telefon
- Wasser
- E-Anschluß
- Hafenmeister Tel. 31 62 07 61
31 62 88 03
- Nächste Tourist-Information: Tivoli, H.C. Andersens Boulevard 22, Tel. 33 11 13 25

Die Umgebung

Zwei Kilometer entfernt liegt **Danmarks Akvarium** am Kavalergarden in Charlottenlund. Hier kann man Fische und Meerestiere in Salz- und Süßwasseraquarien studieren. Einige von ihnen sind so ausgestattet, daß sie den natürlichen Umgebungen z.B. für Piratfische und Meeresschildkröten gleichen. Außerdem gibt es Brandungs- und Nachtaquarien. Dort bringt z.B. der Zitteraal mit seinen Stromstößen eine Glühbirne zum Leuchten.

Das nordöstliche Seeland

Skovshoved – Tårbæk – Vedbæk – Rungsted – Sletten – Humlebæk – Snekkersten – Helsingør – Hornbæk – Gilleleje – Hundested – Lynæs

Von Hellerup nach Skovshoved

Nachdem man die Molen Hellerup Havns passiert hat, geht es mit nördlichem Kurs die Küste des Sundes entlang.
Es wird nur eine kurze Reise, denn auch hier liegen die Häfen dicht beieinander. Und so kann man schon jetzt Skovshoved Havn auf der Huk 2 sm voraus ausmachen.

Skovshoved Havn

Der Yachthafen Skovshoved ist eine moderne Marina mit allen Versorgungseinrichtungen - ursprünglich ein Fischerort, dessen Reste, von den modernen Villen und der Küstenstraße verdeckt, über den alten Strandvej zu erreichen sind.
Der Hafen wurde in Etappen gebaut, und bei auflandigen Winden lag man hier früher sehr unruhig. Erträglich

- Telefon
- Wasser
- Proviant
- E-Anschluß
- Benzin
- Hafenmeister Tel. 31 64 13 88
- Nächste Tourist-Information: Tivoli, H.C. Andersens Boulevard 22, Tel. 33 111 325

wurden die Verhältnisse für Eigner und Gäste erst, als in den Jahren 1965–66 ein Wellenbrecher gebaut wurde. Damit schuf man auch die beiden Einfahrten von Norden und Süden her.
Am nördlichen Ende des Hafens haben der K.D.Y. und Skovshoved Sejlklub ihr gemeinsames Vereinshaus mit Restaurant.
Die Bebauung des Ortes ist eine Mischung aus alt und neu. Reste der Fischerortatmosphäre sind noch erhalten, man kann einzelne, schöne kleine Häuser, enge gewundene Gassen und schmale Stiege entdecken.

Die Umgebung

Ein kleiner Abendspaziergang die Küstenstraße entlang in Richtung Norden kann zum **Knud Rasmussen-Denkmal** führen. Es wurde 1963 als Monument für den Polarforscher Knud Rasmussen von Poul Søndergard aus Granit errichtet.

Von Skovshoved nach Tårbæk

Weiter geht die Küstenfahrt in Richtung Norden, diesmal nach Tårbæk. Die Reise ist kurz, die Distanz beträgt nur 1,7 sm. Doch vorher passiert man den Strandpark von Bellevue, Kopenhagens Flaniermeile für junge Leute. Hier können Tretboote und Surfbretter gemietet werden.

Tårbæk Havn

Der Hafen in Tårbæk gehört zwar nicht zu den größten, dafür ist er aber um so gemütlicher. Der frühere Fischerort, dessen Häuschen direkt am und um den Hafen herum stehen, machen den Ort attraktiv, nicht zuletzt deshalb, weil man hier einen renommierten Kro

- Telefon
- Wasser
- Proviant
- E-Anschluß
- Hafenmeister Tel. 31 63 03 09
- Nächste Tourist-Information: Lyngby Torv 5, Tel. 42 88 66 16

findet, der ein beliebtes Ausflugsziel ist. Die fünfstöckige Schule des Ortes steht gut erkennbar am Hafen und dient so als sichere Landmarke. Viele der alten Fischerhäuser stehen noch am Søvej, Kildevej und am Skærsommervej südlich des Hafens.
Zum Glück für den kleinen Ort und den Hafen wurde der „neue" Strandvej im Jahre 1938 parallel zur Küstenbahn, d.h. westlich um den Ort herum, gebaut, der dadurch vom starken Durchgangsverkehr verschont blieb.

Die Umgebung

Will man **Bakken** besuchen, so ist Tårbæk der nächstgelegene Hafen. Bei Klampenborg, 2 km südlich von Tårbæk, führt der Peder Lieps Vej vom Røde Port (dem roten Tor) aus zum Freizeitpark Dyrehavsbakken, kurz: Bakken. Der Bakken ist 400 Jahre alt und damit der älteste Vergnügungspark der Welt. Und was das Vergnügen angeht, so kann Bakken wirklich mit allem aufwarten, was dazugehört. Eine große Auswahl an Restaurants reicht von Imbißbuden am Rande der Waldwege über Familienrestaurants

mit buntem Programm bis zu Bierstuben, Diskotheken und Cafeterien. Nicht zuletzt ist der Pavillon der Sängerinnen, Bakkens Hvile genannt, eine Institution. Hier bieten Sängerinnen lustige, rührende und nicht zuletzt auch freche Lieder für das begeisterte Publikum, das einem alten Brauch nach unter großem Lärm Kleingeld auf die Bühne wirft, wenn das Lied „Køb blomster, køb blomster ..." (kauft Blumen, kauft Blumen ...) erklingt. Zu diesem Zeitpunkt pflegen dann die jungen Damen das Publikum aufzufordern, man möge doch lieber Geldscheine anstatt Münzen werfen, die würden nicht so hart aufschlagen ...
Ein weiteres Ziel, das **Schloß Eremitage,** liegt ebenfalls 2 km entfernt. Ungefähr einen halben Kilometer nördlich von Tårbæk führt der Trepilevej zur Trepilepforte vor dem Schloß. Eremitage wurde in den Jahren 1734-36 errichtet. Bis in unsere Zeit diente das Schloß häufig als Unterkunft für königliche Jagdgesellschaften, doch auch zur Übernachtung anläßlich großer Feste wurde es genutzt.
Das Wort Eremitage wird vom französischen „ermitage" abgeleitet und bedeutet im Deutschen „Einsiedelei", hat aber auch noch eine andere Bedeutung. Ein Eremitagetisch ist eine Art Fahrstuhltisch, der vollgedeckt durch die Zimmerdecke herabgelassen wird (und wieder hinaufbewegt werden kann), so daß die Herrschaft „en hermitage" speisen konnte, d.h. ohne daß die Dienerschaft im Raum war. Genau so einen Tisch gibt es in diesem Schloß. Heutzutage jedoch wird es nur selten von der königlichen Familie genutzt. Das Schloß selbst kann man nicht betreten, aber der Park ist überall zugänglich.

Von Tårbæk nach Vedbæk

Eine Seemeile nördlich von Tårbæk steigt die Küste zur Steilküste an, die mit ihren Bäumen einen guten Schutz vor westlichen Winden bietet. Die Grundverhältnisse sind günstig, man kann dicht unter Land ankern. Dicht nördlich liegt der „Strandmøllekro", ein bekanntes und sehr angesehenes Restaurant. Wenn es die Bordkasse zuläßt - und man ein Beiboot hat - ist es bestimmt eine gute Idee, dem Smutje einen freien Nachmittag zu gewähren und stattdessen dem Kro einen Besuch abzustatten.
Drei Seemeilen nördlich des Ankerplatzes vor dem Kro und der Mølleå-Mündung liegt Vedbæk, einer der großen Yachthäfen am Øresund.

Vedbæk Havn

Vedbæk war früher Liegeplatz für Fischer, um den herum nun der große Yachthafen mit seinen 430 Liegeplätzen gebaut wurde. Der Strandvej, die große Straße entlang der Küste, verläuft dicht am Hafen, und man findet hier nicht die Fischerhafenstimmung wie z.B. in Tårbæk, Sletten und Humlebæk. An der Nordmole steht ein kleiner, hübsch und zierlich gebauter Turm mit Kupferdach. Das ist kein alter Leuchtturm, sondern ganz prosaisch ein Niedergang zu einem unterirdischen Klärwerk. Vom Turm führt eine Wendeltreppe hinunter zu zwei Räumen, die unter der Erde liegen. Auf der einen Seite des Turmes befindet sich das Büro des Hafenmeisters, und dort an der Wand hängt eine Informationstafel mit Adressen von Kaufleuten,

- Telefon
- Wasser
- Proviant
- E-Anschluß
- Hafenmeister Tel. 42 89 12 23
- Fahrradverleih
- Nächste Tourist-Information: Birkerød, Tel. 42 81 06 00

Zahnärzten, Notdiensten der Stadt u.a.m. Auch das Clubhaus vom Vedbæk Sejlklub liegt bei der Nordmole, und noch ein Stück nördlich des Hafens ist der attraktive Badestrand des Ortes zu finden.

Von Vedbæk nach Rungsted

2,5 sm weiter nördlich liegt Rungsted Havn, der größte und modernste Yachthafen am Øresund mit 750 Liegeplätzen.

Rungsted Yachthafen

In Rungsted macht man als Gast zuerst an der Gästemole fest, die eine Gegensprechanlage besitzt. Vom Büro des Hafenmeisters erhält man darüber den Gastliegeplatz zugewiesen. Hier wurden moderne Hafengebäude errichtet, die sogenannten „Skagenhäuser“, mit ihren nach Süden gerichteten Spitzgiebeln, in denen viele bekannte Firmen der Segelbranche zu finden sind. Es gibt Clubräume, die u.a. der K.D.Y. nutzt, und etwas weiter liegt das Restaurant „Nokken“.

- Telefon
- Wasser
- Proviant
- Benzin / Diesel
- E-Anschluß
- Hafenmeister Tel. 42 86 83 11
- Nächste Tourist-Information:
  Usserød Kongevej 31, Hørsholm
  Tel. 42 86 95 05

Die Umgebung

Schräg gegenüber vom Hafen, am Rungsted Strandvej 109-111, liegt **Rundstedlund.** Hier wurde am 17.4.1885 Karen Blixen geboren, die in Deutschland als Tania Blixen bekannt ist. Abgesehen von einigen langen Afrika-Aufenthalten in den Jahren 1914-31 verbrachte sie hier die meiste Zeit ihres Lebens. Man zählt sie heute zu den bedeutendsten Autoren des 20. Jahrhunderts, zu den „Klassikern“, die in aller Welt gelesen werden.
Fast alle ihre Werke schrieb sie in Rungstedlund, wo sie auch am 7.9.1962 starb. Ihr Grab liegt im angrenzenden großen Park, der für die Öffentlichkeit zugänglich ist.
Auf Karen Blixens Wunsch hin wurde der Park als Vogelreservat unter Schutz gestellt, auch stellte man das Haus kulturellen und wissenschaftlichen Zwecken zur Verfügung. So hat seit vielen Jahren „Det Danske Akademi“ hier ihren Sitz - und 1991 öffnete das Haus der Öffentlichkeit seine Pforten als **Karen Blixen Museum.** Dieses interessante Museum lohnt wirklich einen Besuch; es ist von 10.00-17.00 Uhr geöffnet, und alle 20 Minuten beginnt eine Führung.

Von Rungsted nach Nivå

Auf dem Törn zum neuen Hafen in der Nivåer Bucht kann man querab an Steuerbord die weiße Steilküste der schwedischen Insel Hven in nur 4 sm Entfernung erkennen. Oberhalb des Hafens Kyrkbäcken steht an der Küste die Gamla Kyrken. Das Liegegeld wird von einer Hafenmeisterin an Bord kassiert. Dieser allseits bekannten und beliebten Lady auf ihrem Fahrrad ist noch niemand entkommen, ohne vorher seinen Obolus entrichtet zu haben.

Nivå Bugt Havn

Der Hafen wurde im Scheitel der Nivåer Bucht in einem Flachwassergebiet angelegt. Früher war er nur für Kielschwerter oder Jollen geeignet, aber nun ist der Hafen ausgebaut und vertieft worden. Er bietet jetzt 335 Liegeplätze und kann auch von Kielyachten mit einem Tiefgang bis zu 2,5 m

- Telefon
- Wasser
- E-Anschluß
- Hafenmeister Tel. 42 24 48 76
- Nächste Tourist-Information: Havnepladsen 3, Helsingør Tel.: 49 21 13 33

angelaufen werden. Die Ansteuerung bereitet keine Probleme. Von der Ansteuerungstonne folgt man der gut betonnten Fahrrinne direkt bis zur Hafeneinfahrt.

Vom Nivå Bugt Havn nach Sletten

Sletten Havn liegt 1,5 sm nördlich von Nivå Bugt Havn und ist ein Hafen mit maritimer Atmosphäre.

Sletten Havn

Der Ort Sletten und der dazugehörige Hafen konnten, wie auch Tårbæk und Humlebæk, viel von ihrem ursprünglichen Charakter bewahren. Der Grund hierfür liegt in der Streckenführung des 1922 gebauten Strandvejs - der Küstenstraße - nach Helsingør. Sie

- Telefon
- Wasser
- Proviant
- E-Anschluß
- Hafenmeister Tel. 42 19 43 86
- Nächste Tourist-Information: Museum Louisiana, Gl. Strandvej 13, Tel. 42 19 07 19

folgt hier nicht der alten, gewundenen Landstraße durch die Dörfer, sondern führt geradlinig durch den Lave Skov und, wie in Tårbæk, westlich um die Orte Sletten und Humlebæk herum. So blieb die stimmungsvolle Idylle erhalten, die man besonders um den Hafen herum findet. Auch um den Kro zu besuchen, muß man nicht weit gehen, er liegt weniger als 100 m vom Hafenbecken entfernt.
Auch wenn der Hafen klein und unscheinbar wirkt, ist hier doch ein Segelverein beheimatet, dessen Clubhaus auf Pfählen an der Südmole steht.

Von Sletten nach Humlebæk

Kaum eine Seemeile nördlich von Sletten liegt der Hafen, in dem die Zeit still zu stehen scheint:

Humlebæk Havn

Der kleine Hafen von Humlebæk hat eine lange Geschichte als Fischerort, und er ist der älteste und sicher auch der schönste und idyllischste Hafen des Sundes. Das kommt vielleicht daher, daß der Hafen gut versteckt am Fuße einer hohen Steilküste liegt, weit ab vom Verkehr des Strandvejs.

- Telefon
- Wasser
- Proviant
- Diesel
- Hafenmeister Tel. 42 19 06 53
- Tourist-Information: Museum Louisiana, Gl. Strandvej 13 Tel. 42 19 07 19

Im Hafen liegen noch immer einige Fischerboote, und hier sind noch eine Bootswerft und ein Takelboden in Betrieb. Heute prägen Yachten das Bild, doch wegen der begrenzten Anzahl von Liegeplätzen blieb das alte Milieu intakt. Es duftet immer noch nach Fisch, Tang, Teer und Meer. Nördlich des Hafens verläuft der alte Strandvej - der früher über weite Strecken nur aus einer Wagenspur im Sand bestand -, an dem die schönen, reetgedeckten Fischerhäuser wie aufgereiht stehen: das alte Humlebæk.

Dicht am Hafen, bevor man den Friedhof erreicht, steht unter einem großen Baum ein Holzkreuz: „Under dette minde/to sømænd hvile finde“ (unter diesem Denkmal ruhen zwei Seeleute). Der Kirche liegt der Humlebæker Kro gegenüber - und beide sind einen Besuch wert. Die Kirche in architektonischer Hinsicht, besonders ihr Inneres ist sehenswert. Und im Kro erwartet einen ein kulinarisches Erlebnis.

Die Umgebung

Einmal in Humlebæk, ist man geradezu verpflichtet, **das Museum Louisiana** zu besuchen, das gleich oberhalb des Hafens in einem schönen Park mit einem Panoramablick über den Øresund liegt und eine wunderbare Sammlung moderner Kunst enthält. Das Museum wurde 1958 im früheren Landhaus „Louisiana“ auf Initiative von Knud W. Jensen eingerichtet und wurde seitdem mehrere Male - zuletzt 1982 - erweitert. Die Architektur und der Park bilden den perfekten Rahmen für die große, permanente Kunstausstellung. Heute ist Louisiana eines der am meisten besuchten Museen Dänemarks. Im Laufe des Jahres werden auch Sonderausstellungen gezeigt.

Aus einem der vielen Panoramafenster kann man auf die See und den Friedhof sehen. Eine bogenförmige Holzbrücke, hoch über der Szenerie, verstärkt den Eindruck noch. Bei diesem Ausblick gibt es noch mehr Kunst zu entdecken, denn gleich hinter dem Museumsgelände liegt ein Grab, auf dem eine Bronzefigur steht. Sie stellt einen nackten Knaben in natürlicher Größe dar, der im Begriff ist, in sich zusammenzusinken. Es ist das Grab des Bildhauers Viggo Jarl. Er schuf Figuren von Jünglingen und eine große Zahl Porträtbüsten und Statuen von herausragenden Persönlichkeiten, sowohl dänischen wie auch ausländischen. Er besaß seinerzeit Dänemarks größte Yacht, den Dreimastschoner „Atlantide“, den er der „Atlantide“-Expedition der Jahre 1945–46 zur Verfügung stellte. Er starb 1965, 86 Jahre alt.

Am Amalievej 2 gibt es ein **Gedenkzimmer für den Komponisten Niels W. Gade,** der in Dänemark für verschiedene Kompositionen bekannt ist, wie z.B. der Vertonung des Gedichts „Pa Sjølunds fagre Sletter“ und der „Ossian“-Ouvertüre. Dort kann man Noten, Briefe, Bilder und andere Gegenstände sehen, die dem Künstler gehörten u.a. auch seinen Mahagoniflügel, Möbel und Geschenke, die ihm von der zeitgenössischen Prominenz verehrt wurden. Darunter einen Goldring, den er von Mendelssohn bekam, eine Haarsammlung mit Locken von Goethe, Mendelssohn, Weyse und Thorvaldsen, sowie einen Taktstock aus Elfenbein, ein Geschenk von Königin Louise.

Ca. 1,5 km nördlich am Gl. Strandvej liegt die gut restaurierte **Tibberup Mølle** hoch auf einem Hügel. In ihr werden Kunstgewerbliches, Gemälde und Textilien verkauft.

Von Humlebæk nach Espergærde

Die Entfernung zwischen Humlebæk und Espergærde ist, wie schon die vorher gesegelten Distanzen, so gering, daß man die Fahrt fast als verholen bezeichnen kann. Nach nicht einmal 1,5 sm erreicht man

Espergærde Havn

Auch Espergærde Havn ist einer der vielen kleinen Fischerorte am Øresund, dessen Bild noch heute von vergangenen Zeiten geprägt ist. Obwohl die Zahl der kleinen Fischerboote stark zurückging und die der Yachten im gleichen Maße stieg, ist der Hafen

- Telefon
- Wasser
- Proviant
- E-Anschluß
- Hafenmeister Tel. 42 23 26 73
- Nächste Tourist-Information: Havnepladsen 3, Helsingør Tel. 49 21 13 33

immer noch gemütlich. Der Badestrand gleich südlich des Hafens gehört zu den besseren des Sundes.

Snekkersten

Auch Snekkerstens Hafen ist klein und gemütlich, doch ist es hier auch eng. Von hier aus fährt im Sommer eine kleine Personenfähre nach Helsingborg, und wenn sie im Hafen liegt, gleicht sie einem Korken im Flaschenhals. Das sollte man bei der Ansteuerung berücksichtigen.
Der Segelverein Snekkersten-Skotterup hat sein Clubhaus nördlich des Hafenbeckens. Durch die Fenster hat man einen schönen Blick auf die Insel Hven, nach Schweden hinüber und zur Kronborg. Leider liegt der vielbefahrene Strandvej dicht am Hafen, und so wird der positive Eindruck durch den Verkehrslärm beeinträchtigt. So bezaubernd wie z.B. Humlebæk oder Setten weiter südlich ist dieser Hafen nicht.

- Telefon
- Wasser
- Proviant
- E-Anschluß
- Hafenmeister Tel. 42 22 46 34

Von Snekkersten nach Helsingør

Südlich vor Helsingør steht exponiert auf einer Huk die Kronborg. Die Kräne einer Werft dahinter geben dazu eine konträre Kulisse ab. Vorher stand hier ein kleines Schloß, Krogen bzw. Ørekrogen genannt. Nach ihm wird die Enge zwischen Helsingør und Helsingborg heute „Øretvist" genannt: Ohrwurm. Darum darf eigentlich nur dieser Sundteil Øresund genannt werden. Der Rest heißt in Wirklichkeit nur „Der Sund", so wie er auch in den Seekarten bezeichnet wird.
Nachdem man die Kronborg umrundet hat, erreicht man den westlich von ihr liegenden Yachthafen Helsingør. Der Statshavn südlich von Kronborg ist der Berufsschiffahrt und dem Fährverkehr vorbehalten und darf ohne besondere Erlaubnis nicht von Sportbooten angelaufen werden. Das Fahrwasser zwischen Helsingør und Helsingborg ist stark befahren, ständig queren Fähren die zwei Seemeilen breite Rinne. Da es gleichzeitig einen sehr starken Schiffsverkehr in Nord-Süd-Richtung gibt, existiert hier ein Verkehrstrennungsgebiet. Nach Süden laufende Schiffe bleiben im westlichen Teil, und die Nordkurs steuernden im östlichen.

Helsingør Nordhavn

Helsingør Nordhavn gehört mit seinen 950 Liegeplätzen zu den größten Dänemarks, trotzdem wirkt die Atmosphäre angenehm. Viele Segler kennen Helsingør hauptsächlich wegen der „Sjælland Rundt"-Regatten, wenn der Hafen vor der Regatta vollbelegt

- Telefon
- Wasser
- Proviant
- Benzin / Diesel
- E-Anschluß
- Hafenmeister Tel. 42 10 10 55
- Fahrradverleih
- Tourist-Information: Havnepladsen 3 Tel. 49 21 13 33
- Badestrand nördlich des Hafens

Auf der Kreuz durch das „Ohrloch", mit Kronborg an Steuerbordseite

ist. Jedes Jahr starten von hier aus etwa 2000 Yachten bei der größten Regatta der Welt, im Wettstreit darum, als Erster nach einem Zwei- bis Drei-Tages-Törn die Kronborg wieder an Backbord zu runden. Das schöne, zweigeschossige Vereinshaus des „Helsingør Amatør Sejlklubs" liegt am Ende des Hafens, hier gibt es auch ein Restaurant. Der Weg vom Hafen zur Stadt ist kurz, und man besucht eine wirklich zauberhafte, gemütliche dänische Provinzstadt. Viele alte Häuser verleiten zu einem historischen Rückblick.

Der Øresundzoll, den Erik von Pommern 1425 erhob, schuf die Grundlage für Helsingørs goldenes Zeitalter. Er wurde erst 1857 abgeschafft - über diese lange Zeitspanne wurden fantastisch hohe Einnahmen für die Krone erzielt, denn der Verkehr durch den Sund war stets sehr stark. Heute erscheint es schwer verständlich, warum die fremden Handelsschiffe nicht einfach durch den Großen Belt fuhren, doch bedeutete diese Route damals eine beschwerliche Reise, mit tückischen Untiefen vor der Insel Sprogø und nur wenigen Möglichkeiten, im Schutze einer Küste zu segeln. So baute man hier an der Küste Seelands die Kronborg und in Helsingborg die Burg Kärnan, die beide die Aufgabe hatten, einlaufende Schiffe zu kontrollieren und den Øresundzoll zu erheben. Kein fremdes Schiff passierte hier, ohne Geld an die dänische Staatskasse abzuführen.

In der Stadt

Die **Kronborg** steht nur fünf Minuten entfernt vom Hafen. Es war Frederik II., der hier 1574–1585 ein Prachtschloß errichten ließ. Alle Baukosten wurden aus der Kasse des Sundzolles bezahlt. Ein vergleichbares Bauwerk gab es damals in ganz Nordeuropa nicht. Das Schloß versank leider bei

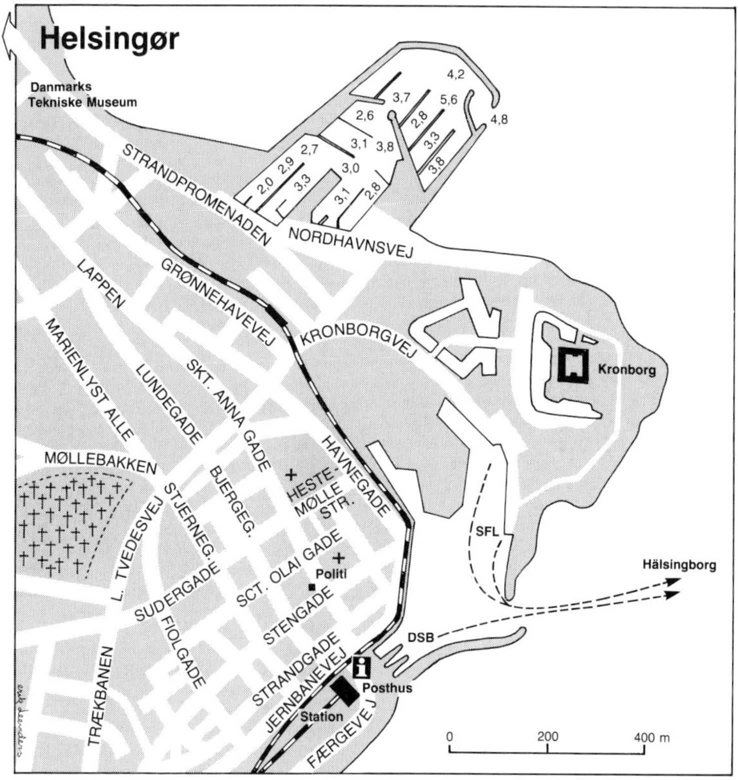

einem Brand im Jahre 1629 in Schutt und Asche, und nur einzelne Teile, darunter die Schloßkirche, blieben davon verschont. 1637 entstand das Schloß wieder - mit nur wenigen Veränderungen in seinem Äußeren - in seiner ganzen Pracht.

Im Jahre 1785 wurde Kronborg zur Kaserne und blieb es bis 1922. Anschließend wurde das Schloß gründlich restauriert, und heute kann man große Teile des Schlosses betreten und die Räume des Schloßmuseums mit seinen Möbeln, Gemälden und Gobelins besichtigen. Der Rittersaal ist mit seiner Grundfläche von 62 m x 11 m der größte Nordeuropas. Die Kirche im Ostflügel steht so da wie im Jahre 1582: mit einem überreichen Renaissanceinventar.

Eine weitere Sehenswürdigkeit bilden die tiefen Kasematten unter dem Schloß, die den Soldaten ursprünglich als Aufenthaltsraum in Kriegszeiten dienten. Heute steht hier unten H.P. Petersen-Dans sagenumwobene Statue von Holger Danske und bewacht Kronborg. Holger Danske wird sich der Sage nach erst erheben, wenn Dänemark in wirkliche Not gerät. Das Schloß wurde weltberühmt durch Shakespeares Tragödie „Hamlet", und in den letzten Jahren hat man die Tradition der Hamlet-Festspiele während des Sommers wieder aufgenommen. Die Kronborg beherbergt auch das **Handels- und Seefahrtsmuseum.** Es wurde im Jahr 1915 eröffnet und stellt Exponate zur China-Fahrt, der dänischen Kolonialgeschichte, der Ent-

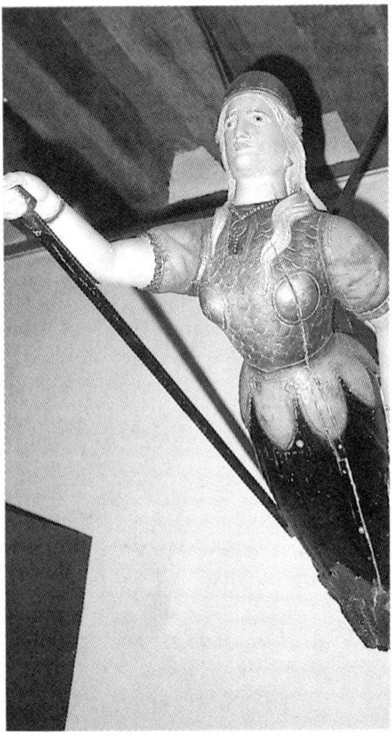

Diese Galionsfigur ist im Handels- und Seefahrtsmuseum zu bewundern

wicklung des Schiffbaus und Leuchtturmwesens aus. Gezeigt werden Galionsfiguren, nautische Instrumente, Seekarten sowie interessante und sehenswerte Schiffsmodelle.

Auch ein Besuch im **Helsingør Bymuseum / Karmeliterhuset,** dem Heimatmuseum in der Hestemøllestræde kann interessant sein. Es zeigt die Geschichte Helsingørs als Stadt der Krone und der Sundzölle, u.a. das sehenswerte Modell von Erik von Pommerns erstem Schloß, Krogen. Das Museumsgebäude diente früher als Armenhaus, es enthält auch das stadthistorische Archiv und vermittelt einen Eindruck vom Leben der Handwerker im alten Helsingør.

Die **St. Olai-Kirche** ist der Dom Helsingørs. Der Grundstein wurde um 1200 gelegt, der Bau aber erst 1480–1559 fertiggestellt. Der ursprüngliche Turm war unter Christian IV. errichtet worden, wurde aber 1737 von einem Sturm niedergerissen und erst 1898 wiederaufgebaut.

Helsingør Rådhus, Das Rathaus in der Stengade, wurde 1854–58 auf dem Fundament des alten, niedergebrannten Rathauses errichtet. Im Rathaussaal kann man Glasmalereien betrachten, deren Motive der Stadtgeschichte entnommen sind. Sie wurden 1936–39 nach Zeichnungen von Fanny und Poul Sæby hergestellt.

Das **Øresundsakvarium** an der Strandpromenade besitzt 10 Aquarien, die die Unterwasserwelt des Øresundes zeigen. Neben Fischen kann man Krebstiere, Schnecken, Seeanemonen, Muscheln u.a.m. bestaunen.

Das **Marielyst Slot** in der Marielyst Allé ist ein Teil des o.a. Helsingør Bymuseums. Das Schloß stammt aus den 1760er Jahren. In der dritten Etage ist noch das ursprüngliche Louisseize-Interieur erhalten. Hier finden Ausstellungen von Gemälden, Stichen u.ä. statt, die mit Helsingør und der Umgebung im Zusammenhang stehen. Der Schloßpark ist ständig geöffnet, und man kann bei einem Spaziergang auch einen Blick auf die idyllischen alten Häuser der Fährleute direkt beim Schloß werfen, die hier „Lappen“ genannt werden.

Die Umgebung

Danmarks Tekniske Museum liegt am Nodre Strandvej 23, ca. 1,5 km vom Hafen entfernt. Dieses einzigartige Museum vermittelt Eindrücke aus der Zeit, als die Technik begann, das tägliche Leben grundlegend zu verändern. Hier kann man viele dänische Erfindungen sehen, u.a. Ole Rømers „Gewichtnormalisierer“ (mit der Einheit von Maßeinheiten und Gewichten) von 1684, die erste Schreibmaschine der Welt - Malling Hansens Schreibkugel von 1867, der Welt erstes Tonbandgerät, konstruiert von Valdemar Poulsen (1898), und das Ellehammer-Flugzeug aus dem Jahr 1905, das den ersten Motorflug repräsentiert.

Von Helsingør nach Hornbæk

Der Kurs wird nun, entlang der Küste Nordseelands, in nordwestlicher Richtung abgesetzt, und nach 3 sm passiert man Ålsgårde Både- og Anlægsbro. Der Aalsgaarde Sejlklub besitzt hier sein Clubhaus am Fuß der Brücke, und seine Mitglieder betreuen auch diesen Anleger. Leider versandet dieser Abschnitt immer wieder.
Nach einem Törn von 7 sm erkennt man den Hafen und den Ort Hornbæk hinter der Ellekilde Hage. Als sichere Landmarke dient das Fysiurgisk Hospital - das frühere so mondäne „Hornbæk Badehotel", ein klotziger, bahnhofsähnlicher heller Bau. Auch hier versandet die Hafeneinfahrt oft, aber die ausgebaggerte Rinne ist mit Pricken auf beiden Seiten bezeichnet.

Hornbæk Yachthafen

Hornbæk Havn war ursprünglich ein kleiner idyllischer Fischerort, der dann aber von Sommerfrischlern entdeckt wurde. Und so hat sich seit 1885, als der Hafen angelegt wurde, vieles geändert. Heute haben GFK-Yachten die Holzboote verdrängt, und aus Hornbæk ist während der Saison ein kleiner, aber etwas hektischer Yachthafen geworden. Die Kleinstadt ist ein ausgeprägter Fremdenverkehrsort, dessen Einwohnerzahl in den Sommermonaten um einige hundert Prozent anwächst. An schönen Tagen sind die Dünen und Strände von tausenden sommer-, sonnen- und salzwasserhungrigen Stadtbewohnern bevölkert.

- Telefon
- Wasser
- E-Anschluß
- Hafenmeister Tel. 42 20 23 78
- Fahrradverleih
- Nächste Tourist-Information: Helsingør Tel. 49 21 13 33

Die Umgebung

Östlich des Ortes erstreckt sich die 240 ha große **Hornbæk Plantage.** Dieser Wald wurde zu Beginn des 19. Jahrhunderts angelegt, um die Sanderosion einzudämmen. Seitdem haben die meisten einheimischen Baumarten hier Wurzeln geschlagen. Der schöne Mischwald erstreckt sich über ein hügeliges Gelände, welches im flachen Küstenvorland ausläuft.
Ørnereden und Kaptajnens Bænk, 20 m bzw. 25 m über Meereshöhe gelegen, sind exponierte Aussichtspunkte am Sund, von denen aus das schwedische Kullen zu sehen ist.

Von Hornbæk nach Gilleleje

5,5 sm weiter in westnordwestlicher Richtung liegt Gilleleje, Nordseelands großer Fischereihafen, wo auch Fischauktionen stattfinden. Hier werden die Fänge im Laufe der Woche tonnenweise angelandet und weiterverteilt. Der Hafen liegt dicht östlich vor Gilberg Hoved, der nördlichsten Spitze Seelands.

Gilleleje Fischerei- und Yachthafen

Gilleleje liegt noch am Øresund, denn dessen nördliche Begrenzung bildet die Linie Gilberg Hoved - Kullen, und kurz vor dieser Grenze liegt Gilleleje und der Hafen, von hohen Hügeln umgeben. Den Fischerort gibt es seit Beginn des 16. Jahrhunderts, doch trotz der vielen hier beheimateten Fischkutter wird das Bild des Hafens in den Sommermonaten zumeist von den vielen in- und ausländischen Sportbooten geprägt, die die Stadt besuchen, sowie von den Touristen, die zum Badestrand kommen.

Der Hafen ist auch ein beliebtes Sprungbrett für einen Törn nach Anholt oder zu den Schären vor der schwedischen Westküste. Der Hafen liegt in unmittelbarer Nähe zur Stadt, deren Kern sich um die Hauptstraße gruppiert, die vom Hafen aus in Ost-West-Richtung an der Küste entlangführt. Hier stehen noch die alten Fachwerkhäuser der Fischer, die mit ihren reetgedeckten Dächern der Stadt ihren Charme verleihen und sie zu dem machen, was sie heute ist: einer der beliebtesten Ferienorte an der Nordküste Seelands.

Eine großzügige Erweiterung des Yachthafens ist geplant, auch der Bau eines Hotels unmittelbar westlich des Hafens steht bevor, so daß man sich mit seinem Besuch beeilen sollte, wenn man die gute, alte Hafenstimmung noch erleben will.

- Telefon
- Wasser
- Proviant
- Diesel
- E-Anschluß
- Hafenmeister Tel. 48 30 16 63
- Tourist-Information:
  Hovedgade 6 f
  Tel. 48 30 01 74

In der Stadt

Das **Gilleleje Museum** liegt am Rostgårdsvej 2. Das Museum ist in einer Schule aus dem Jahre 1897 und einem Fischerhaus aus der Zeit vor 1809 untergebracht. Dargestellt wird hauptsächlich die Kultur der Küstenbauern und Fischer aus dem Gebiet zwischen Tisvilde und Hornbæk. Es gibt unter anderem umfangreiche Sammlungen von Fischereiwerkzeugen und Schiffsmodellen; im Fischerhaus kann man auch eine alte Wohnung besichtigen. Das Museum zeigt eine gute frühgeschichtliche Sammlung, z.B. eine 10 000 Jahre alte Harpune aus Knochen sowie einen schweren Fischkrug aus der Bronzezeit.

Von Gilleleje nach Hundested

Nach dem Auslaufen aus dem Hafen kann man Steuerbord voraus den dunklen Bergrücken Kullen erkennen. Frei von der Küste, segelt man nun mit Südwestkurs in einem Abstand von 2 bis 3 sm parallel zur etwas eintönigen Küstenlinie in den Gewässern des Kattegats. Hält man diese Distanz ein, so umgeht man die Bundgarnpfähle und das in der Seekarte vermerkte Schießgebiet vor Melby, das zudem durch Tonnen bezeichnet ist.

Dieser 18 sm lange Törnabschnitt führt an einer endlos erscheinenden Kette von Stränden und Steilküsten, nur unterbrochen von Huks, entlang, bis sich zwischen dem Spodsbjerg Fyr und Korshage die Einfahrt in den Isefjord öffnet. Unterhalb des Spodsbjergs liegt der

Hundested Fischerei- und Fährhafen

Nachdem man die Molenköpfe von Hundested Havn passiert hat, hält man auf das südliche und größte Hafenbecken zu, das für Gastlieger vorgesehen ist. Von hier aus sind es nur wenige Schritte bis zur Stadt. Hundested ist mit dem zwei Kilometer südlich gelegenen Lynæs zusammengewachsen. Die Kirche, ein ungewöhnlicher Feldsteinbau, steht auf der Grenze zwischen beiden Orten. Gleich

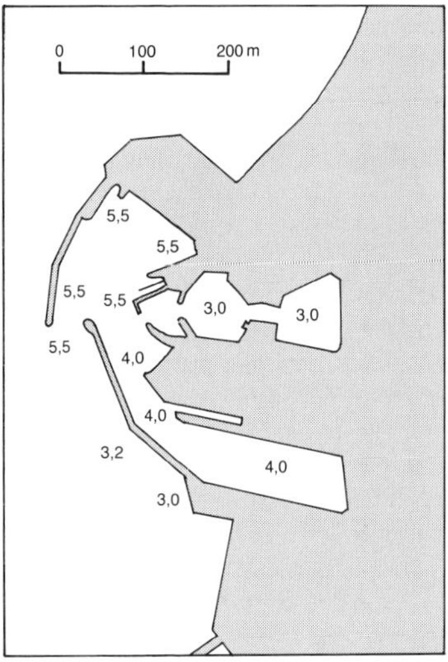

- Telefon
- Wasser
- Proviant
- Benzin / Diesel
- E-Anschluß
- Hafenmeister Tel. 42 33 72 34
- Fahrradverleih
- Tourist-Information:
  Nørregade 22
  Tel. 42 33 77 88

nördlich des Hafens liegt der Badestrand „Trekanten". Ein kleiner Weg führt in östlicher Richtung zu einem kleinen, unvergleichlich idyllischen Ort, Kikhavn. Von hier hat man eine weite Sicht über das Kattegat, und bei klarem Wetter kann man die 15 sm

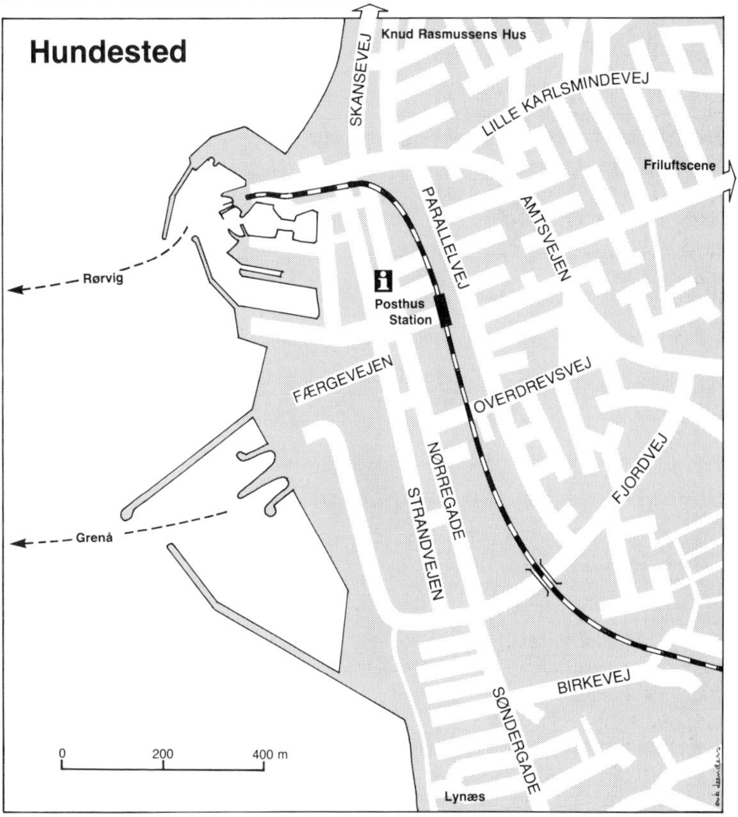

weiter nördlich liegende Insel Hesselø erkennen.
Von Hundested verkehren Fähren nach Grenå und Rørvig.

Die Umgebung

Westlich des Spodsbjerger Leuchtturms am Knud Rasmussen Vej steht das kleine **Knud Rasmussen Museum.** Der Polarforscher wohnte in diesem Haus und verfaßte hier, ehe er wieder auf eine Expedition ging, die meisten seiner Reiseberichte über Grönland. 1933 hier verstorben, errichtete man ihm ein Denkmal aus grönländischen Steinen am Hang dicht beim Leuchtturm.

Von Hundested nach Lynæs

Die Strecke nach Lynæs durch den Isefjord ist dreimal länger als der Weg über Land. Man muß hier nämlich dem 1,5 sm breiten Lynæs Sand ausweichen und die gebaggerte, 70 m breite sowie 6,7 m tiefe Rinne ganz nach Süden segeln. Erst nach Passieren der 4-m-Tiefenlinie kann man den Kurs absetzen auf

Lynæs Havn

Obwohl Lynæs inzwischen mit Hundested zusammengewachsen ist, hat es sich doch sein gemütliches Provinzmilieu bewahrt. Am Fuße des Steilufers, inmitten grüner Natur, liegen der Fischerhafen und östlich davon die neue Marina, die sich trotz mangelnder Patina ganz gut in den einstmals so gediegenen Fischerort einpaßt.

- Telefon
- Wasser
- Proviant
- Benzin / Diesel
- E-Anschluß
- Hafenmeister Tel. 42 33 91 19
- Fahrradverleih
- Nächste Tourist-Information: Hundested Tel. 42 33 77 88

Der Roskilde Fjord

Kulhuse – Frederiksværk – Kignæs – Frederikssund – Marbæk – Skuldelev – Jyllinge – Elleore – Veddelev – Roskilde – Gershøj

Im mehr als 20 sm langen Roskilde Fjord segelt man im Schutze üppig bewachsener Küsten in das Herz Seelands.
Bei der Ansteuerung hält man zuerst auf die grüne Leuchttonne zu, um dann konsequent im prickenmarkierten Fahrwasser zu bleiben.
Auf der Höhe von Kulhuse verengt sich das Fjordwasser, weitet sich dann für einen Abstecher nach Frederiksværk, um sich anschließend enger zulaufend vorbei an den Laubgehölzen Nordskovs nach Süden auszudehnen.
Auf der Nordspitze Hornsherreds liegt das erste Törnziel

Kulhuse Havn

Kulhuse ist ein kleiner, schlauchförmiger Hafen, der nur wenig Platz bietet und oft überfüllt ist. Eine 20 m breite und 2,2 m tiefe Rinne führt zum Hafen.

- Telefon
- Wasser
- E-Anschluß
- Hafenmeister Tel. 42 33 05 40
- Badestrand südlich des Hafens
- Nächste Tourist-Information:
  Biblioteket
  Møllevej 25, Jægerspris
  Tel. 42 33 10 63

Die Fähre „Columbus“ verkehrt von hier aus über die Kulhuse Rende nach Sølager. Ist der Hafenmeister nicht gleich erreichbar, geht man nach dem Einlaufen zur „Columbus“, um dort sein Hafengeld zu bezahlen. Hier hinterlegt man 50,– Kr als Kaution für einen Schlüssel zu den gepflegten Duschen und Toiletten.
„Kulhuse“, die Kohlenhäuser, sind aus einer Anlegestelle hervorgegangen, die hier im 17. Jahrhundert gebaut wurde, um die Holzkohle der Köhler aus den Wäldern von Jægerspris zu verschiffen.

Von Kulhuse nach Frederiksværk

Die Betonnung des Fjords ist immer ein Kapitel für sich gewesen und hat viele revierunkundige Segler davon abgehalten, weiter als bis nach Hundested vorzudringen. Aber seit vor einigen Jahren das IALA-System mit seinen roten Blumentöpfen und den grünen Spitzkegeln eingeführt wurde, ist es besser geworden. Das Fahrwasser besitzt bis nach Roskilde eine Wassertiefe von mindestens 2,5 m, und nur der wirkliche Revierkenner segelt auch außerhalb des Tonnenstrichs. Die goldene Regel, nach der man immer nur in der Mitte des Fjords bleiben soll, gilt hier nicht, denn man kann plötzlich auf halbem Wege zwischen den beiden Ufern jemanden entdecken, der nach Sandwürmern gräbt – und das Wasser bedeckt gerade nur dessen Füße.
Von Kulhuse Rende führt ein kürzerer Weg über Kirkengrund und Espengrund in nordöstlicher Richtung nach Frederiksværk. Die Ansteuerung ist problemlos, denn die dicht ausliegende Betonnung führt direkt bis in den Hafen.
Sportbooten ist es nicht erlaubt, den Hafen des Stahlwalzwerkes anzulaufen. Stattdessen steuert man den eigentlichen Hafen Frederiksværk an oder entscheidet sich für die Mole des hiesigen Segelvereins, die unmittelbar nördlich vom Hafen des Stahlwerkes und einer häßlichen Schlackenmole verläuft.

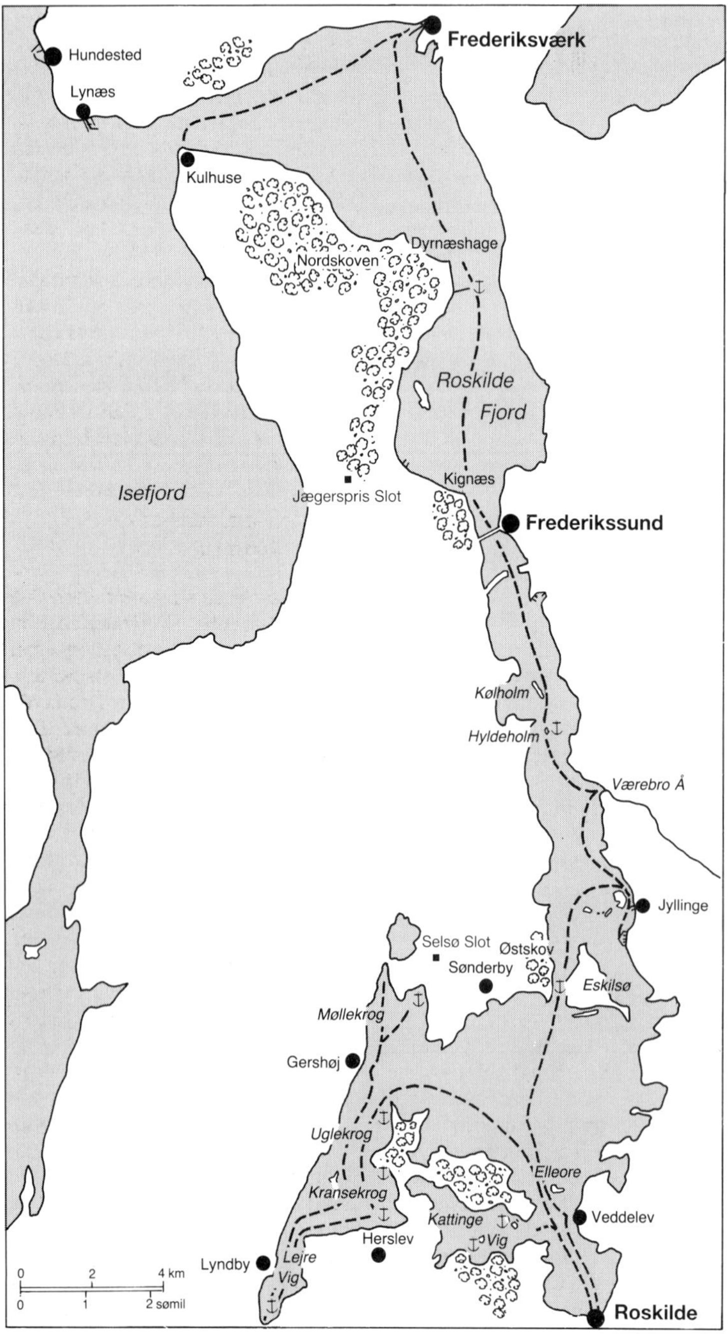

Hundested
Lynæs
Frederiksværk
Kulhuse
Nordskoven
Dyrnæshage
Roskilde
Fjord
Isefjord
Kignæs
Jægerspris Slot
Frederikssund
Kølholm
Hyldeholm
Værebro Å
Jyllinge
Selsø Slot
Østskov
Sønderby
Eskilsø
Møllekrog
Gershøj
Uglekrog
Elleore
Kransekrog
Veddelev
Kattinge
Vig
Herslev
Lyndby
Lejre
Vig
Roskilde
0
2
4 km
0
1
2 sømil

Frederiksværk

Frederiksværk hat sich um einen Kanal herum entwickelt, der vom Arresø zum Roskilde Fjord gegraben wurde. Das Hafengebiet ist etwas trist und wird von den Fabrikanlagen des Stahlwerkes mit seinen Schrottbergen und Abraumhalden dominiert, die das hübsche Fjordidyll verunstalten.

- Telefon
- Wasser
- Proviant
- Benzin / Diesel
- E-Anschluß
- Hafenmeister Tel. 42 12 10 06
- Fahrradverleih
- Tourist-Information:
  Centrumspladsen
  Tel. 42 12 30 01

In der Stadt

Was dem Hafen an Idylle fehlt, besitzt dafür die Stadt. In ihr herrscht eine eigentümliche Kleinstadtatmosphäre mit alten Häusern aus dem 19. Jahrhundert. Benannt nach Frederik V., wurde sie 1756 von J.F. Classen angelegt, der hier ein Schießpulverwerk und eine Kanonenfabrik errichten ließ. Die Häuser einer Seite der Hovedgade, der Hauptstraße, stoßen mit ihrer Grundstücksrückseite an den Kanal. Dort gibt es am Ufer hübsche kleine Gärten mit Lauben und davor Stege, an denen Jollen vertäut liegen.
Das **Frederiksværk Fabrik og Egnsmuseum** findet man am Torvet, am Markt. Das Museum ist im alten Arsenal des Pulverwerks aus dem Jahre 1800 eingerichtet. Die Sammlungen werden in 14 Räumen ausgestellt und spiegeln die Stadt und das Leben seit ihrer Gründung, als der Kanal in den Jahren 1717–1719 gebaut wurde, wider. General J.F. Classen ist dort ein eigener Raum gewidmet.

Auch das einzige **Krudtværksmuseum** Dänemarks, das Schießpulvermuseum, befindet sich aus gutem Grund in Frederiksværk. Ein kleiner Teil der militärischen Pulverfabrik am Kanal blieb beim Abbruch des alten Werkes erhalten und beherbergt heute das Schwarzpulvermuseum. Ein Poncelet-Wasserrad treibt hier Mahlsteine aus dem Jahr 1888 an.
Die **Kirche** steht in der Strandgade. Die Kirchenglocke wurde im Pulverwerk gegossen und hing ursprünglich in einem Gerüst auf der Norske Bakke, um den Arbeitsbeginn einzuläuten. Später fungierte sie als Stadtglocke, um schließlich zur Kirchenglocke zu avancieren.

Von Frederiksværk nach Kignæs

Die weite Wasserfläche vor Frederiksværk bietet, außer bei Winden aus östlichen Richtungen, keine geschützten Ankerplätze. Die Küsten im Norden und Süden sind relativ flach, und die 2-m-Tiefenlinie verläuft in großer Entfernung vor dem Ufer. Bei östlichen Winden liegt man zwischen Præstehøj und Grævelingehøj westlich von Kregme gut geschützt. Auf dem westlichen Fjordufer zieht sich der Nordskov bis nach Dyrnæs, vor dem der Fjord nach Süden schwenkt.
Im Fahrwasser von **Dyrnæs Hage** muß man sehr genau steuern. Die Fahrrinne selbst erinnert an die Baggerrinne über Kulhuse Rende - sie ist schmal und verhältnismäßig tief, 18 m, die Wassertiefen nehmen auf beiden Seiten rasch ab. Hier kann auch starker Strom bis zu drei Knoten setzen. Skipper, die nicht im Fahrwasser geblieben sind, geraten vor Dyrnæs in Gefahr, aufzulaufen. Insbesondere außerhalb des Steuerbord-Tonnenstrichs wird es rasch sehr flach, bei Niedrigwasser fällt der Abschnitt vor dem Nordskov trocken.

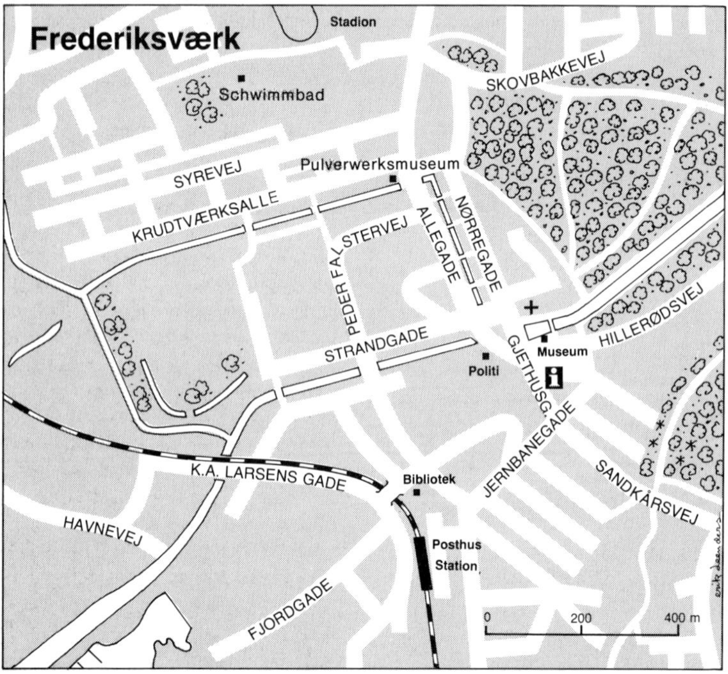

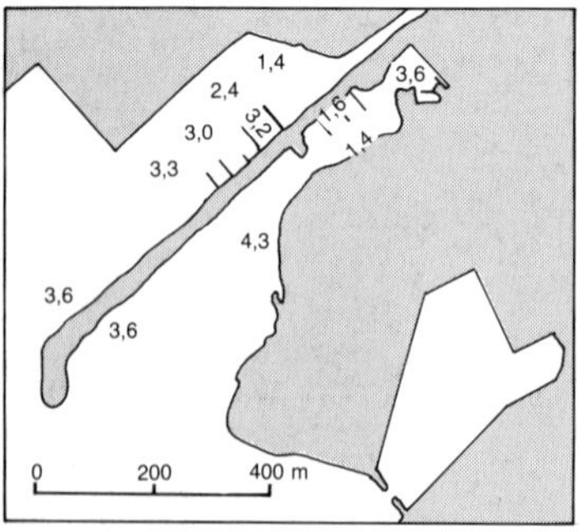

Direkt südlich der Dyrnæs Bro kann man bei Winden aus West bis Nordwest ankern. Hat man sein Beiboot dabei, so kann man zu einigen Pfahlstümpfen rudern, die einmal Teil eines schönen Anlegers waren, an dem man auf seiner Reise durch den Fjord festmachen konnte. Das Eis hat in den letzten Jahren hart an der Brücke genagt. Achtung: Der Kopf des Anlegers steht dicht an der Fahrrinne.

Im Nordskov, dem Nordwald, findet man eine schöne und unberührte Natur, und wen eine Wanderung auf weichen Waldwegen zu **drei tausendjährigen Eichen** lockt, der hat hier Gelegenheit dazu. Der Nordskov ist einer der schönsten und unberührtesten Wälder Seelands. Die Eichen standen früher auf Moorboden direkt an der Küste, und sie entgingen so der Axt. Kongeegen, die Königseiche, einer der alten Riesen, fiel während eines Herbststurmes 1973. Obwohl die Eiche stürzte, wachsen immer noch Triebe aus dem Stamm. Die beiden anderen Bäume, Storkeegen und Snogeegen, stehen weiterhin aufrecht trotz ihres hohen Alters.

Kignæs Yachthafen

Die Mitglieder des Bootsvereins Kignæs Mole veranlaßten, daß eine 800 m lange Rinne von der Dråby Bredning aus gebaggert wurde. Dieser Hafen liegt in einer schönen Umgebung, und er kann von Yachten bis zu 2,2 m Tiefgang angelaufen werden. Unmittelbar östlich der Hafeneinfahrt liegt eine Wendestelle mit ungefähr 30 x 50 m Wasserfläche.

- Telefon
- Wasser
- Proviant
- E-Anschluß
- Hafenmeister Tel. 42 33 18 11
- Nächste Tourist-Information: Biblioteket Jægerspris, Tel. 42 33 10 63

Die Umgebung

Von Kignæs Havn aus sind es nur 1,5 km bis zum **Schloß Jægerspris.** Das Schloß ist eine interessante mittelalterliche Anlage, errichtet Ende des 13. Jahrhunderts, und wurde u.a. von König Erik Menved bewohnt. Später wurde es von verschiedenen Königen mehrmals erweitert und umgebaut, zuletzt 1746 von Frederik V. Frederik VII. erwarb das Schloß 1854 und wohnte hier jeden Sommer zusammen mit Gräfin Danner. Nach dem Tode Frederiks VII. erbte sie das Schloß und bestimmte, daß es nach ihrem Tod in eine Stiftung für hilflose und alleinstehende Mädchen aus kleinbäuerlichen Verhältnissen eingeht.
Einige der Zimmer, die Frederik VII. und Gräfin Danner bewohnten, sind im ursprünglichen Zustand erhalten und öffentlich zugänglich.
Interessant ist auch der das Schloß umgebende **Jægerspris Park** und **Slotshaegn.** Auf einem lichten Grabhügel im Park steht der Sarkophag von Grevinde Danner. Erbprinz Frederik, dem das Schloß in den Jahren 1793-97 gehörte, ließ im Park Runensteine und 54 Denkmäler für berühmte Dänen und Norweger aufstellen, und schuf Monses Høj als Gedenkstätte für seine Mutter, die Königin Marie.

Von Kignæs nach Frederikssund und Marbæk

Die Kronprinz-Frederik-Brücke

Die Durchfahrtsbreite beträgt 30 m, die Durchfahrtshöhe 3,5 m. Für Fahrzeuge, die nicht unter der Brücke hindurchfahren können, wird die Brücke umsonst geöffnet, wenn der Verkehr es zuläßt. Dies gilt in der Zeit vom 1.4. -30.9. zwischen 5.00 Uhr morgens und einer halben Stunde nach Sonnenuntergang. Im Winterhalbjahr wird die Brücke frühestens eine halbe Stunde vor Sonnenaufgang geöffnet.
In der Zeit vom 15.4.-15.9. wird die Brücke während der untenstehenden

Die Kronprins Frederiks Bro in Frederikssund hat bei normalem Wasserstand eine Durchfahrtshöhe von 3,5 m

Zeitabschnitte nur einmal zur vollen Stunde für Sportboote geöffnet:
Mo. - Do. ....16.00–18.00 Uhr
Freitag ....16.00–20.00 Uhr
Sonnabend ....9.00–18.00 Uhr
Sonntag ....10.00–21.00 Uhr
Die breite Durchfahrt sollte während der Öffnung von mehreren Fahrzeugen zugleich passiert werden, so bleibt die Öffnungszeit im erträglichen Rahmen. Die Brückenwache kann die Brücke auch außerhalb der festgesetzten Zeiten öffnen, wenn der Straßenverkehr es zuläßt.
Dicht nördlich der Brücke stehen Dalben, an denen man während der Wartezeit festmachen kann.
Das erste, was man nach dem Passieren der Brücke und des Industriehafens von Frederikssund erreicht, sind die sogenannten „Zahnstümpfe", Überreste einer vergangenen Zeit. Sie gehörten früher zu einer Brücke über den Fjord, auf der die Midtsjællanske Jernbane, die Eisenbahn, von Frederikssund nach Hvalsø fuhr. Eröffnet wurde die Strecke 1928, doch blieb das Ganze für die Stadt nur ein kurzer Traum. Schon 1936 wurde der Betrieb wieder eingestellt und die Anlage abgerissen.

Frederikssund und Marbæk Yachthafen

Am Ostufer des Fjords liegen die Yachthäfen von Marbæk und Frederikssund. Sie scheinen fast zusammengewachsen, jedoch bildet ein kleiner Fluß ihre natürliche Grenze. Marbæk ist ein alter Hafen mit einer familiären Atmosphäre, in dem sich alle kennen. Der Yachthafen von Frederikssund ist relativ neu. Er wurde erst in den 70er Jahren angelegt, als man den alten Yachthafen im Industriehafen abriß, und ist nun ein Teil des Freizeitzentrums der Stadt. So liegen in der Umgebung des neuen Hafens die Sportplätze, der Veranstaltungsort

- Telefon
- Wasser
- Proviant
- Diesel
- E-Anschluß
- Hafenmeister / Frederikssund
  Tel. 42 31 55 04
- Hafenmeister / Marbæk
  Tel. 42 31 20 66
- Tourist-Information:
  Østergade 3
  Tel. 42 31 06 85

„Frederikssund Hallen" und natürlich das Vereinshaus des Segelclubs. Zwischen dem Hafen und der Stadt liegt Kalvø, das für seine schöne Freilichtbühne bekannt ist, auf der seit 1952 die „Wikingerspiele" stattfinden.

In der Stadt

Frederikssund wurde nach König Frederik III. genannt, der der Stadt einige Rechte verlieh; die vollen Stadtrechte erhielt sie erst 1809.
Die Stadt bietet zwei Sehenswürdigkeiten: die **Wikingerspiele** und das **J.F. Willumsen Museum.** Letzteres wurde von der Stadt Frederikssund mit Hilfe des dänischen Staates 1957 errichtet. Willumsen selbst, der ein Jahr später im Alter von 95 Jahren starb, konnte so noch einen Teil seiner vielen Werke unter einem Dach versammelt sehen. Er liegt östlich des Gebäudes im Park begraben. Das Museum besitzt mehrere tausend Zeichnungen, Radierungen, Lithographien und Holzschnittarbeiten, u.a. auch eine Holzskulptur von Gauguin. Ein Hauptwerk ist „Das große Relief", an dem Willumsen mehrere Jahre arbeitete.
Mit den **Wikingerspielen** hat sich Frederikssund den Ruf als Dänemarks Wikingerstadt erworben. Die Spiele, die von Per Buckhøj gegründet wurden, werden jedes Jahr Ende Juni/

Anfang Juli auf Kalvøs Freilichttribüne unter Mitwirkung der Bürger Frederikssund aufgeführt.
Die **St. Olav-Quelle** kann das schöne Ziel eines Abendspazierganges sein. Folgt man dem Ufer von Marbæks Hafen aus etwa 1 km nach Süden, so erreicht man diese Quelle, die 1981 von der Stadt Frederikssund eingefaßt wurde, um sie als Kulturdenkmal der Nachwelt zu erhalten. Seit fernen Zeiten fließt aus dieser Quelle lebensspendendes Naß für Mensch und Tiere. Die Sage berichtet, daß Menschen, die dieses Wasser tranken oder sich damit wuschen, von chronischen

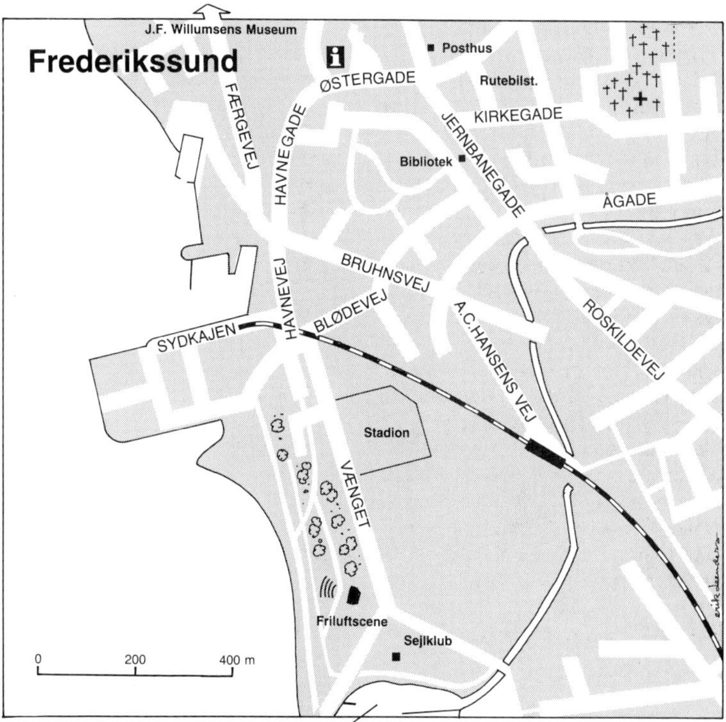

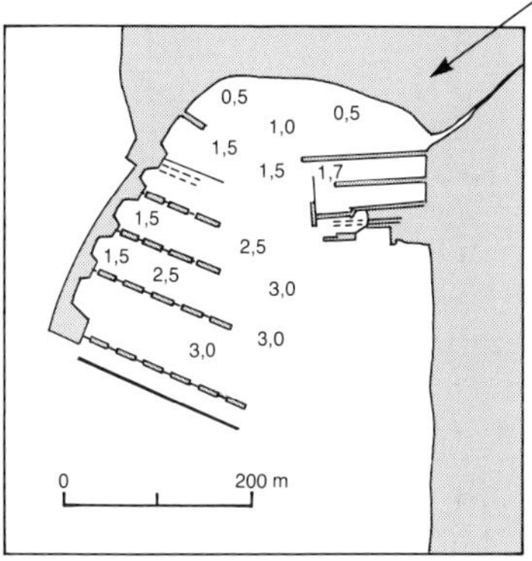

Krankheiten geheilt wurden. Paradoxerweise ist neben der Quelle ein Schild aufgestellt worden, welches den Betrachter darüber aufklärt, daß das Wasser als Trinkwasser ungeeignet ist.

Von Frederikssund nach Skuldelev

Südlich der Yachthäfen von Frederikssund und Marbæk liegt die Untiefe Kildegrund, von der man sich unbedingt freihalten muß, denn hier ist es nicht nur sehr flach - die Wassertiefe beträgt nur 0,9 m -, sondern der Grund ist noch dazu sehr steinig. Die Untiefe ist im Norden mit einer roten Pricke gekennzeichnet. Von Norden kommende Yachten passieren sie westlich, während die einheimischen Segler doch im sicheren Abstand östlich an ihr vorbeisegeln, indem sie direkt von der Außenmole des Yachthafens Frederikssund aus auf die südöstliche Spitze Kølholms steuern. Dieser Kurs führt direkt zum nördlichen Beginn des Fahrwassers Kølholmer Rende.

Südlich von Kølholm liegen zahlreiche Untiefen. Sie sind aber ungefährlich, weil sie nur aus Sand und Schlick bestehen. Die unzähligen Bundgarnpfähle erschweren zwar die Navigation - aber man kann immer mit ein paar Metern Wassertiefe an ihren Enden rechnen. Manchmal versperren sie mit ihrem zierlichen und doch auch dichten Pfahlwerk die Sicht auf die richtigen Fahrwassermarkierungen ...

Südlich der Brücke liegt **Kølholm,** die erste der kleinen Fjordinseln. Die kleine Insel wirkt, als würde eine Knolle auf ihr liegen, oder ein kieloben liegendes Schiff, oder noch phantasievoller - ein Riesendinosaurier. Kølholm ist Privatbesitz, und früher stand ein Haus auf der Knollenspitze und ein weiteres darunter, die aber im Laufe der Zeit verfielen, weil sich niemand darum kümmerte. Jetzt haben Möwen, Schwäne und Enten hier ein „selbstverwaltetes" Reservat errichtet. Bei westlichen Winden findet man vor der südöstlichen Spitze im Schutz der Knolle einen guten Ankerplatz.

Auch **Peberholm** daneben ist eine Privatinsel.

Zwischen Peberholm und Kølholm läuft ein altes Fahrwasser, **Peberrenden,** in dem man im Sommer 1962 fünf Wikingerschiffe fand und ausgrub. Diese Schiffe wurden seinerzeit mit Steinen beladen und versenkt, um Feinden die Fahrt zu versperren. Sie stehen heute im Wikingerschiffsmuseum in Roskilde. Das heutige Fahrwasser verläuft östlich um Kølholm herum.

Die nächste Insel ist nun **Hyldeholm,** ein Refugium der FKK-Anhänger. Das ist sie seit 1936, als eine Gruppe junger Leute die Insel zuerst mietete und dann später kaufte. Sie wird bis heute als ein Freiraum genutzt, wo man sich ungeniert am ganzen Körper bräunen kann. In den 30er Jahren war es sowohl ungewöhnlich als auch mutig, sich nackt am Strand zu bewegen, deshalb wurde Hyldeholm auch schnell zu einer Attraktion. Leute kamen von weit her, um diesen Ort mit

seinen eigenartigen Menschen zu sehen. Ein Fischer errichtete mit seinem Trecker einen Stand und verlieh kostenlos Ferngläser. An Sonntagen war das Ufer voll mit Menschen in ihren feinen Sonntagskleidern.
Rund um die Insel herum wurde daher ein Wall aufgeschüttet. Es gibt eine Sauna, und obwohl mehrere tausend Volt durch die Leitungen der Hochspannungsmasten über die Köpfe hinweg laufen, gibt es auf der Insel keine Elektrizität. Also wird die Sauna mit einem Ofen beheizt, so wie man es auch im Heimatland der Sauna, in Finnland macht.

Skuldelev Havn

Möchte man den kleinen Fischerort Skuldelev anlaufen und kommt von Norden, so muß man Hyldeholm südlich umrunden, und zwar in einem Abstand von 200–300 m. Anschließend muß man sich nur genau zwischen Hyldeholm und der Küste halten. Der Hafen kann nur von Yachten mit einem Tiefgang bis zu 1,5 m angelaufen werden, aber einer der besten Ankerplätze des Fjords liegt hier, in einer Art Sackgasse gleich außerhalb des Ha-

Der Hafen von Skuldelev mit der FKK-Insel Hyldeholm im Hintergrund

fens, wo der Anker in 2–3 m Tiefe faßt. Gleich hinter dem Hafen erhebt sich der Skuldelev Ås auf 21 m Höhe über den Meeresspiegel, und man hat dort oben eine herrliche Aussicht über den Fjord.

- Telefon
- Wasser
- E-Anschluß
- Hafenmeister Tel. 42 32 02 58
- Nächste Tourist-Information: Biblioteket, Jægerspris, Tel. 42 33 10 63

Der Ankerplatz wird oft zum Übernachten gewählt, wenn man schon spät dran ist. Südlich von Skuldelev beginnt ein Labyrinth von Bundgarnpfählen und Untiefen, so daß selbst die einheimischen Segler zumeist hier vor Anker gehen, bevor die Dunkelheit hereinbricht.

Von Skuldelev nach Jyllinge

Das Flüßchen **Værebro Å** mündet unmittelbar südlich des Svaleklints in den Roskilde Fjord. Entlang dieses Flüßchens findet man kleine idyllische Häfen, wie sie kaum kleiner sein können. Sie können nur von Jollen angelaufen werden.
Eine gute Seemeile von diesem Flußdelta entfernt liegen die Jyllinge Holme, eine Inselgruppe, deren größte „Lilleø", „Kleine Insel", heißt. Jungvieh grast hier den Sommer hindurch und führt ein beneidenswertes Leben, das dem dänischen Schriftsteller Gustav Wied zufolge nur aus Fressen und Lieben besteht. Die anderen Holme sind unbewohnte Vogelinseln mit Namen wie: Langholm, Tobaksholm, Flængholm, Yderste Holm.

Jyllinge Fischereihafen

Verdeckt hinter Lilleø liegt Jyllinges Fischereihafen. Um dorthin zu gelangen, muß man erst durch ein gewundenes Fahrwasser steuern, das bei normalem Wasserstand nicht tiefer als zwei Meter ist. Der Fischereihafen liegt in Höhe der Kirche, um die herum das alte Dorfmilieu erhalten blieb. Diese Idylle wird von reetgedeckten Häusern vollendet, die am Abhang hinunter zum Fjord gebaut wurden. Dieser Hafen wird nur von Aalfischern mit ihren kleinen und großen Booten benutzt, und ist für Sportboote gesperrt. Der Yachthafen von Jyllinge befindet sich 0,4 sm weiter südlich. Er liegt ein wenig abseits des Hauptverkehrswegs nach Roskilde - und zum Kattegat sind es von hier aus 21 sm.

Jyllinge Yachthafen

Der Hafen wurde Ende der sechziger Jahre als einer der ersten - vielleicht sogar als erster - „genossenschaftlichen" Häfen gegründet. Jedes Mitglied mußte damals 5000 Kr für einen Liegeplatz bezahlen. Die offizielle Einweihung fand 1974 statt, und heute ist daraus eine Marina mit 450 Liegeplätzen und wirklich guten Versorgungseinrichtungen geworden.

Die kleine Kirche von Jyllinge

- Telefon
- Wasser
- Proviant
- Benzin / Diesel
- Hafenmeister Tel. 42 38 93 48
- Nächste Tourist-Information: Roskilde, Tel. 42 35 27 00

Im Hinterland des Hafens ist das neue Jyllinge in Form einer Reihenhaussiedlung entstanden.
Bei einem Besuch der hübschen Hafencafeteria kann man durch das Fenster hindurch den Hafen, den Fjord und - wenn man Glück hat - den Sonnenuntergang betrachten. Alle Farbnuancen von Gelb bis Rot werden dann am westlichen Himmelsrund hervorgerufen. Ja, er hat etwas Besonderes, sogar Exotisches, der Sonnenuntergang am Roskilde Fjord.

In der Stadt

Der Yachthafen liegt ungefähr 1,5 km von der Stadt entfernt, und dort gibt es ein großes Einkaufszentrum für die Waren des täglichen Bedarfs. Jyllinge und das Umland sind eine Mischung aus alt und neu. Der schmale Weg im Norden des alten Stadtviertels vermittelt noch eine Vorstellung davon, wie es hier früher einmal ausgesehen haben mag. Die alte Hauptstraße war so schmal, daß der Bus, der damals nach Valby fuhr, die volle Straßenbreite einnahm. Der Bus wurde „Onkel Tom“ genannt, nicht nur im Hinblick auf die Romanfigur, sondern mehr noch in Hinblick auf die Tatsache, daß „tom“ im dänischen soviel wie „leer“ bedeutet. Und das war er denn auch meist.
Von der alten Hauptstraße führt ein Weg zur **Jyllinge Kirke.** Im Jahre 1877 wurde Geld für den Bau dieses Weges gesammelt, auf das eine Tafel hinweist, die am Friedhofseingang eingemauert wurde. Die Inschrift lautet:

SEINE KÖNIGL. HOHEIT
DER KRONPRINZ
HAT 100 KR GEGEBEN
DIE KOMMUNEKASSE 60 KR
DIE EINWOHNER 60 KR
FÜR DIESEN WEG
1877

Jyllinge Nordhafen

Der Nordhafen, nördlich von Lilleø gelegen, ist ein kleiner Privathafen und besteht aus der ca. 40 m langen Molen. Insgesamt gibt es hier 80 Liegeplätze. Der Nordhafen hat seinen eigenen Segelverein: Jyllinge Nord Sejlklub.

- Telefon
- Wasser
- Benzin / Diesel
- Proviant
- E-Anschluß
- Hafenmeister Tel. 42 38 80 06
- Nächste Tourist-Information: Roskilde, Tel. 42 35 27 00

Von Jyllinge nach Sønderby

Die Gewässer vor dem Ostufer südlich des Yachthafens von Jyllinge kann man nicht befahren, denn hier wird es einfach zu flach. Man segelt daher den gleichen Weg wieder hinaus, den man schon vom Einlaufen her kennt: nördlich um Lilleø herum und dann hinüber zur Skovrende auf die westliche Seite des Fjordes, auf der sich ein enges Fahrwasser zwischen **Eskildsø** und dem schönen Østskov entlangwindet. Mitten im Fahrwasser steht ein Anleger, an dem nur ein bis zwei Yachten gleichzeitig festmachen können. Man sollte aber den verhältnismäßig starken nord- bzw. südsetzenden Strom berücksichtigen, der gerade hier, wo die Rinne am schmalsten ist, am stärksten ist. Die Brücke gehört

Am alten Fischereihafen von Jyllinge

dem Pächter von Eskildsø, und in der Regel erhält man die Erlaubnis zum Festmachen.

Sonst kann man gleich nördlich des Anlegers ankern, hier ist man bestens vor westlichen Winden geschützt und hat gleichzeitig Aussicht auf den Buchenwald vom Østskov und auf Eskildsø - der Insel mit dem Bauernhof und der berühmten Klosterruine. Diese Findlingsruine fällt wegen ihrer Höhe und ihres Bewuchses schon aus großer Entfernung ins Auge. Es ist 800 Jahre her, daß es auf ihr ein Mönchskloster gab. Es geht die Mär, daß die Mönche nicht immer „brav" waren. Eines Tages, als der Abt ihnen einen unangemeldeten Besuch abstattete, hatten die Mönche Frauen zu Besuch. Im Refektorium veranstalteten die Mönche mit den Frauen ein wildes Gelage. Als dieses Absalon im Jahre 1165 zu Ohren kam, berief er sofort einen strengen Domherren, um Ruhe und Ordnung wieder herzustellen. Das Kloster bestand danach nur noch wenige Jahre, und 1175 zogen die Mönche um nach Frederiksborg, wo das Æbelholt-Kloster gegründet wurde.

Eskildsø besitzt eine eigenartige Nehrung, Væddersholm, die einmal eine selbständige Insel war, aber mit den Jahren mit Eskildsø zusammenwuchs.

Sønderby Havn

Sønderby ist ein privater Yachthafen an einem ehemaligen Fischereianleger in der Byggevig. Er liegt ca. 1 sm westlich der Ansteuerungstonne am südlichen Ausgang der Skovrende. In diesem nur schwach besuchten Winkel gibt es 35 Liegeplätze - und keine Versorgungseinrichtungen. Der Hafen liegt knapp einen Kilometer außerhalb Sønderbys, wo Stockrosen an heimeligen Fachwerkhäusern emporwachsen.

- Hafenmeister Tel. 42 32 06 90
- Keine Versorgungseinrichtungen

Von Sønderby nach Veddelev

An der Ostküste des Fjords, südlich von Jyllinge, erkennt man die Halbinsel Risø mit dem Atomforschungszentrum gleichen Namens. Es ist verboten, Risøs Hafen anzulaufen. Man erkennt den Ort an seinen 5–10 Windmühlen, die hier ständig getestet werden.

Elleore

Zwischen Risø und Veddelev liegt Elleore, das vierte und kleinste Königreich des Nordens. In den vierziger Jahren begannen einige Pädagogikstudenten mit Kronen und Inseln zu spekulieren und kauften die Insel Elleore. „Der Rat der Unsterblichen" werden jene neun Lehrer genannt, die über viele Jahre hinweg jeden Monat 17 Kronen aus ihrer Lohntüte beiseite legten, um die alte Reichsschuld zu begleichen. Zwischenzeitlich wurden sie zu distinguierten Studienräten, und ihr Königreich fungiert nun schon über Jahre hinweg als Wochenend- und Sommerlager für Schulkinder.
Elleore gibt seit 1947 eigene Geldscheine, Münzen und Briefmarken heraus. Leider hat das Königreich keine Absprache mit dem internationalen Postwesen getroffen. Die Folge ist, daß das Insel-Postwesen keine ausländisch frankierten Briefe ohne eine Elleore-Frankierung transportieren will. Im Gegenzug müssen die Inselbewohner leider dänische Briefmarken benutzen, wenn sie ihre Briefe in Länder außerhalb der eigenen Reichsgrenzen verschicken wollen. Das „Reich" liegt sehr hübsch - auf allen Seiten von der Großmacht Dänemark umgeben. Der Besucher schenkt der Ellebro, der Anlegebrücke, sicher die ihr zukommende Beachtung, denn sie hebt sich in roten und weißen Farben vor dem blauen Himmel ab. Man denke beim Besuch daran, die Uhr um 12 Minuten zurückstellen - auf die Insel-Ortszeit. Die Landschaft trägt Namen wie Kap ut (Kaputt), Kap Goddag (Kap Gutentag), Stormåsen (Sturmhügel), Elskov (Liebeswald) usw.
Auch die Ruinen von Schloß Brådeborg und einem Mönchskloster sind noch auf der Insel zu finden.
Aber Elleore war schon bekannt, lange bevor es Königreich wurde. Hier wurde Ole Olsens berühmter Safari-Film „Die Löwenjagd" gedreht. Um die Entstehung des damals sehr erfolgreichen Streifens rankt sich eine ebenfalls filmreife Geschichte mit drei Hauptpersonen: den damaligen Justizminister Alberti, den Vorsitzenden des örtlichen Tierschutzvereins, Fr. Gold und den legendären Filmmagnat Ole Olsen, Gründer von „Nordisk Film".
Die Geschichte lief ungefähr folgendermaßen ab: Exotische Filme waren zu jener Zeit sehr populär, und Ole Olsen hatte die Idee, einen Safari-Film zu drehen. Damals fuhr man dafür nicht gleich mit einigen Kameras in den Süden. Nein, man warf ein Auge auf die Insel Elleore im Roskilde Fjord und bestimmte sie zum Aufnahmeort. Die Palmen lieh man sich von Kopenhagener Restaurants aus, und die „Hauptpersonen", zwei waschechte Löwenmännchen, die vor laufenden Kameras erschossen werden sollten, wurden in Hamburg gekauft. Doch Fr. Gold meinte, daß dieses ganz und gar unstatthaft sei.
Die Debatte erreichte Kopenhagen, und der Justizminister Alberti wurde in die Sache eingeschaltet. Er erließ ein Verbot gegen die Dreharbeiten, so daß die Löwen, die mit dem Zug nach Roskilde kamen, nicht entladen wurden. Ole Olsen aber ließ sich nicht so leicht bändigen, vielmehr entwickelte er einen Plan, nach dem die Löwen statt in Roskilde in Hedehusene entla-

den wurden, von wo aus man sie in einem Pferdewagen nach Veddelev brachte. Von dort aus wurden sie nach Elleore verschifft. Nun jedoch witterte man Unrat, weil die Löwen verschwunden waren. Ein Regierungsbeamter kam aus Lejre nach Elleore und ließ die Aufnahmen, mit denen gerade begonnen worden war, stoppen. Illegal bekam Ole Olsen jedoch die Szenen am folgenden Tag doch noch in den Kasten. Als Resultat durfte der Film in Dänemark nicht gezeigt werden - und Ole Olsen verlor die Lizenz für seine Filmtheater. Dennoch kam der Film in die Kinos. Die Uraufführung fand in Malmö statt, und bald danach trat der Film seinen Siegeszug um die Welt an, mit besonders großem Erfolg in den USA.

Die ganze Sache entwickelte sich schließlich zu einem Schlagabtausch auf Landesebene, und einige behaupten sogar, daß die Löwenjagd mit dazu beitrug, Albertis politische Karriere so farbig zu gestalten, daß er sich selbst bei der Polizei anzeigte - nachdem er die Raiffeisensparkasse im Laufe einiger Jahre um 18 Millionen Kronen erleichtert hatte. Das trug dazu bei, daß Ole Olsen begnadigt wurde.

1907 wurde der Film gedreht, und die zwei Löwen wurden später unsterblich, indem man sie in das Reichswappen des Königreiches Elleore aufnahm. Gleichzeitig beschloß man, daß der Monarch des Reiches den Namen Leo - lateinisch für Löwe - tragen soll.

Veddelev Yachthafen

Eine neue, große Marina im Fjord entstand bei Veddelev. Reizvoll neben dem Vigen Strandpark gegenüber der Insel Elleore gelegen, fehlt dem Sportboothafen noch die Patina. In wenigen Jahren jedoch, nachdem das junge Grün Wurzeln geschlagen hat, wird diese Anlage Teil der Idylle sein. Neben den 100 vergebenen Liegeplätzen gibt es 5 für Gastlieger.

Die neuere, moderne Marina im Roskilde Fjord liegt in Veddelev

- Telefon
- Wasser
- E-Anschluß
- Hafenmeister Tel. 42 36 45 69
- Nächste Tourist-Information: Tel. 42 35 27 00

Von Veddelev nach Roskilde

Das Fahrwasser auf dem letzten Teil des Weges nach Roskilde verläuft in der Fjordmitte. Man folgt einfach den Tonnen, und bringt die beiden befeuerten Peilmarken zur Deckung.

Roskilde Havn

Ganz gleich, ob man die Stadt auf

dem Land- oder Wasserweg erreicht, immer erkennt man zuerst den Dom. Der Mittelpunkt und das Wahrzeichen Roskildes steht nun schon mehr als sieben Jahrhunderte auf seiner Anhöhe und thront über den Häusern der Stadt am Fjord. Der Handelshafen Roskildes hat seine Bedeutung verloren, die Lage am Ende des Fjords direkt an den Überlandwegen - die die Entwicklung der Stadt früher förderte - hat sich als Nachteil für die moderne Schiffahrt erwiesen. Die Tiefenverhältnisse des Fjords, speziell in der Kølholmer Rinne, verhindern eine Ansteuerung mit einem Tiefgang über 3 Metern. Vielleicht war genau dieser Umstand der Sportschiffahrt förderlich, und Roskilde hat denn auch eine ansehnliche Sportbootflotte.

Der Name Roskilde wird nach einer verbreiteten Ansicht mit dem Sagenkönig Roar und einer der vielen Quellen der Stadt in Verbindung gebracht. Doch der Name, der auf Münzen zuerst im 11. Jahrhundert geprägt wurde, deutet wohl doch nicht auf den Helden aus Lejre, sondern auf einen anderen Mann namens Roir. Dem Wappen der Stadt, das auch einen grimmigen Raubvogel und eine gemauerte Quelle zeigt, wurden 1384 drei schwimmende Rosen hinzugefügt. Diese bildeten dann den Hintergrund für die mittelalterliche Deutung als Rosenquelle (fons rosarum).

- Telefon
- Wasser
- Proviant
- E-Anschluß
- Hafenmeister Tel. 42 35 10 00
- Tourist-Information:
  Fondens Bro 3, Tel. 42 35 27 00

In der Stadt

Das **Wikingerschiffsmuseum** verdient es, mindestens einmal im Jahr besucht zu werden! Es gibt dort Spannendes zu sehen, und selbst Segler,

„Roar Ege“, der Nachbau eines Wikingerschiffes, befährt heute den Roskilde Fjord, so wie vor fast 1000 Jahren das Original

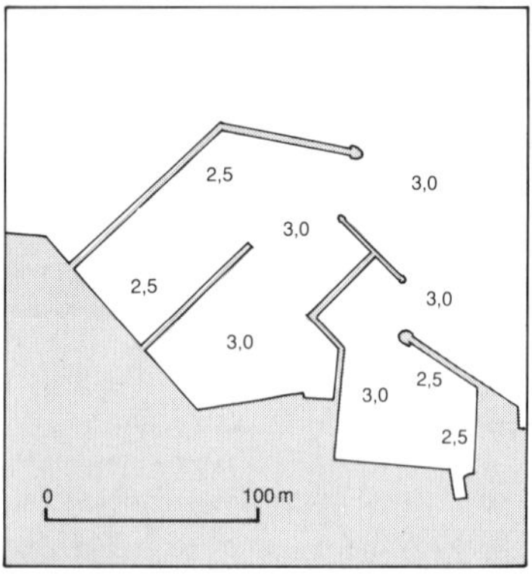

die sich anfangs von ihren Familien und Freunden nur mäßig begeistern ließen, waren dann doch sehr angetan. Die Halle, die nur wenige hundert Meter vom Hafen entfernt liegt, wurde nur für die fast 1000 Jahre alten Schiffe gebaut, die vom Nationalmuseum 1962 bei Skuldelev ausgegraben wurden. Man kann den Arbeiten zuschauen, die der Wiederherstellung der Schiffe dienen und eine ständige Ausstellung mit schiffahrtbezogenen Themen besuchen. Hier werden außerdem wechselnde Sonderausstellun-

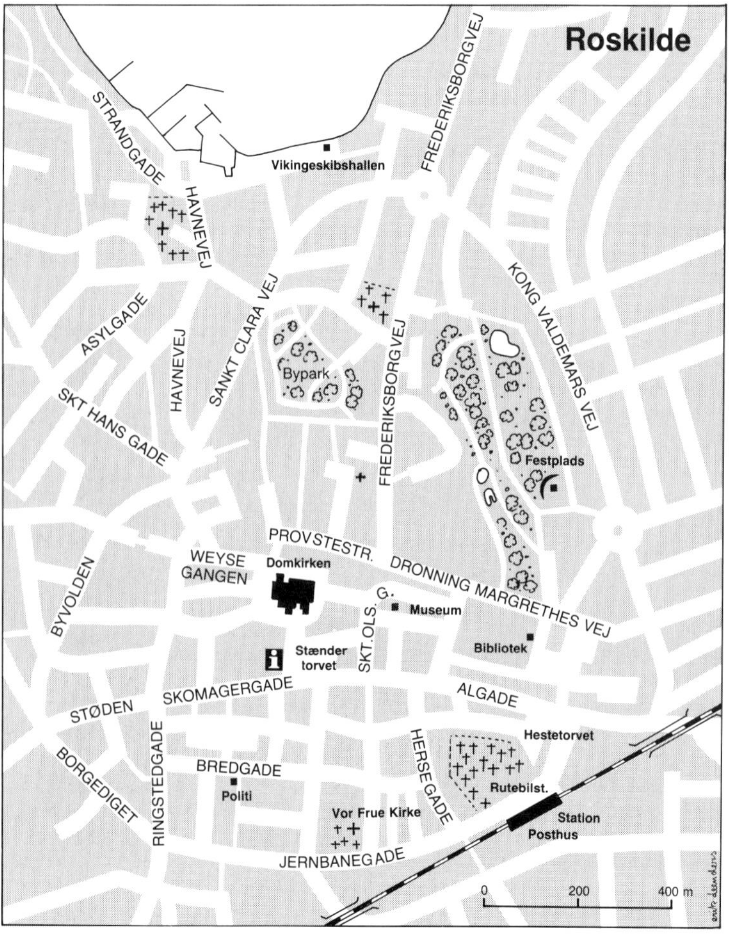

gen und Filmvorführungen in dänischer, englischer, französischer und deutscher Sprache veranstaltet.
Das Schiff mit der schönsten Linienführung heißt „Skuldelev 3“ und ist zu 75% erhalten. Jedoch wurde das Material nach so vielen Jahren auf dem Grund des Fjords stark angegriffen. In diesem Zusammenhang ist von einem Fischer zu berichten, der in den 20er Jahren ein über 4 m langes Kielschwein aus Eichenholz fand, genau an der Stelle, an der man später die ausgestellten Schiffe ausgrub. Das Kielschwein wurde in den Hafen von Skuldelev gebracht, wo es vom Nationalmuseum vermessen und fotografiert wurde. Doch war das Holz zu diesem Zeitpunkt schon so ausgetrocknet, daß es zu reißen begonnen hatte. Aus diesem Grund wurde es nicht für eine spätere Untersuchung ins Nationalmuseum gebracht, sondern blieb in Privatbesitz, bis es an einem kalten Wintertag während des Zweiten Weltkrieges in einem Kopenhagener Kachelofen endete.
Als Schmuckstück und zur Freude der Besucher liegt außen vor den Fenstern des Museums die **Roar Ege** schwojend in den Fjordwellen. Dieser Nachbau des Wikingerschiffes „Skuldelev 3“ entstand 1983-84, und wenn es nicht gerade segelt, kann man es hier vor dem Museum in den Sommermonaten bestaunen.
Einmal in Roskilde, kommt man um den Besuch des **Domes** nicht herum. Er ist geradzu verschwenderisch eingerichtet, fast alle Stilrichtungen sind im Gebäude präsent. Mehrere Jahrhunderte war dieser Dom das Zentrum des kirchlichen Lebens im Lande. Der unter Bischof Absalom um 1170 begonnene Bau vereint 38 Gräber der Könige Dänemarks in seinen Mauern, darunter 17 Sarkophage aus Marmor und Alabaster. Eine Säule in der Kapelle der Heiligen Drei Könige trägt Markierungen mit der Körpergröße von 24 Königen und Fürsten. Diese Angaben sind jedoch mit Vorsicht zu betrachten, denn demnach soll Christian I. der größte unter ihnen gewesen sein, sein Skelett mißt aber nur 188 cm, während der russische Zar Peter der Große hier mit 208,4 cm vermerkt ist. Der größte dänische König ist Christian X. mit 199,4 cm, gefolgt von Georg von Griechenland mit 195,6 cm. Königin Margrethe II. erreicht auf der Säule 182,5 cm.
Der weitaus größte Teil der Reichtümer des Doms stammt aus der Zeit nach der Reformation, denn unersetzliche Kunstwerke und Kostbarkeiten aus Edelmetall wurden beim Sturm auf die Kirche im Jahre 1534 zerstört oder gestohlen. Während der Restaurierung des Doms 1968 verbrannten große Teile des Daches und der Decke, und die Margrethenspitze stürzte hinunter. 1985 wurde der Sarg Frederiks IX. in eine neue königliche Grabanlage seitlich des Doms überführt.
Im Sommer verkehrt das Restaurantschiff „Sagafjord“ im Fjord. Die Rundreise führt in die Kattinge Vig zur Laguneninsel Ringøen und wieder zurück. An Bord werden Frühstück und Mittagessen serviert.

Von Roskilde nach Herslev

Wenige Seemeilen nördlich von Roskilde liegt die **Kattinge Vig** mit fünf bis sechs sehr guten Ankerplätzen. Man erreicht diese durch den schmalen Dejsund, dessen Ufer über weite Strecken mit Schilf bewachsen sind. Die Bucht wird von dem Wald Boserup Skov und der Halbinsel Bognæs umrahmt. Hier zu ankern ist, als läge man in einem Himmelbett, und es erscheint kaum vorstellbar, daß dieses Gewässer 30 sm weiter nördlich mit dem Meer verbunden ist. Das Steilufer an der Südseite der Bucht bietet Schutz vor Winden aus den südlichen

Quadranten, und die Skevig wird dann als Ankerplatz bevorzugt. Kommt der Wind aus Norden, ankert man im Schutze von Bognæs, das Naturschutzgebiet ist.

Mitten in der Kattinge Vig liegt die eigenartige Insel **Ringø,** die einem Südseeatoll oder einer Koralleninsel gleicht. Das Ungewöhnliche ist nicht diese Form, sondern der 300 m x 100 m große See in ihrer Mitte. Rund um die Insel findet man je nach Windrichtung beliebte Ankerplätze. Die Kattinge Vig kann man mit einem Tiefgang bis zu 2,5 m befahren, sie ist also nicht flacher als das Hauptfahrwasser nach Roskilde.

Umrundet man Bognæs nördlich, erreicht man einen weiteren beliebten Ankerplatz: **Ølvig,** der bei Winden aus Südost über Süd bis Nordwest geeignet ist. Auf der Westseite vom Nørre Rev gelangt man mit Südkurs in einen weiteren, landschaftlich schönen Fjordarm.

In **Uglekrog** auf der Westseite von Bognæs liegt ein guter Ankerplatz bei östlichen Winden. Kommt der Wind aus Nord bis Ost, kann man sich auch im **Kransekrog,** auf der anderen Seite des Vestskovs, einen Platz suchen. Hier liegt man schön mit einem weiten Blick über den Fjord.

Herslev Yachthafen

Diesen Yachthafen tief im Süden des Roskilde Fjords schätzen insbesondere jene Segler, die Ruhe und Frieden suchen - wozu die Umgebung ja auch einlädt. Der Hafen wurde erst kürzlich erweitert und bietet jetzt in zwei Hafenbecken Platz für mehr als 100 Yachten. Am Fuß der Westmole steht das Vereinshaus des Herslev Strand Sejlklubs mit allen Versorgungseinrichtungen und einem schönen Blick auf die Landschaft.

Bis zum Supermarkt und zur Tankstelle sind es 500 m, während das Dorf **Herslev** selbst einen Kilometer entfernt liegt. Hier stehen guterhaltene, alte Häuser, wie man sie heutzutage nur selten findet, es sei denn in Freilichtmuseen. **Herslev Kirke** ist eine schöne Dorfkirche, deren Schiff und Chor im romanischen Stil erbaut wurden. Das Waffenhaus, der Turm und die Kapelle wurden erst später, um 1600, erbaut.

- Telefon
- Wasser
- Proviant
- E-Anschluß
- Hafenmeister
  Tel. (Verein) 42 40 24 39
- Nächste Tourist-Information:
  Roskilde, Tel. 42 35 27 00
- Badestrand westlich des Hafens

Von Herslev nach Gershøj

Der innere Teil des Roskilde Fjords wird in den Seekarten ein wenig mißverständlich **Lejre Vig** genannt. Denn Lejre mit seiner berühmten Wikingerstadt liegt gut fünf Kilometer weiter im Landesinneren. Von Einheimischen wird die Bucht oft auch nach dem südlich von ihr gelegenen Wald Borrevejle Vig genannt. Die Lejre Vig gewährt mit ihren hohen Steilufern besonders vor östlichen Winden guten Schutz. Man kann - abgesehen vom Mündungsgebiet des Lejre Å - überall dicht unter Land gehen. Hier findet man Schilffelder und überall Ankerplätze. Und wenn man innen vor dem Borrevejle Vandrehjem, einer Jugendherberge mit Gymnastikzentrum, ankert, so liegt man wirklich in einer Idylle.

Weniger als eine Seemeile nördlich dieses Idylls liegt das Dorf **Lyndby,** mit einem sehr kleinen Hafen für Fischerboote. Die Wassertiefe sowohl im Hafen wie auch in der Fahrrinne beträgt weniger als 1 m, so daß hier nur wenige Segelboote anzutreffen sind. Doch

- Telefon
- Wasser
- Toilette
- Proviant

bei Westwind kann man geradewegs vor dem Kirchturm ankern, da hier ein hohes, grasbewachsenes Steilufer eine verhältnismäßig gute Abdeckung gibt, obwohl man nicht zu dicht unter der Küste segeln sollte. 100 m S-lich vom Hafen liegt ein Stein. Mit dem Beiboot kann man sich Lynby By ein wenig näher ansehen. Es gibt im Ort noch viele alte Straßenzüge. Nördlich der Hochspannungsmasten verläuft die Fahrrinne zwischen einigen öden Vogelinseln: Langholm, Dybø und (das zweite) Hyldeholm. Hier muß man westlich von der roten Tonne vor Langholms westlicher Landzunge bleiben.

Gershøj Fischerei- und Yachthafen

Schon aus großer Entfernung erkennt man den Ålekrog, den Gasthof von Gershøj. Er steht gleich am Hafen und serviert seinen Gästen seit jeher guten und wohlschmeckenden Aal. Beim Besuch in Gershøj legt man sein Schiff an die Außenseite der 50 m langen Ostmole. Denn der viel zu kleine

- Telefon
- Wasser
- Proviant
- Benzin
- Hafenmeister Tel. 42 32 87 61
- Nächste Tourist-Information: Roskilde, Tel. 42 35 27 00

Hafen ist in der Regel dicht mit einheimischen Booten belegt und hat darüberhinaus eine Wassertiefe von nicht mehr als 1,5 m. Nüchtern betrachtet kann man die „Gästemole" auch nur bei Windstille oder bei westlichen Winden nutzen. Es gibt dafür gleich außerhalb des Hafens gute Ankerplätze.

Von Gershøj nach Hellas

Hat man das Bedürfnis, ein **FKK-Schwimmbad** zu besuchen, so findet man hier eine Möglichkeit. Ungefähr eine Seemeile nördlich von Gershøj kann man vor der Landzunge ankern, dort, wo der Hønepilsgraben in der Seekarte eingezeichnet ist. An Land kann man nur mit seinem Beiboot gelangen, da man einige hundert Meter vor der Küstenlinie ankern muß - die Wassertiefen nehmen weit vor dem Ufer rasch ab.

Hellas

Beim Besuch von der Wasserseite her muß man das Ufer hinaufsteigen und anschließend eine Obstplantage durchqueren. Nach ungefähr 500 m erreicht man jene exotische Treibhausschwimmhalle, in der Bent Straarup seit 1973 „Dänemarks ersten Nacktbadestrand unter Glas" betreibt. Dänemarks Beitritt zur EG war die direkte Ursache dafür, daß die Anhänger der Freikörperkultur nun auch im Winter ins Wasser können. Der Obstanbau erlitt damals einen erheblichen Einbruch, und Straarups Plantage war zu klein, als daß er die nun entstandenen Probleme durch Rationalisierung hätte lösen können. Daher entschloß er sich, in ein 32 m langes Treibhaus, in dem vorher Melonen und Paprikas gezüchtet wurden, eine Schwimmhalle einzubauen. Das Becken selbst ist 20 m lang und wird von seltenen Pflanzen und Gewächsen umgeben - hier gibt es u.a. Bananen, die der Stolz des Besitzers sind. Wenn es draußen dunkel wird, beleuchtet man das Becken, und der Schein des blaugrünen Wassers im Kontrast zu den Feigenbäumen und Palmen wirkt dann sehr schön. Die Wassertemperatur beträgt das ganze Jahr über mindestens 26 ° C, außerdem gibt es Duschen, Saunen, ein Solarium und einen Whirlpool für 10–15 Personen mit 39 °–40 ° C warmen Wasser. Zum Leidwesen der Segler ist Hellas jedes Jahr den Juli über geschlossen - wegen Urlaub des Betreibers. Weitere Auskünfte erhält man unter der Telefonnummer 42 32 83 94.

Von Hellas zur Møllekrogsbro

Auf der Westseite endet der Fjord nach Norden in einem spitzen Arm. Hier sollte man in der Mitte des Gewässers bleiben, denn nur so kann man ganz im Norden den Anleger vom Skibby Sejlklub erreichen - vorausgesetzt, der Tiefgang des Schiffes ist nicht größer als 1,5 m. Sonst bleibt als Alternative einer der vielen guten Ankerplätze, die hier zu finden sind. Nur Wind genau aus Süd kann einen Ankerlieger im Møllekrog etwas stören.

Møllekrog

In der Nähe des Anlegers steht eine kleine Schleuse, die zum langgestreckten, unter Schutz stehenden Selsø Sø gehört. Der See versteckt sich hinter einer beachtlichen Anhöhe, und sein Wasserspiegel liegt über dem des Meeres. Hier befindet sich das eigentliche Vogelreservat. Der See wie auch die ihn umgebenden Hügel einschließlich des Møllekrogs - insgesamt eine Fläche von 196 ha - sind als Naturschutzgebiet ausgewiesen.

Die nächste Sehenswürdigkeit ist **Schloß Selsø,** zwei Kilometer weiter östlich gelegen. Schon von der Insel Elleore aus kann man es erkennen. „Anno Domini 1576 ließ der ehrliche und wohlgeborene Mann Jakob Ulfeld zu Kogsbølle und Selsø dieses Haus aufmauern". Mit diesen in Stein gehauenen Worten gab Jakob Ulfeld bekannt, daß er ein 16 Jahre währendes Bauvorhaben vollendet hatte - das Hauptgebäude von Selsø. In den 1730er Jahren wurde das Schloß um-

Møllekrog ist einer der vielen Ankerplätze im Roskilde Fjord

gebaut, und das heutige Erscheinungsbild entstand. Der Renaissanceschmuck wurde abgeschlagen, der Turm samt Spitze abgerissen, die Fenster teilweise vermauert, im Inneren wurde die Raumaufteilung teilweise verändert und die Ausstattung völlig erneuert.

Die letzte Bewohnerin Selsøs, Agathe Johanne von Plessen, starb 1829, und das Schloß fiel in einen 143jährigen Dornröschenschlaf. Eine einsame Stimmung legte sich über diesen Ort, der nun aller äußeren Pracht beraubt war. „Fahre hin, so fahre hin" sang der Nordwind in diesen Mauern des Vergessens. Bis das Schloß eines Tages im Frühjahr 1972 zu neuem Leben erwachte. Es hatte sich eine Interessengemeinschaft gebildet, die das Schloß pachtete, um es zu restaurieren und als Museum einzurichten.

Und Selsø besitzt schon deshalb etwas Besonderes, weil es seit 143 Jahren unberührt stand, so daß seine Säle und Gemächer, die Küche usw. sich dem Besucher heute genau so präsentieren wie damals.

Die Spukgeschichten dieses Schlosses haben die Gemüter durch die Jahrhunderte hindurch bewegt, und es müssen schlimme Geschichten gewesen sein, denn sie sind wahrscheinlich der Grund dafür, daß das Schloß vom Geschlecht seiner Besitzer vor nun rund 160 Jahren aufgegeben wurde. Nach einer dieser Geschichten hat dort einmal eine Burgfrau ihren Mann ermordet und ihn anschließend in den Wallgraben geworfen, um dann hinterherzuspringen und sich selbst zu ertränken. Nun soll sie als „Dame in Weiß" wieder im Schloß umhergehen. Den passenden Blutfleck kann man auch heute noch an einem Fenster zum Wallgraben sehen.

Isefjord

Vellerup Vig – Ejby – Holbæk – Hørby – Orø – Lammefjord – Nykøbing/Seeland – Rørvig – Skansehage

Vom Roskilde Fjord nach Ejby

Wenn man aus dem Roskilde Fjord mit seinen sanften Wellen kommend die Weite des Isefjords erreicht, bekommt man ein wenig das Gefühl, wieder auf das Meer zu gelangen. Denn der Isefjord mißt an seiner breitesten Stelle gut 8 sm und schneidet von Hundested aus ungefähr 19 sm tief in die Insel Seeland. Man kann keinen direkten Kurs zum östlichen Fahrwasser bei der Insel Orø abstecken und muß zwei Dinge berücksichtigen: zum einen die geringen Wassertiefen rund um die private Insel Alholm und zum anderen das große Schießgebiet vor Jægerpris, das auch in der Seekarte eingezeichnet und mit Tonnen markiert ist. Es ist ratsam, das Gebiet zu umfahren. Oft kreuzt hier ein Marineschiff, das Unbefugte warnt, wenn gerade eine Übung stattfindet.

Das Schießgebiet reicht fast bis zum Industriehafen des Kyndby Værks, der nicht von Sportbooten angelaufen werden darf. Einige nicht gekennzeichnete steinige Untiefen liegen dicht am Østre Løb, dem Fahrwasser. Sie dehnen sich auf beiden Seiten, von Orø und vom Kyndby Værk aus. Dieses Fahrwasser erfordert eine genaue Navigation, da es unbetonnt ist. Dagegen ist es problemlos, von den Steingründen freizubleiben, wenn man von Süden kommt.

Hier entsteht ein neuer, 1,8 m tiefer Yachthafen: **Nordhammer Anløbsmole**. Den Molenkopf rundet man am besten mit 50 m Abstand.

Zwischen Hammer Bakker und Orø verkehrt eine Kabelfähre. Man sollte nicht versuchen, sie dicht zu passieren, denn ihr Kabel wird bei der Fahrt vom Grund hochgezogen. Sportboote dürfen am Fähranleger nicht festmachen. Dagegen gibt es hinter Hammeren bei nördlichen und östlichen Winden einen guten, kleinen Ankerplatz. Das Fahrwasser südlich von Orø heißt Inderbredning.

Unmittelbar südlich der kleinen Insel Rønø schneidet die **Vellerup Vig** in den Hornsherred. Wie die Seekarte zeigt, kann man ganz dicht unter Land vor dem Wald ankern. Die Bucht liegt geschützt bei allen Winden, mit Ausnahme bei Westwind; dann kann hier eine grobe See stehen. In der Vellerup Vig wuchert eine noch unberührte Natur, und man kann im Egholm Skov, wo im Sommer wilde Himbeeren wachsen, herrlich spazierengehen.

Wenige Seemeilen weiter südlich liegt der Fischereihafen von Ejby. Auf der Fahrt dorthin passiert man Solbakken, den Badesteg von Seelands FKK-Vereinigung.

Ejby Fischereihafen

In Ejby gibt es einen idyllischen Hafen mit anheimelnder Fischeratmosphäre, der am Fuße eines steil aufragenden Hügels liegt. Hier müssen die Autos eine Haarnadelkurve hinunterfahren, um an den Hafen zu gelangen. In der Kurve steht ein Kro, der sich durch seine beeindruckende Aussicht auf den Hafen, den Fjord und die Halbinsel Bramsnæs auszeichnet. Letztere nennt man auch „Dejligheden", zu deutsch „die Herrlichkeit". Der Ort Ejby selbst liegt gute 2 km vom Hafen entfernt.

Die größte Wassertiefe im kleinen Hafen beträgt 1,5 m, und das auch nur dicht vor der Außenmole. Das beschränkt natürlich die Zahl der Gastlieger, doch muß man nicht verzweifeln, wenn der eigene Tiefgang zu

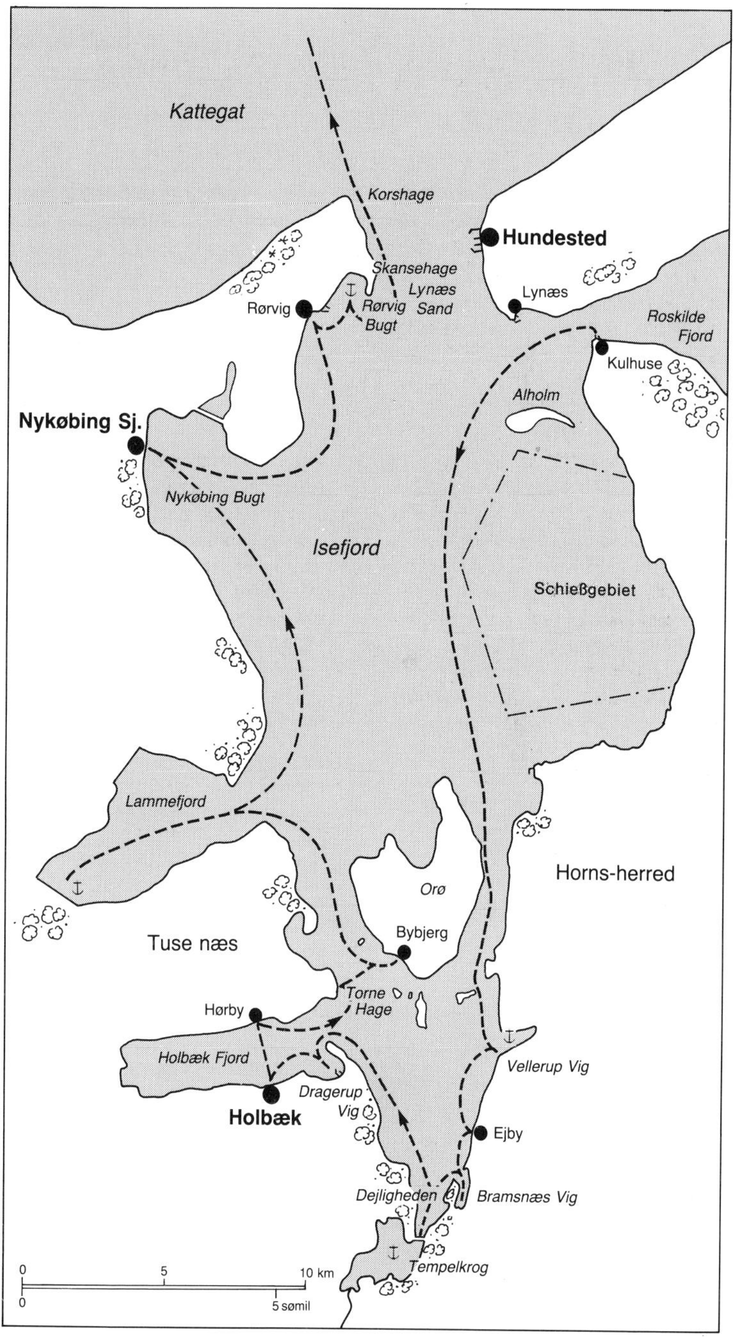
Kattegat
Korshage
Hundested
Skansehage
Lynæs
Rørvig
Rørvig Bugt
Lynæs Sand
Roskilde Fjord
Kulhuse
Alholm
Nykøbing Sj.
Nykøbing Bugt
Isefjord
Schießgebiet
Lammefjord
Horns-herred
Orø
Tuse næs
Bybjerg
Torne Hage
Hørby
Holbæk Fjord
Holbæk
Dragerup Vig
Vellerup Vig
Ejby
Dejligheden
Bramsnæs Vig
Tempelkrog
0
5
10 km
0
5 sømil

Der idyllische Fischereihafen von Ejby im Isefjord

- Wasser
- E-Anschluß
- Hafenmeister Tel. 42 40 50 73
- Nächste Tourist-Information: Holbæk, Tel. 53 43 11 31

groß ist, denn gute Ankerplätze liegen nur eine halbe Seemeile weiter südwestlich in der Bramsnæs Vig.

Die Umgebung

Hier hat man eine gute Gelegenheit, einen kleinen Spaziergang nach Åhuse, gleich nördlich von Ejby, zu unternehmen. Hier liegt nämlich ein **Ganggrab** von ansehnlicher Größe, aus dem 1939 verschiedene Altertumsgegenstände entnommen wurden. Diese geben auf einzigartige Weise Aufschluß über die Menschen, die hier vor Tausenden von Jahren an den Ufern des Isefjords siedelten.

Von Ejby nach Holbæk

Unmittelbar südwestlich von Ejby Havn liegt, wie schon beschrieben, die Halbinsel **Bramsnæs**, und hinter ihr die gleichnamige Bucht mit ihrer ungewöhnlichen Schönheit. Die Wasserfläche und die Landschaft wirken auf den aus Norden Kommenden wie eine Offenbarung. Die Bucht reicht ungefähr 0,7 sm weit in das Land, ist zwischen 6,5 und 1,5 m tief und im Inneren windstill. Hier ist man beim Ankern vor allen Winden - mit Ausnahme von nördlichen - geschützt. Geht man an Land, kann man ein fast kulissenhaftes, romantisches Bild von der Höhe des Hügels aus betrachten. Etwas schmeichlerisch wird die Anhöhe „Dejlihedsbakken“, „Hügel der Herrlichkeit“, genannt. Und es ist wirklich schön hier, mit der schmalen Bucht, die von Bramsnæs sanftem, waldreichem Höhenzug und den versteckt lie-

genden kleinen Höfen umgeben ist. Der Dichter Christian Winther verbrachte hier 1849 jungverheiratet einige Monate. Durch seine Dichtung machte er „Deijligheden" bekannt. So schrieb er ein Gedicht an seine Frau Julie, das mit diesen Worten beginnt: „Hier auf Dejlighedens weichem Gras sollen Deine Füße gehen ..."
Der südlichste Arm des Isefjords heißt **Tempelkrog** und ist nur mit einem Motorboot zu erreichen. Denn seit 1952, als die Munkholmbrücke gebaut wurde, beträgt die Durchfahrtshöhe nur noch 3 m, und die Brücke läßt sich nicht öffnen. Die Fahrt südlich von Munkholm zu den Marsvinholmen sollte mit größter Vorsicht geschehen, denn der Tempelkrog hat viele Untiefen - aber auch viele abgeschirmte Ankerplätze. Hier liegt man vor allen Winden geschützt. Das reizvolle Idyll des Tempelkrogs erinnert zuerst an einen Binnensee, nur der Geruch von Tang und Brackwasser macht deutlich, daß eine Verbindung mit dem salzigen Strand und dem Meer besteht. Hier kann man von seinem Ankerplatz aus geradewegs auf den Herrensitz Eriksholm blicken.
Nun führt der Törn in nördliche Richtung entlang der Wälder von Eriksholm und Dragerup zum Holbæk Fjord. Man steuert die Marina des Holbæker Segelvereins in der Dragerup Vig, ungefähr 1,5 sm östlich des alten Fährhafens, an.

Holbæk Marina

Holbæks großer Yachthafen liegt in der Dragerup Vig, ungefähr 2,5 km östlich der Stadt. Er hat 430 Liegeplätze und wurde gerade um 200 Plätze erweitert. Die Umgebung ist reich an Naturschönheiten, und man hat eine wunderbare Aussicht auf die Insel Orø. Der Holbæk Sejlklub besitzt hier sein Vereinshaus, und am Hafen gibt es das Restaurant „Vadestedet". Aufgrund der Entfernung von Holbæk kommen nicht viele Fahrtensegler hierher, die meisten ziehen den Fähr- oder Fischereihafen vor. In der Saison fährt aber ein Bus alle 20 Minuten von der Marina aus in die Stadt. Bis zum Dorf Dragerup muß man 1 km laufen, um sich die schönen alten Fachwerkhäuser ansehen zu können.

- Telefon
- Wasser
- Proviant
- Benzin / Diesel
- E-Anschluß
- Hafenmeister Tel. 53 43 88 77
- Fahrradverleih
- Tourist-Information: Holbæk, Tel. 53 43 11 31

Holbæk Havn

Sportboote dürfen den Fähr- und Fischereihafen anlaufen, während der Handels- und Industriehafen für sie gesperrt ist. Hier liegt man im Gegensatz zur Marina in der Nähe des Stadtzentrums. 1989 wurde das Fahrwasser nach Holbæk vertieft. Der ausgebaggerte Schlick war ökologisch stark belastet, und so entschloß man sich, den älteren der beiden Bootshäfen östlich des Fährhafens für die Lagerung des Schlicks zu opfern. Segler, die ihre Schiffe hier liegen hatten, mußten in die Marina umziehen.

- Telefon
- Wasser
- Proviant
- Benzin / Diesel
- Hafenmeister Tel. 53 43 01 61
- Tourist-Information: Jernbaneplads 3, Tel. 53 43 11 31

Holbæk liegt versteckt in einem stillen Winkel des weitverzweigten Fjordkomplexes, kann aber im Gegensatz

3,0
3,8
2,8
0
100
200 m

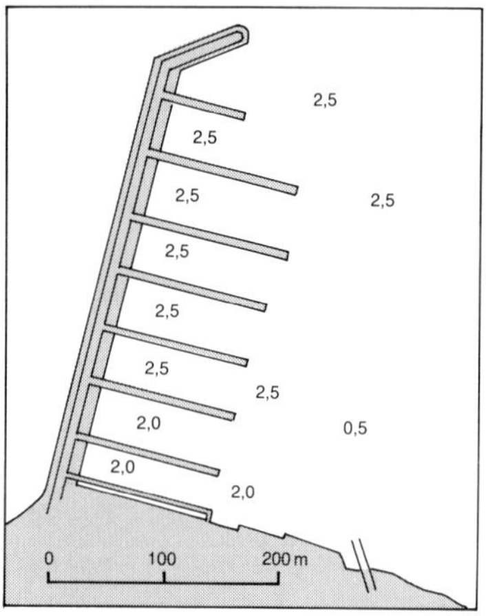
2,5
2,5
2,5
2,5
2,5
2,5
2,5
2,5
2,0
0,5
2,0
2,0
0
100
200 m

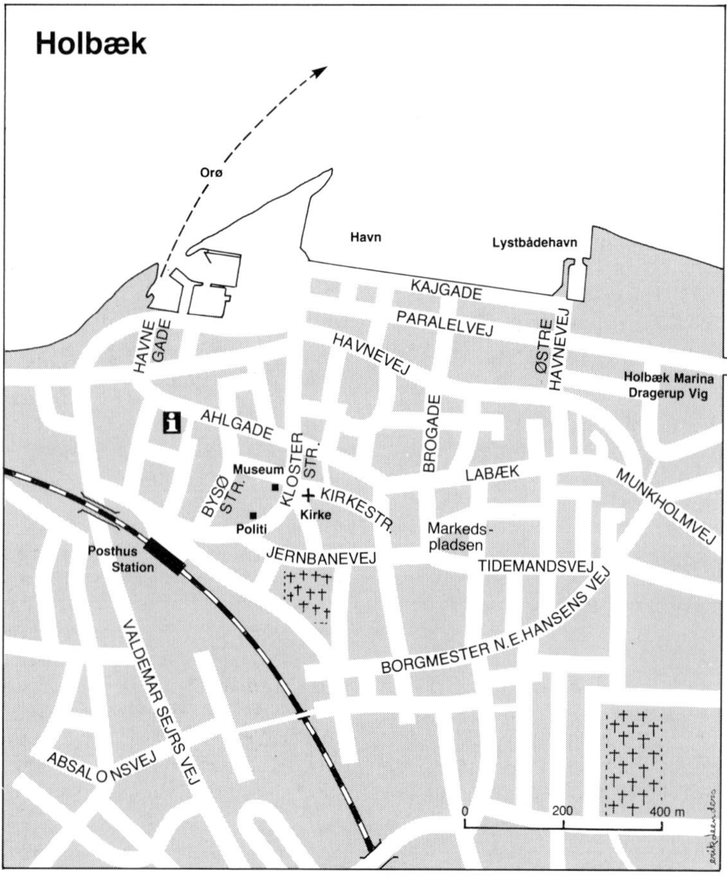
Holbæk
Orø
Havn
Lystbådehavn
KAJGADE
PARALELVEJ
HAVNEVEJ
HAVNE GADE
ØSTRE HAVNEVEJ
Holbæk Marina
Dragerup Vig
AHLGADE
KLOSTER STR.
BROGADE
Museum
BYSØ STR.
Kirke
KIRKESTR.
LABÆK
MUNKHOLMVEJ
Politi
Markeds-
pladsen
Posthus
Station
JERNBANEVEJ
TIDEMANDSVEJ
BORGMESTER N.E.HANSENS VEJ
VALDEMAR SEJRS VEJ
ABSALONSVEJ
0
200
400 m

zu Roskilde auch von größeren Handelsschiffen angelaufen werden und bietet deshalb weiträumige Kaianlagen.

In der Stadt

Holbæks Hauptstraße heißt Algade. Zusammen mit dem Markt und den Häusern zum Hafen hin besitzt sie eine angenehme Atmosphäre.
In Holbæk gibt es auch ein beeindruckendes **Købstadmuseum** in der Klosterstræde 14–16. Es erstreckt sich über sieben Gebäude mit insgesamt 50 Räumen. Das älteste Gebäude stammt aus dem Jahre 1660, das jüngste ist von 1868. Die Sammmlungen stellen die Entwicklung der Stadt sowie der Region von der Vor- und Frühgeschichte bis in unser Jahrhundert hinein dar. Es gibt u.a. eine Abteilung über die Jahre 1940–1945, der Zeit der deutschen Besetzung Dänemarks. Ein Teil des Museums ist mit alten Einrichtungen ausgestattet, so z.B. mit einem Krämerladen aus der Zeit um 1860. Hervorgehoben werden kann auch eine gute Sammlung mit Töpferarbeiten aus dem Zeitraum 1750–1940.

Von Holbæk nach Hørby

Im Verlauf einer ehemaligen Fährverbindung kreuzt man den Fjord im rechten Winkel. Man setzt Kurs nach Nord ab zum

Hørby Yachthafen

Nur 1 sm nördlich von Holbæk liegt auf dem nördlichen Ufer des Fjords Hørby Havn. Früher gab es zwischen beiden Orten eine Fährverbindung. In den Jahren nach Einstellung der Linie verfiel der Hafen, doch dann hatten einige Leute die Idee, hier einen Yachthafen einzurichten. Und so besteht heute ein idyllischer kleiner, privater Yachthafen, in dem meistens viele freie Plätze vorhanden sind. Hier können Yachten mit einem Tiefgang bis zu 2,5 m festmachen. Vor dem Hafen, sowohl westlich wie östlich, sind gute Ankermöglichkeiten.

- Telefon
- Wasser
- Proviant
- E-Anschluß
- Hafenmeister Tel. 53 46 01 23
- Tourist-Information: Holbæk, Tel. 53 43 11 31

Das große Gebäude mit Flachdach, dicht neben dem Hafen, ist der alte Fährkrug.

Die Umgebung

Liegt man an einem Schlechtwettertag im Hafen von Hørby und weiß nicht so recht, was man unternehmen soll, bietet sich die 3 km entfernte Hørby Kirke als Ziel an. Diese alte Gutskirche besitzt ein reiches Inventar sowie in dem alten Waffenhaus südlich vom Kirchenbau zwei alte Türen, eine aus spätgotischer Zeit und die zweite aus dem Jahre 1520.

Von Hørby nach Orø

Etwas außerhalb des Holbæk Fjords befindet sich bei Tornehage, gegenüber von Orø Havn, ein Anleger. Dieser gehört dem Holbæk Sejlklub, der ihn betreut und jedes Jahr zur Saison aufbaut und vor dem Winter abbaut. Hier liegt man gut und sicher vor Westwinden im Schutz von Bognæs Skov, und bei einem Landgang kann man in dieser entlegenen Gegend einen friedlichen Spaziergang machen. Kommt der Wind hingegen aus anderen Richtungen, ist die Alternative Orø Havn, 1,1 sm weiter östlich.

Das „Hellehus“ ist eines der schönsten Häuser auf Orø

Orø Havn

Orø ist für viele Fahrtensegler ein beliebtes Ausflugsziel, deshalb kann es in dem kleinen, aber gemütlichen Hafen in der Saison eng werden.

- Telefon
- Wasser
- Proviant
- E-Anschluß
- Hafenmeister Tel. 53 47 01 40
- Nächste Tourist-Information: Holbæk, Tel. 53 43 11 31

Zur Insel

Vom Hafen aus erreicht man nach gut 1 km die Insel-„Hauptstadt“ Bybjerg, wo traditionsgemäß der Kro der Kirche gegenübersteht. Und so kann man ja diskutieren, was besser ist: im Kro zu sitzen oder die Kirche zu besuchen oder umgekehrt.

Zwischen Kro und Kirche steht eines der schönsten Häuser der Insel: das Hellehus, und am Ende der Friedhofsmauer steht Orøs ältestes und kleinstes Haus, in dem das **Heimatmuseum** untergebracht ist. Hier kann man u.a. erfahren, daß Orø einmal der dänischen Königin Margrethe I. gehörte. Auf dem langgestreckten Hügel Stenbjerg Ås nördlich der Kirche hat man auch Reste ihres Schlosses gefunden. Wann und unter welchen Umständen es zerstört wurde, weiß man jedoch bis heute nicht.

Die Lage Orøs - die Insel liegt nur 50 km von Kopenhagen entfernt - hat sie seit Einrichtung der Fährverbindung 1962 zu einem beliebten Ausflugsziel für motorisierte Hauptstädter werden lassen. Man muß den Besuch nicht vorher planen, denn die Kabel-

fähre über das Østre Løb fährt im ständigen Pendelverkehr. Bei Bedarf werden auf dieser populären Route zwei Schiffe eingesetzt. Diese Fährlinie hat die Grundlage dafür geschaffen, daß es heute 1200 Sommerhausbesitzer auf der Insel gibt.
Der Møllebjerg ist mit seinen 29 m die höchste Erhebung der Insel. Wandert man die Ostküste entlang, kommt man zum friedlichen und idyllischen Fähranleger in Snave.

Von Orø nach Nykøbing / Seeland

Zwischen Orø und Tusenæs verläuft Orøs Vestre Løb, das westliche Fahrwasser, und 3 sm weiter nach Norden erreicht man die **Mündung des Lammefjords**. Der Fjord dehnt sich nach Südwesten aus, zwischen Tusenæs im Süden und dem Kongsøre Skov auf dem Odsherreder Ufer. Landschaftlich bietet der Fjord keine Besonderheiten, die Küsten sind flach und wenig bewachsen, doch historisch gesehen ist der Fjord interessant. Es gibt hier zwar keinen Hafen, dafür aber verschiedene ausreichend gute Ankerplätze; so kann man z.B. ganz im Inneren des Fjords am Damm vor Anker gehen, hier ist man vor allen Winden, mit Ausnahme Nordostwind, geschützt.
Am Damm gibt es auch einen kleineren Anleger für Sportboote. Der 2,3 km lange Damm von Avdebo im Tuseherred nach Gundestrup im Odsherred weist darauf hin, daß der Lammefjord einmal viel länger war. Nachdem der Damm Mitte der 1870er Jahre fertiggestellt war, begann man mit der Trokkenlegung des zweitgrößten Eindeichungsgebietes Europas, das nur vom niederländischen Zuiderzee-Projekt übertroffen wurde. Doch erst 1940, als der Wasserspiegel um 7 m abgesenkt war, konnte der ganze ehemalige innere Teil des Lammefjords fruchtbar gemacht werden. Der Damm wurde 1953 erhöht und verbreitert.
Noch etwas zeugt davon, daß der Fjord einmal ganz bis nach Farevejle - fast 10 km tief im Landesinneren entfernt - schiffbar war: Dort kann man noch heute die Festmacherringe in der Friedhofsmauer finden. Die folgende Bucht nördlich des Lammefjords heißt Nykøbing Bugt, und in ihrem Inneren liegt die kleinste der drei dänischen Städte mit dem Namen Nykøbing.

Nykøbing / Seeland

Im Osten, von der Halbinsel Nakkeland gut beschützt, liegt der Hafen zu beiden Seiten einer kleinen Landzunge. Vor einigen Jahren erweiterte man den Yachthafen um ein Becken. Das ergab zwar mehr Platz, doch wirkt der neue Hafen immer noch steril und nackt. Die alte Atmosphäre ist leider nicht mit umgezogen.

- Telefon
- Wasser
- Proviant
- Benzin / Diesel
- E-Anschluß
- Hafenmeister Tel. 53 41 00 77
- Fahrradverleih
- Tourist-Information: Algade 52, Tel. 53 41 08 88

In der Stadt

Seelands Nykøbing liegt etwa einen Kilometer vom Hafen entfernt, doch schon hier erhält man einen Eindruck vom besonderen Charme dieser kleinen Stadt. Hier wimmelt es im Sommer von Touristen, was vor allem an den vielen Badestränden liegt. Die Stadt lebt heute überwiegend vom Fremdenverkehr und all dem Handel und Handwerk, das den Sommerfrischlern zu folgen pflegt.

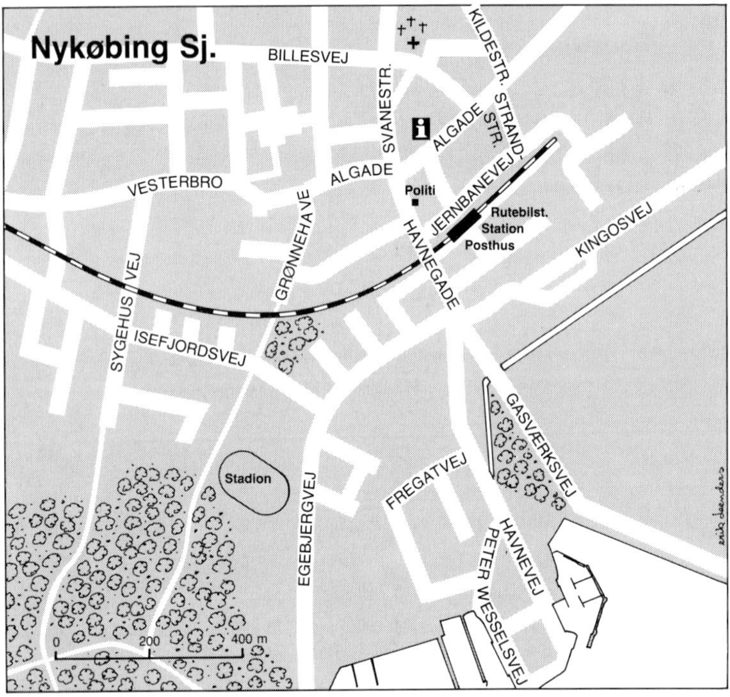

Die **Kirche** kann man von fast überall her sehen, da sie auf einer kleinen Anhöhe steht. Ihre ältesten Teile wurden um 1200 errichtet. Sie wurde aus Munkesten, das sind große Backsteine, erbaut. Von dem ursprünglichen Gebäude ist nicht mehr viel zu sehen, denn sie ist mehrfach restauriert und umgebaut worden.

Gleich neben der Kirche befindet sich das **Odsherred Museum**. Es zeigt eine vor- und frühgeschichtliche Sammlung mit einer Übersichtskarte, sowie eine Kopie des „Solvogn", des „Sonnenwagens", dessen Original im Nationalmuseum in Kopenhagen steht. Weiterhin gibt es hier ein Bäckereimuseum, die Einrichtung einer Bauernstube, alte Werkstätten sowie einen Kräutergarten mit Arznei- und Gewürzpflanzen zu sehen.

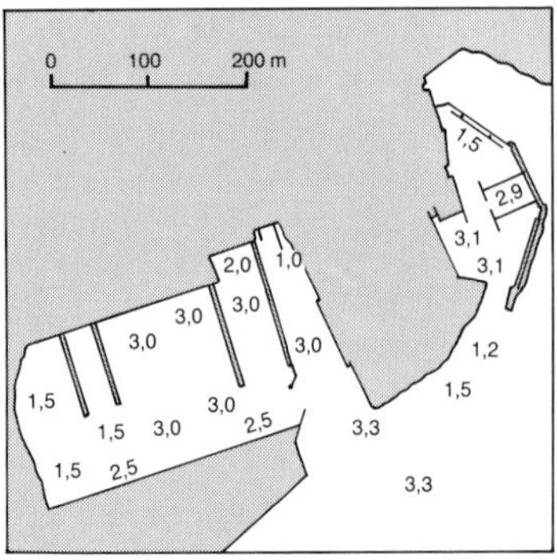

Von Nykøbing / Seeland nach Rørvig

Nach dem Verlassen des Hafens von Nykøbing muß man darauf achten, nicht zu früh nach Osten zu drehen, da im nördlichen Ende der Bucht einige tückische Untiefen liegen. Zudem muß man außen, d.h. südlich um die

Doppelpricke bei Rønnen herum, bevor man der Küste bis nach

Rørvig Havn

folgen kann. Von Rørvig aus fährt eine Autofähre nach Hundested. Der Hafen besteht aus einer Mole, einem Fähranleger und einem Yachthafen. Ort und Hafen liegen in einem typisch nordseeländischen Ferienhausgebiet.
Doch verändert sich etwas weiter nach Norden das Landschaftsbild: Hier trifft man auf eine weite Dünenlandschaft aus der Zeit des Sandfluges, durchzogen von Nadelwäldern und Buschgruppen.

- Telefon
- Wasser
- Proviant
- E-Anschluß
- Hafenmeister Tel. 53 41 93 36
- Fahrradverleih
- Nächste Tourist-Information: Nykøbing / Seeland, Tel. 53 41 08 88

In der Stadt

Die **Rørvig Mølle** steht im südlichen, denkmalgeschützten Teil der Stadt. Sie wurde auf Initiative einheimischer Bürger wieder instandgesetzt.
Zwei Kilometer weiter nordwestlich steht zwischen Dünen, Heidehügeln und Ferienhäusern die **Kirche von Rørvig**. Auf ihrem Friedhof liegt der über Dänemark hinaus bekannte Schriftsteller Henrik Pontoppidan begraben.
Man kann auch einen Spaziergang über Højesand zum **Dybsø** hin unternehmen. Die Entfernung beträgt vom Hafen aus nicht einmal 3 km. Die Inlandsdüne Højesand liegt westlich von Rørvig und bildet ein eigentümliches Fleckchen Natur mit zerzausten Kiefern, Heidekraut, wilden Rosen, Farnen und Brombeeren. Der Dybsø liegt in einem Landschaftsschutzgebiet dicht am Kattegat. Der „Tiefe See" enthält Süßwasser und ist nach seiner äußeren Form, die einem Krater ähnelt, benannt. Besonders tief ist er aber nicht.

Von Rørvig zum Kattegat

Weniger als eine Seemeile nordöstlich von Rørvig Havn liegt ein von Fahrtenseglern gern besuchter Naturhafen. Dort ist man von Korshage und **Skansehage** geschützt, und doch liegt das Kattegat „gleich um die Ecke". Die Bucht hat in den Seekarten keinen Namen, wird von den Fjordseglern aber Rørvig Bugt genannt. Bei Winden aus West über Nord bis nach Ost liegt man hier so ruhig wie in einem Hafen, nur bei frischen Südwinden ist man ungeschützt. Das Charakteristische und Angenehme dieses Ortes besteht darin, daß selbst Kielschiffe ihren Bug so dicht unter Land schmuggeln können, daß die Besatzung trockenen Fußes den Strand erreichen kann.
Schon in der Wikingerzeit ist dieser Naturhafen bekannt gewesen; hier sammelten sich die Schiffe des ganzen Landes. Ein noch erhaltener Gedenkstein erzählt: „Auf dem Isøre Ting wurde Harald Hein im Jahre 1076 zum König Dänemarks gewählt, und Niels im Jahre 1104."
Im Jahre 1807 wurde hier eine Schanze als Schutz für Schiffe erbaut, die in dieser Bucht den Engländern entgehen wollten. Daher der Name Skansehage: Schanzenhaken.
Nach nur wenigen hundert Metern in relativ ruhigem Wasser kann man nach Norden drehen und an Korshage entlang weiter hinaus zur Doppelpricke unmittelbar nördlich vor der Landspitze segeln, sie markiert den Beginn des Kattegats.

Westseeland

Hesselø – Odden – Havnsø – Nekselø – Sejerø – Kalundborg – Sprogø – Korsør – Agersø – Omø – Bisserup – Næstved

Vom Isefjord über Hesselø nach Odden

Der Verfasser dieser Zeilen kann allem widerstehen - nur keinen Versuchungen! Hesselø war immer eine derartige Versuchung; sei es, daß man sich gerade aus dem Isefjord kommend auf dem Kurs nach Anholt befindet, oder bei westlichem Wind nach Odden will und in der Kreuz einen Schlag nach Norden segeln muß. Oft kann man die Insel gleich einem fernen, kleinen St. Helena in der Kimm ausmachen. 15 sm liegt sie vor der seeländischen Küste.

Hesselø

Wenn der Wind aus Westen weht und nicht allzu stark ist, kann man östlich des Leuchtturms einen relativ guten Ankerplatz finden. Das Wasser ist in nur 100 m Entfernung zur Küste 2,5 m tief. Die 1,5 km lange und 0,5 km breite Insel Hesselø gehört dem Konzern F.L. Smid und hat keinen Hafen. Nur ein Pächter und seine Frau wohnen das Jahr über auf der Insel. Im Sommer kommen einige Angestellte des Konzerns, um ihre Ferien im alten Leuchtturmwärterhaus oder in einem der drei Sommerhäuser zu verbringen, die auf der Insel stehen. Vereinzelt besuchen Segler die Insel.
Man sollte aber nun nicht meinen, daß die Insel einfach so daliegt und auf Besuch wartet. Man muß sich an die Regeln halten und vorher die Telefonnummer 42 33 79 70 anrufen, oder sich an den Pächter wenden. Hunde dürfen mit Rücksicht auf den vorhandenen Tierbestand nicht mitgebracht werden.
Auf dem Nordwestriff befindet sich die größte Seehundkolonie des Landes, die einige tausend Exemplare zählt. Da man aber den dänischen Seehundbestand auf nur noch 5000 bis 6000 Tiere schätzt, darf dieses Gebiet nicht betreten werden. Nachdem man Hesselø achteraus gelassen hat, kann nun Odden Havn angelaufen werden.

Odden (Havneby)

An der Nordseite der Landzunge Sjællands Odde liegt auf halber Höhe der Fischerei- und Yachthafen, in dem die Yachten ihren Platz im Vorhafen haben. Der innere Hafen ist den Fischereifahrzeugen vorbehalten. Um diesen betriebsamen Hafen herum finden Fischauktionen statt, hier haben sich eine Räucherei, eine Bootswerft und eine Maschinenwerkstatt etabliert.
Die Räucherei liegt oben auf dem Hügel westlich des Hafens. Hier kann man warmen, frischgeräucherten Hering kaufen und ihn dann an der Steilküste sitzend verspeisen.

- Telefon
- Wasser
- Proviant
- Diesel
- E-Anschluß
- Hafenmeister Tel. 53 42 63 23
- Nächste Tourist-Information: Nykøbing/Seeland, Tel. 53 41 08 80

Die Umgebung

In Odden Havneby etwa einen Kilometer weiter südlich gibt es einen Supermarkt, einen Schlachter, eine Bank und die Post.
Die rote **Odden Kirke** steht drei Kilo-

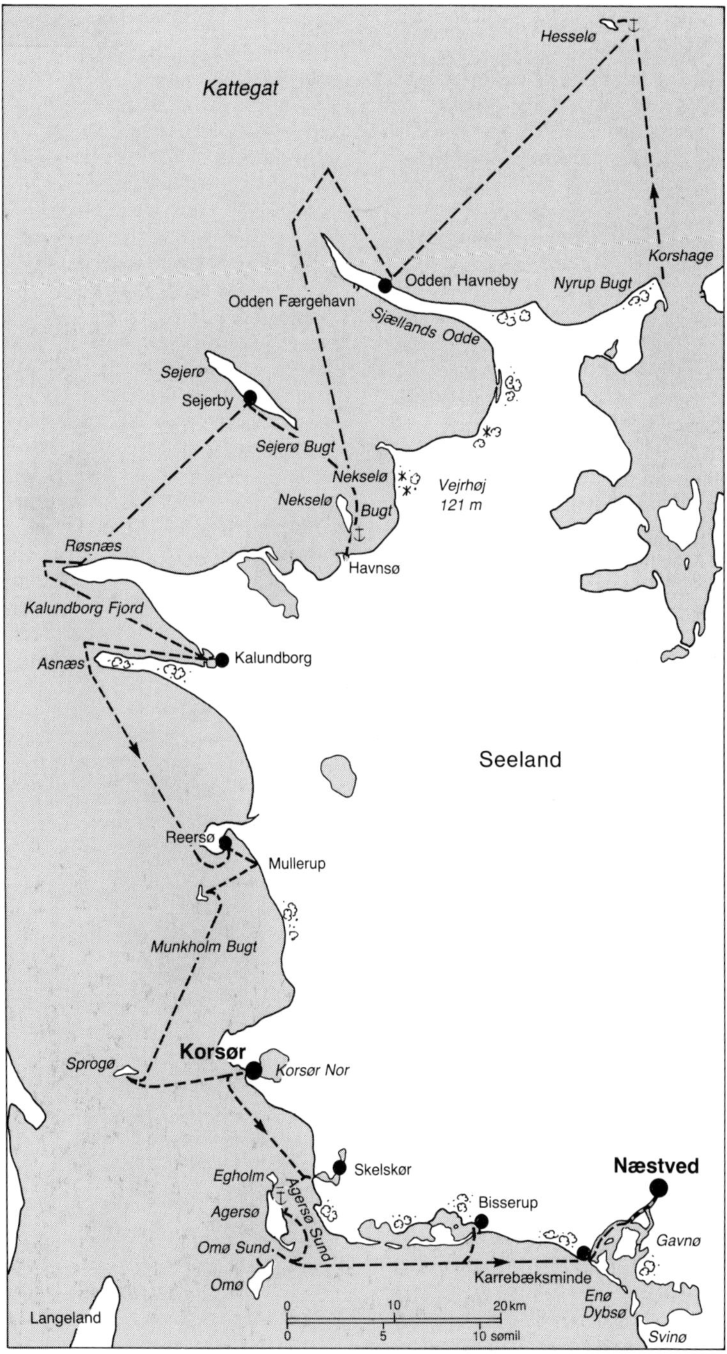

Hesselø
Kattegat
Korshage
Odden Havneby
Nyrup Bugt
Odden Færgehavn
Sjællands Odde
Sejerø
Sejerby
Sejerø Bugt
Nekselø
Vejrhøj
121 m
Nekselø
Bugt
Røsnæs
Havnsø
Kalundborg Fjord
Asnæs
Kalundborg
Seeland
Reersø
Mullerup
Munkholm Bugt
Korsør
Sprogø
Korsør Nor
Skelskør
Næstved
Egholm
Agersø Sund
Bisserup
Agersø
Gavnø
Omø Sund
Karrebæksminde
Omø
Enø
0
10
20 km
Dybsø
Langeland
0
5
10 sømil
Svinø

meter vom Hafen entfernt. Auf dem Friedhof wurde eine Gedenksäule aus Sandstein und Marmor errichtet. Sie trägt berühmte Verse, die der dänische Psalmendichter, Theologe und Gründer der dänischen Volkshochschule N.F.S. Grundtvig für die Gefallenen des von den Engländern 1808 versenkten Kriegsschiffes „Prins Christian Frederik" schrieb.
Das Grab, auf dem die Säule steht, enthält die Gebeine des jungen Helden Leutnant Peter Willemoes, des Zweiten Offiziers, die sterblichen Überreste von 21 Matrosen sowie vier abgetrennte Beine, die allesamt nach dem Kampf an Land getrieben wurden.
Doch was geschah nun eigentlich da draußen im Kattegat an jenem Märztag des Jahres 1808? Damals lagen Dänemark und England im Krieg miteinander. Die „Prins Christian Frederik" mit 68 Kanonen und 675 Mann Besatzung an Bord war in den Großen Belt gesandt worden, um den dort bedrängten Truppen Hilfe zu leisten. Doch kam sie dort nie an, denn vor Sjællands Odde wurde das dänische Flaggschiff von zwei englischen Schlachtschiffen und drei kleineren Schiffen angegriffen. Der ungleiche Kampf begann und setzte sich Stunde um Stunde bis in den dunklen Frühjahrsabend hinein fort. Ab und zu erschallten an Bord „Hurra"-Rufe, wenn eine der dänischen Kanonenkugeln traf, doch schließlich verebbten die Schüsse. Der Kampf war beendet. Die „Prins Christian Frederik" hatte die Segel gestrichen und war auf Grund gelaufen. Willemoes war gefallen, insgesamt wurden während des Kampfes 64 Mann getötet und 84 verletzt. Es wurde versucht, das Schiff wieder frei zu bekommen, doch die Engländer steckten es in Brand, und einige Stunden später flog es in die Luft. Damit ging das letzte größere Schiff, über das die Dänen verfügten, verloren.

Von Odden nach Havnsø

Das Runden von Sjællands Rev fasziniert immer wieder neu: nun geht es auf einen anderen Kurs. Die Bewegungen der Yacht in Wind und Wellen erscheinen völlig neu, wenn beide Tonnen des Snekkeløbs querab liegen, der Kurs in die Sejerø Bugt führt und man dann Havnsø im Inneren der Bucht ansteuert.
Da man gegenüber der „Hauptstraße" rund Seeland einen Umweg von mehr als 10 sm macht, trifft man hier nur auf wenige Fahrtensegler. Und es ist auch nicht so sehr die Anziehungskraft Havnsøs, mit der diese Route locken kann, vielmehr liegt das Anziehende in der Fahrt selbst.
Sejerøs südöstliches Rev erstreckt sich ca. 2 sm hinaus in die Bucht. Man muß in der betonnten Fahrrinne bleiben, denn auch auf der anderen Seite wird es flach: Ordrup Næs ist untief und dehnt sich ca. 3 sm weit hinaus. Nach dem Passieren der ersten Tonnen erkennt man den Höhenzug von Veddinge Bakker, mit Vejrhøj als höchstem Hügel. Gleichzeitig erblickt man an Steuerbord die Hügel von Nekselø mit ihren sanften Formen.

Havnsø

Ein Fischerei-, Fähr- und Yachthafen, hier verkehren Fähren nach Sejerø und Nekselø. Das Gebiet wird durch Ferienhäuser und Fremdenverkehr geprägt, dennoch liegt der Hafen in einer hübschen Umgebung.

- Telefon
- Wasser
- Proviant
- Benzin/Diesel
- E-Anschluß
- Hafenmeister Tel. 53 46 93 81
- Nächste Tourist-Information: Kalundborg Tel. 53 51 09 15

Die Küste von Odden mit dem Hafen im Hintergrund

Im alten Fischereihafen liegen heute meistens Sportboote, die Mitglieder vom Havnsø Sejl- og Motorbådsklub haben hier ein hübsches Plätzchen. In Havnsø steht eine Holländermühle, die im Jahr 1822 erbaut wurde.

Von Havnsø nach Nekselø

Man segelt auf der östlichen Seite des Revs südlich von Nekselø entlang und sieht dann an Nekseløs Ostufer die

Nekselø Bro

Der Anleger ist eigentlich für das Postschiff, das aus Havnsø kommt, am Ende eines 200 m langen Dammes gebaut worden. Hier gibt es nicht viel Platz für Gastlieger, doch wenn man einen Heckanker ausbringt, kann man mit der Vorleine am Damm festmachen. Ansonsten ist es herrlich, in der Bucht vor Anker zu liegen, solange der Wind aus westlichen Richtungen kommt. Dreht der Wind und weht nun aus östlichen Richtungen, wird es sowohl in der Bucht wie an der Brücke ungemütlich. Aber an einem stillen, lauen Sommerabend kann man sich kaum einen besseren Liegeplatz vorstellen.

Die ca. 200 ha große Insel Nekselø ist Naturschutzgebiet. Von der höchsten Stelle des Hauptweges aus blickt man sowohl über das Meer im Osten wie im Westen der Insel, während sich am Horizont ihre höchsten Kuppen, der Elmebjerg im Norden und der Gadebjerg im Süden, abzeichnen. Beide sind nicht weniger als 41 m hoch. Nekselø besitzt kein dorfartiges Zentrum, die 21 Einwohner wohnen in den einzelstehenden Höfen. In der Inselmitte, auf einem kleinen Hügel, steht eine bescheidene kleine Kirche, die im Jahre 1931 erbaut wurde. Nekselø ist mit der Küste bei Havnsø über ein

Die Anlegebrücke von Nekselø

1300 m langes Rev verbunden. Dadurch kann man bei Niedrigwasser zu Fuß zum „Festland" gelangen.

- Keine Versorgungseinrichtungen

Von Nekselø nach Sejerø

Bei der Ansteuerung von Sejerby macht man zuerst die Kirche aus, die in der Mitte der langgestreckten Insel aus der Landschaft herausragt.

Sejerø

Ein Fischerei-, Fähr- und Yachthafen mit einer Fährverbindung nach Havnsø. Das kleine Becken östlich des großen Hafens ist der einheimischen Fischereiflotte vorbehalten und eignet sich nicht für Yachten. Es ist nicht länger als 20 Jahre her, daß der Hafen nur aus einer Schutzmole für die Fähre bestand. Dann wurden einige ausrangierte Schuten herangeschleppt, die man mit Steinen füllte und anschließend in der Verlängerung des Molenstumpfes versenkte. Inzwischen ist der Hafen bedeutend ausgebaut worden.

- Telefon
- Wasser
- Proviant
- E-Anschluß
- Hafenmeister Tel. 53 49 01 42
- Nächste Tourist-Information: Kalundborg Tel. 53 51 09 15

Der Grund für die Erweiterung des Hafens liegt in seiner Lage nahe der „Hauptroute" im Großen Belt, so daß es besonders in der Hochsaison an Liegeplätzen für die vielen Sportboote mangelt. Zudem haben die zahlreichen eingewehten Schiffe die Fähre bei ihren An- und Ablegemanövern oft behindert.

Außerdem ist die Insel ein beliebtes Ziel für viele Fahrtensegler. Sie lädt zu langen Wanderungen ein. Trotz steiniger Stände bietet die Insel mehrere gute Bademöglichkeiten.

Die Insel

Die „Hauptstadt“ der Insel, Sejerby, liegt kaum einen Kilometer entfernt. Vorher passiert man linker Hand einen typisch dänischen Dorfteich, an dem früher die Dorfversammlungen stattfanden. Damals wurden hier auch zwanzig große Findlinge herangeschafft, einer für jeden Hofbesitzer. Schon längst sind die Steine entfernt worden, aber einer von ihnen wurde im Garten des Pastorenhofes zur Erinnerung an die dänische Wiedervereinigung aufgestellt.
Auf Sejerø gibt es seit alten Zeiten einen Glaubensstreit zwischen dem „Missionsfolk“ und seinen Gegnern.

Die Kirche in Sejerby (Sejerø, oben)
Manchmal kann man bei den Fischern auf Sejerø einen Dorsch kaufen

So verkehrten früher zwei Fähren zwischen Sejerø und Seeland, eine ausschließlich für die konservativen Anhänger der „Mission" und eine für die liberalen Anhänger Grundtvigs. Das gleiche Problem führte im 19. Jahrhundert zur Gründung von zwei Meiereien, in denen etweder der Feiertag begangen, oder aber an Sonntagen gearbeitet wurde. Heutzutage nutzen alle Bewohner von Sejerø die Genossenschaftsmeierei, und auf der Fähre nach Havnsø sitzen Gläubige und „Ungläubige" nun zusammen in einem Boot.

Sejerø Kirke ist ein rein gotischer Bau, der vermutlich kurz vor 1300 errichtet wurde. Auch heute wird ihre original erhaltene Nordtür als Eingang benutzt. Auf der linken Seite im Kircheninneren kann man eine aus dem Jahr 1582 stammende Empore sehen. Ein Schiffsmodell, es ist eines der ältesten im Lande, hängt vom Gewölbe herab. Es ist das ein Meter lange Modell des Schiffes „Trefoldigheden" aus dem Jahre 1659. Der Legende nach wurde es von zwei Sejerøern geschnitzt, die an der Schlacht auf der Kolberger Heide 1644 teilgenommen hatten. Im Turm hängen zwei Glocken mit einer besonderen Geschichte. Die eine Glocke wurde der Kirche von Frederik Rostgård geschenkt, eben jenem Rostgård, der vom berühmten dänischen Komödiendichter Ludvig Holberg in seiner Beschreibung Anholts im „Peder Paars" beleidigt wurde. Er stiftete die Glocke als Dank, daß er von der Pest-Epidemie zu Beginn des 18. Jahrhunderts verschont wurde. Die andere Glocke wurde 1679 während einer Plünderung von schwedischen Soldaten geraubt. Sie wurde dann in der deutschen Kirche zu Göteborg aufgehängt. Sie blieb nicht lange dort, denn sie begann zu den eigenartigsten Zeiten von selbst zu läuten. Da ihr Klang nicht besonders schön ist, wurde es den Bürgern schließlich zuviel, und sie wußten nichts Besseres, als die Glocke nach Sejerø zurückzuschicken.

Der südöstliche Teil. Im sanften, hügeligen Gelände des südöstlichen Teils der Insel liegt Kongshøj, die höchste Erhebung der Insel. Sie wirkt an sich nicht sonderlich beeindruckend. In Richtung Kongstrup By reihen sich einige eigenartige, kegelförmige Hügel entlang der Nordostküste auf. Hier zeigt sich die Insel von ihrer schroffen Seite: Steinstrände und hohe Steilküsten werden von Scharen der hierzulande so seltenen Teisten bevölkert, die zu den Schwimmvögeln zählen. Sie brüten in Kolonien und besitzen ein schwarzes Gefieder mit einem weißen Fleck auf den Flügeln, ihre Beine sind rot.

Der nordwestliche Teil. Folgt man dem Pfad der Nordwestküste entlang, erreicht man verschiedene gute Sand- und Badestrände sowie die Skagelse Huk. Auf der Nordwestspitze steht ein Leuchtturm, den man nach guten Worten und einem kleinen Trinkgeld hochsteigen kann. Von der oberen Plattform hat man eine einmalige Aussicht über die Insel, das Kattegat und Sjællands Odde im Nordwesten.

Von Sejerø nach Røsnæs

Auf der Fahrt von Sejerø nach Røsnæs überquert man die südliche Hälfte der Sejerø Bucht - ein Törn von 10 sm über offene See.

Røsnæs Fischereihafen

Der Fischereihafen Røsnæs liegt einsam an der Nordseite der gleichnamigen Halbinsel. Er wird nicht von besonders vielen Fahrtenseglern für einen längeren Aufenthalt angelaufen. Nur wenige nutzen ihn auf ihrer Fahrt nach Norden oder Süden für einen Zwischenstopp.

- Telefon
- Wasser
- E-Anschluß
- Hafenmeister Tel. 53 51 01 88 (gemeinsamer Anschluß mit Kalundborg)

Die Umgebung

Die Halbinsel Røsnæs bietet einsame und rauhe Natur pur. Die äußerste Spitze um den Leuchtturm ist Naturschutzgebiet. Von einem Parkplatz führen markierte Wanderwege über Vågehøj und durch die Vindekilde – über Stock und Stein also.
Die Ulstruper Mühle steht als Landmarke hoch auf einem Hügel westlich von Ulstrup By. Die Mühle, die 1895 gebaut wurde, kaufte der A.P. Møller-Fond mit Hilfe von Spenden aus dem Ort. Später wurde sie der Kommune Røsnæs übertragen, und heute gehört sie Danske Møllers Venner, den „Freunden der dänischen Mühlen".

Von Røsnæs nach Kalundborg

Hat man die Huk mit dem Leuchtturm Røsnæs querab, segelt man ca. 10 sm hinein in den Kalundborg Fjord nach Kalundborg. Auf dem Törn kann man die sehenswerte Steilküste bei Kongstrup an Backbord bestaunen. Am Timeglasklint, der Stundenglasklippe, fällt das Land aus 43 m Höhe steil hinunter zum Fjord ab.

Kalundborg

Weit im Inneren des Kalundborg Fjords schiebt sich eine kilometerlange Landzunge, Gisseløre genannt, von Norden her in den Fjord und bildet so eine innere Bucht. Hinter diesem schützenden Arm liegt der rege Handels-, Fähr- und Fischereihafen. Von hier verkehren Fähren nach Samsø und Århus. Segler ziehen in der Regel den Vesthavn vor, da er dicht am Stadtzentrum liegt. Als Alternative gibt es den ruhigeren Gisseløre Havn auf der Westseite der Bucht, wo das Vereinshaus des Kalundborg Sejlklubs steht.

- Telefon
- Wasser
- Proviant
- Benzin/Diesel
- E-Anschluß
- Hafenmeister Tel. 53 51 01 88
- Tourist-Information: Volden 12 Tel. 53 51 09 15

In der Stadt

Eine Wanderung oder eine Fahrradtour zur Spitze der einen Kilometer langen **Gisseløre Odde** ist sehr empfehlenswert. Hier gibt es einen Badestrand, und hier draußen stehen auch die zwei 117 m bzw. 143 m hohen Masten des Langwellensenders Kalundborg. Ihre Silhouetten wetteifern mit den fünf Kirchtürmen der Stadt, einem Silo und einem Kraftwerk. An der Südseite der Bucht steht eine große Raffinerie mit eigener Pier, und westlich davon das Asnæs-Werk mit dem höchsten Schornstein (220 m) Skandinaviens. Er wurde im Jahr 1979 fertiggestellt. Die Industriebauten erscheinen sicher nicht verlockend, aber neben den Segnungen unserer modernen, hektischen Zeit gibt es auch das alte Kalundborg mit seinen malerischen Straßen und Gassen.
Oben bei der Kirche stehen die Häuser Algade 17–19, zwei prächtige, aneinandergebaute Höfe vom Beginn des 17. Jahrhunderts, und auch in den Nachbarhäusern Nr. 13–15 versteckt sich das Fachwerk aus der Renaissance unter dem Putz. In diesem ganzen Viertel sind viele interessante alte Gebäude zu finden.

Hafenstimmung in Kalundborg. Im Hintergrund die berühmte Kirche

Das Wahrzeichen der Stadt, die **800 Jahre alte Kirche** mit den fünf Türmen, wurde von Esbern Snare um 1770 begonnen. Sie nimmt in der dänischen Kirchenarchitektur eine einzigartige Stellung ein, denn ihre Vorbilder stehen in Osteuropa bzw. im Orient. Die vier Türme, die den Mittelturm umkränzen, haben eigene Namen: im Westen St. Gertrud, im Norden St. Catharine, St. Anna im Osten und St. Maria Magdalene im Süden. Innen wirkt die Kirche zwar überraschend klein, ist jedoch sehr interessant mit ihren Säulen und anderen architektonischen Details aus der byzantinischen Bautradition. Der Kirchenraum ist im Großen und Ganzen eine Rekonstruktion, denn der Mittelturm stürzte 1827 während eines Sturmes ein und wurde erst 1866 nach alten Zeichnungen wiedererrichtet.

Kalundborg og Omegns Museum, das Heimatmuseum, ist im Lindegården an der Adelgade 23 untergebracht. Es enthält eine frühgeschichtliche Sammlung; ein Modell zeigt die Entwicklung der Stadt und ihrer Umgebung vom Mittelalter bis ca. 1900. Besonders sehenswert ist der „Riddersaal“ und ein Rokokozimmer mit Stuckarbeiten um 1756, außerdem das „Røsnæszimmer“ und die „Jerslevstube“ samt der Sammlung von Trachten aus der Region von Røsnæs.

Møllebakken, der Mühlenhügel, liegt in einem parkähnlichen Wald nördlich der Stadt. Man hat von dort aus einen schönen Blick über Kalundborg und den Fjord und kann bei klarem Wetter sogar über den Belt hinüber nach Fünen sehen. Früher standen auf dem Hügel sieben Bockwindmühlen.

Von Kalundborg nach Reersø

Der Kurs zurück durch den langgestreckten Fjord führt nun weiter südlich entlang der Halbinsel von Asnæs, deren Spitze man im Abstand von ca. 0,5 sm runden kann. Bis zum Hafen von Reersø sind es nun 13 sm über die Jammerland Bugt nach Südosten. Man segelt zwischen der Halbinsel Reersø und der Insel Musholm hindurch und steuert die Halbinsel von Süden her an.

Reersø Fischereihafen

Der Hafen liegt an der Ostküste der Halbinsel. Hier sind nur wenige Fischer und eine kleinere Sportbootflotte zu Hause.
Reersø liegt eigenartig weit abseits der vielbefahrenen Fahrwasser, und man bekommt hier eine Vorstellung davon, was das Wesen der alten Dorfkultur ausmachte.
Im Ort gibt es aneinander gebaute Höfe wie zu Zeiten der Dorfgemeinschaften, d.h. bevor die Landreform von 1789 viele Dörfer in Einzelgehöfte auflöste. Sowohl die Höfe wie auch die Katen sind in einem gepflegten Zustand, und das Ganze wirkt fast wie ein bewohntes Freilichtmuseum. Die Reersø-Katzen sind im ganzen Land bekannt, weil sie keinen Schwanz haben. Doch muß das hauptsächlich früher so gewesen sein, denn jetzt sieht man sie immer seltener.

- Telefon
- Wasser
- Proviant
- Benzin/Diesel
- Hafenmeister Tel. 53 55 94 45
- Nächste Tourist-Information: Slagelse Tel. 53 52 22 06

Am Hafen wird frischer Fisch verkauft,

In der Hauptstraße von Reersø By liegen der Kro und die Kirche einander gegenüber

möchte man ihn aber lieber zubereitet bekommen, so kann man den Kro des Dorfes besuchen.
Eine **heimatgeschichtliche Sammlung** kann man sich in einer Landarbeiter-Kate aus dem 18. Jahrhundert ansehen. Das „Museum" zeigt etwa 40 Gegenstände aus Reersø, doch ist das Haus schon an sich ein Museumsstück. Begonnen wurde die Sammlung vom Schriftsteller Thorkild Gravlund, der hier in Reersø bis zu seinem Tode 1939 lebte.

Von Reersø nach Mullerup

Nach einem 2,5 sm langen Törn entlang der Küste nach Südosten heißt der nächste Hafen

Mullerup Yachthafen

Früher einmal war Mullerup der Hafen für die weiter im Landesinneren liegende Stadt Slagelse, und die Zuckerfabrik Gørlev verschiffte von hier aus ihre Waren. Doch als die rollenden Transportmittel an Land die Fracht übernahmen, verlor der Hafen seine Bedeutung. 1969 kaufte Ole Botved

- Telefon
- Wasser
- Proviant
- Benzin/Diesel
- E-Anschluß
- Hafenmeister Tel. 53 55 82 00
- Nächste Tourist-Information: Slagelse, Tel. 53 52 22 06

den Hafen mit dem umliegenden Gelände und errichtete hier eine Werft zum Bau der bekannten „Coronet"-Motorboote. Das hübsche Lagerhaus aus den Zeiten der Zuckerverschiffung wurde mit viel Stil und Geschmack in ein Restaurant umgewandelt. An der Kaistraße wurden Giebelhäuser errichtet, die vermietet werden, so daß man von diesem Hafen als Dänemarks erster Marina sprechen kann. Unmittelbar am Hafen liegen gute Badestrände, und bis zum Dorf Mullerup sind es zwei Kilometer.

Von Mullerup nach Musholm und Sprogø

3,5 sm westlich von Mullerup liegt eine kleine, unbewohnte Insel:

Musholm

Musholm unterscheidet sich von anderen kleinen dänischen Inseln und Holmen dadurch, daß man an ihrem Ostufer einen Naturhafen mit einer Wassertiefe von 2,5 m anlaufen kann. Zusätzlich wurde im Inneren der Bucht von den Mitgliedern des Musholm Bugt Bådelaug ein privater Anleger gebaut, was ihnen natürlich ein Vorrecht an der Brücke einräumt.
Die Insel gehört dem Gut Mullerupgård, und mitten auf der Insel steht ein kleines Haus mit Nebengebäude. Der Holm steigt zur Westküste an, wo bis

Die Midtvejsmærke auf Sprogø. Sie markiert den geographischen Mittelpunkt des Großen Belts

zu neun Meter hohe, schroffe Steilküsten zu schmalen, steinigen Stränden abfallen. Musholm ist ein Ort, den nur Segler besuchen sollten, die Ruhe, Frieden und eine ungestörte Natur zu schätzen wissen.

Sprogø

Zehn Seemeilen südlich von Musholm liegt „die verbotene Insel": Sprogø. Millionen haben sie von den Fähren über den Großen Belt aus gesehen und wissen, wo sie auf der Landkarte zu finden ist. Und für Sportbootfahrer ist diese Perle mitten im Belt durch Generationen hindurch eine geheimnisumwitterte, mystisch-anziehende - und verbotene - Welt gewesen. Ungezählt sind die dramatischen Berichte von Seglern, die den Verbots-Schildern trotzten und die Insel betraten. Jedesmal wurden sie vom absoluten Herrscher der Insel - dem damaligen Verwalter - wieder hinaus auf das Meer gejagt. Aber nun ist die Verwalterstelle „weggespart" worden, und die tagtägliche Aufsicht wurde auf den Besitzer selbst übertragen: es handelt sich hierbei um die A/S „Statsbroen Storebælt", die „Staatsbrücke Großer Belt AG".

Die Geschichte der Insel läßt sich anhand alter Funde aus der Steinzeit weit zurückverfolgen. Valdemar der Große ließ hier in den 1160er Jahren eine Burg errichten. Für den Bau eines Leuchtturms verwendete man 1867 auf einem 24 m hohen Hügel Teile der Ruine. Von September 1868 bis August 1980 zeigte der Leuchtturm sein Feuer, bis ihn mehrere moderne Leuchtfeuer im Großen Belt ablösten. Der alte, 19 m hohe Turm wurde restauriert und steht heute unter Denkmalschutz.

Ein Gasthof, im 19. Jahrhundert auf königliche Initiative hin erbaut, steht nur wenige Schritte vom neuen Inselhafen entfernt. Gleich westlich markiert die „Midtvejsmærke", eine ca. 9 m hohe Stele aus Stein, den geographischen Mittelpunkt des Großen Belts. Von hier aus liegen Fünen und Seeland jeweils 9 km entfernt.

1986 wurde Sprogø zum Naturschutzgebiet erklärt, in dem Besucher nur stören würden. Geschützt werden ca. 50 Vogelarten, die auf der Insel brüten, und 200 verschiedene Zugvogelarten, die hier rasten. Außerdem will man für die seltenen, grüngescheckten Bufo-Kröten, die in den Tümpeln leben, das Biotop erhalten.

Bis 1989 bestand Sprogø aus ca. 38 ha Ackerland, Wiesen, Mooren, Hügeln und Wäldern. Die Insel war in Ost-West-Richtung 1700 m lang und 400 m breit. Doch das war einmal. Aufgrund des Baus der Brücke über den Großen Belt, vom dem Sprogø, wie bekannt, ein Teil ist, wurde die Insel um eine 3,3 km lange Sandaufspülung erweitert, über die eines Tages Züge und Autos verkehren sollen.

Das alte und das neue Sprogø sind voneinander durch einen Maschendrahtzaun getrennt. Er wurde aufgestellt, um zu verhindern, daß Bufo viridis, die o.a. Kröten, sich selbst ausrotten, indem sie nachts in die Sandwüste des Bauplatzes wandern.

Die gesamte Nordküste des alten Sprogø liegt heute unter dem Sand des neu gewonnenen Areals begraben, und damit verschwand auch die frühere nördliche Mole. Das Ende der 6,6 km langen neuen Brücke, die in Knudshoved auf Fünen beginnt, wird an der Westspitze des alten Sprogø stehen, so daß ein Viertel der Insel von den Bauarbeiten betroffen ist.

Auf der östlichen Seite Sprogøs trennen sich dann die Wege: Die Züge tauchen in zwei 8 km langen Tunneln unter der Østerrende, dem östlichen Fahrwasser, hindurch. Die Tunnel werden in einer Tiefe von 10 m bis 40 m unter dem Meeresgrund gebohrt und enden auf der Halsskov Odde auf Seeland.

Die Autobahn führt von Sprogø aus über eine Hochbrücke nach Seeland. Sie wird eine Länge von 6,8 km und eine Durchfahrtshöhe von 65 m haben. Die Brücke sollte eigentlich 1996 fertig sein, doch wird sich ihre Fertigstellung aufgrund technischer Schwierigkeiten um ein bis zwei Jahre verzögern. Das Naturschutzgebiet wird also in den kommenden Jahren eine Baustelle sein, und auf einer solchen ist natürlich das „Betreten verboten".

In Verbindung mit dem Bau der Tunnel

und Brücken wurde das Verbot um eine Reihe von Einschränkungen für die Schiffahrt erweitert.

Von Sprogø nach Korsør

Nach diesem kleinen Abstecher hinaus in den Großen Belt liegt das nächste Ziel wieder auf Seeland. 5 bis 6 sm östlich von Sprogø liegt der Fährhafen der Stadt Korsør.

Korsør Havn

Korsør ist Fährstadt mit Verbindungen nach Lohals auf Langeland und nach Nyborg auf Fünen. Neben dem Hafen der Nato-Flotte liegt der Yachthafen dicht südlich von Korsørs anderen Hafenanlagen und besitzt sogar eine eigene Hafeneinfahrt. Der Yachthafen liegt, trotz seiner Nähe zur Stadt, in einer gemütlichen Umgebung, von der aus man nach Süden eine schöne Aussicht auf die Inseln Egholm, Agersø und Omø hat.

- Telefon
- Wasser
- Proviant
- Benzin/Diesel
- E-Anschluß
- Hafenmeister Tel. 53 57 59 30
- Fahrradverleih
- Tourist-Information: Nygade 7, Tel. 53 57 08 03

Südlich des Yachthafens findet man einen ausgezeichneten Badestrand. Der Hafen liegt nahe an Korsørs südlichem Stadtteil, in dem mehrere historische Sehenswürdigkeiten auf einen Besuch warten.

In der Stadt

Kongegården, der Königshof in der Algade 25, ist ein Fachwerkbau, den der Kaufmann Rasmus Langeland im Jahr 1761 errichten ließ. Er schuf damit eine Unterkunft für Könige und vornehme Reisende, die damals oft mehrere Tage günstigen Wind für die Überfahrt abwarten mußten.

Korsørs neuer Wasserturm liegt am Skovvej. Er wurde als erster Wasserturm Dänemarks nach einem Architektenwettbewerb errichtet. Er trägt den Spitznamen „Kindtand“, was auf deutsch „Backenzahn“ heißt.

Die **Korsør Søbatteri** findet man am Bådehavnsvej. Der Festungsturm dieser Verteidigungsanlage ist das einzig erhaltenen mittelalterliche Gebäude der Stadt. Man mauerte den 23 m hohen Turm im 13. Jahrhundert aus Munkestenen, einer Art Backsteinziegeln. Neben dem Gåsetårn in Vordingborg stellt er das besterhaltene Exemplar aus dieser Zeit dar. Seine Grundfläche mißt jeweils neun Meter im Quadrat, die Mauern sind 2,5 m dick. Die benachbarten Gebäude wurden um 1600 gebaut.

Das **Korsø By- og Overfartsmuseum,** das „Stadt- und Fährmuseum“, ist in dieser ehemaligen Seefestung eingerichtet. Hier werden den Sommer hindurch verschiedene Ausstellungen gezeigt.

Die Umgebung

Nach einem kurzen Spaziergang von nur zwei Kilometern erreicht man **Korsør Lystskov,** den parkähnlichen Wald der Stadt. Der Wald beginnt südwestlich von Korsør und reicht vom Süden des Korsør Nors bis hinaus zur Küste, die hier abrupt zum Wasser hin abfällt. Durch den Wald führen drei ausgeschilderte Wanderwege, und an einem dieser Wege - hinter dem Parkplatz an der Steilküste - steht eine große Gruppe, ca. 60 Steine, von Langdolmen.

Von Korsør nach Skælskør

Nach einem Törn von 6 sm erreicht

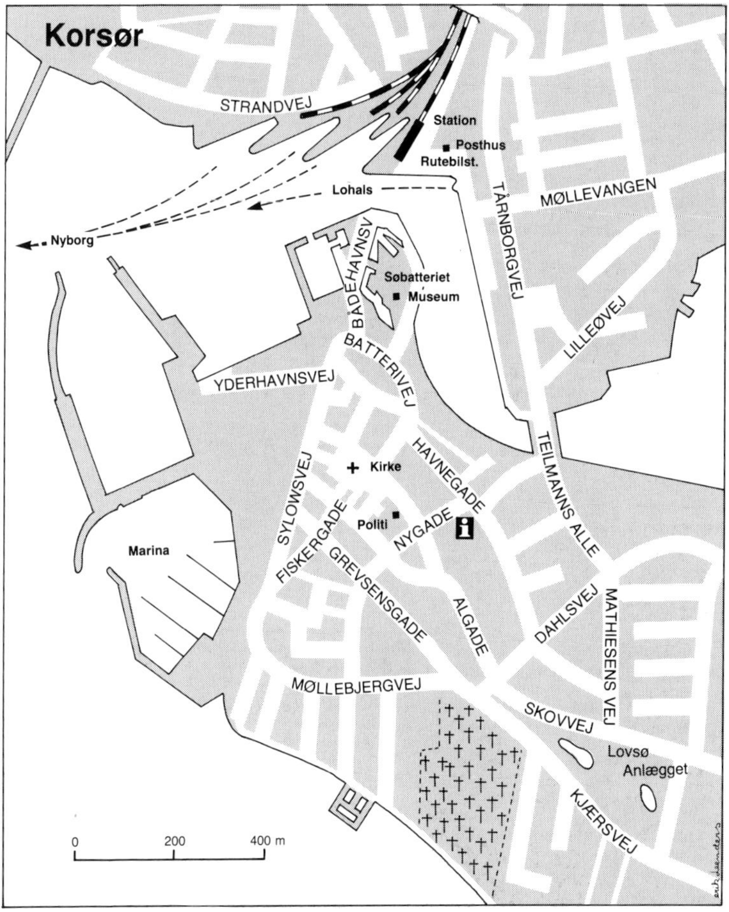

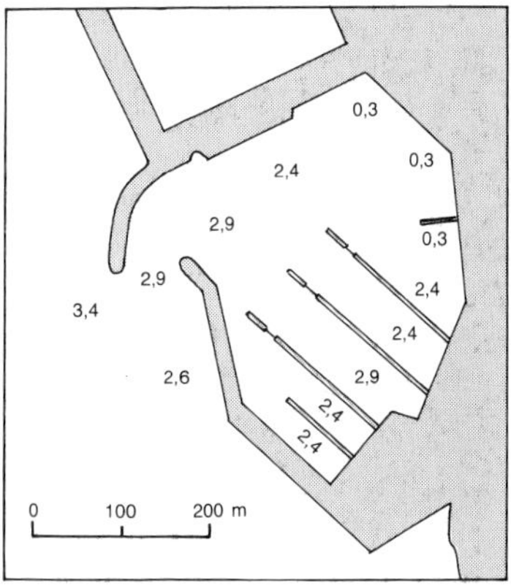

man die gebaggerte Rinne über die Untiefe Tudsehage und steuert dann weiter zur Einfahrt in den Skælskør Fjord. Nach der Fjordmündung passiert man Vasebro am Nordufer, das einmal Lotsenstation war. Im Fjord muß man innerhalb der schmalen und ca. 2 sm langen Rinne bleiben, neben dem Fahrwasser sind die Wassertiefen sehr gering. Man kann die Rinne nur in einem Zug durchfahren. Nach Süden öffnet sich die Landschaft, und große Lagunen und Strandwiesen bis hinunter zur dem alten, befestigten Herrensitz Borreby säumen das Ufer.

Blick auf den Hafen von Skælskør

Skælskør Havn

Skælskør ist eine charmante alte Kleinstadt, ein Provinzidyll voller Wohlbefinden. Besonderen Charme strahlt der Hafen aus, der sich bis zur Algade, der alten Hauptstraße, ausdehnt. Gastlieger können hier festmachen, wo immer sie einen freien Platz finden. Es gibt weiter westlich einen neuen Yachthafen, doch wenn man dort festmacht, muß man einen längeren Spaziergang bis zur Stadt in Kauf nehmen.

- Telefon
- Wasser
- Proviant
- Benzin/Diesel
- Hafenmeister Tel. 53 59 42 04
- Tourist-Information:
  Algade 1–7
  Tel. 53 59 69 90

In der Stadt

Mehrere Orte in Dänemark werben in ihren Touristenbroschüren damit, die längste Sonnenscheindauer zu haben, und Skælskør kann hierbei zur Bestätigung auf Statistiken verweisen. Der Hafen liegt sehr hübsch zwischen Fjord und Noret, einem nicht sehr tiefen Moorsee. Skælskørs Kleinstadt-Gepräge ist einigermaßen intakt, die neuen Wohnviertel wurden außerhalb der Stadt angelegt. Die interessantesten Gebäude sind, von der Kirche abgesehen, **zwei Fachwerkhöfe** aus den Jahren 1600 bzw. 1670 in der Algade 2 und der Vestergade 10. Die **St. Nikolaj Kirche** in der Gammelgade ist dem Schutzpatron der Seefahrer, St. Nikolaj, geweiht, und sie ist darüber hinaus eine der wenigen zweischiffigen Kirchen des Landes. Sie wurde um 1200 errichtet.

Die Umgebung

Westlich der Stadt liegt **Møllebakken.** Von diesem Hügel aus hat man einen weiten Blick über die fruchtbare und abwechslungsreiche Landschaft um Skælskør.

2,5 km südlich von Skælskør steht **Borreby Slot**, ein prächtiges Schloß, dessen Äußeres sich in den gut 430 Jahren, seit der Kanzler Christians III., Johan Friis, es erbauen ließ, kaum verändert hat. Nur der 17 ha große Park ist öffentlich zugänglich. Hans Christian Andersen läßt sein Märchen von „Valdemar Daa und seinen Töchtern" hier spielen. Es erzählt von einem reichen Adeligen, den seine alchimistische Suche nach dem Gold ruiniert, und der schließlich von seinem Sitz vertrieben wird.

Kanehøj heißt ein ehemaliger Galgenberg 3 km von der Stadt entfernt. Auf ihm fand die letzte Hinrichtung Dänemarks statt, der u.a. auch H.C. Andersen beiwohnte, der zu jener Zeit Schüler der Lateinschule in Slagelse war. Er hat das Geschehen später beschrieben.

Von Skælskør nach Agersø

Auf der Fahrt den Fjord wieder zurück wird man aufs Neue vom Charme dieses Idylls beeindruckt. Dicht unter Land liegen kleine Boote schwojend im flachen Wasser, hier werden Garnelen und Aale gefangen. Allzu rasch hat man die Fjordmündung wieder passiert und segelt nun im Agersøsund, im Westen die Insel und der verlockende kleine Hafen Agersø und im Osten Stigsnæs mit dem Monument unseres Jahrhunderts: einer großen Ölraffinerie mit ihrer ständig lodernden Flamme. Es sind zwei Welten, die sich hier auf beiden Seiten des Sundes gegenüberliegen. So dicht beieinander - und doch so unendlich weit voneinander entfernt, so daß Agersø sich in den letzten 50 Jahren kaum verändert hat.

Bevor man den Hafen von Agersø erreicht, segelt man an einem guten und bekannten Ankerplatz vorbei: Bøgvig, dt. die Buchenbucht, vor Egholm. Hier wurde von der Dansk Sejlunion eine ständige Ankerboje ausgelegt. Der Platz ist bei westlichen Winden zum Ankern geeignet. Er ist bei den Seglern aus Korsør und Skælskør als Wochenendziel sehr beliebt, vielleicht auch deshalb, weil hier die Bademöglichkeiten geradezu ideal sind.

Agersø Havn

Agersø Havn ist genau das, was man sich unter einem richtig anheimelnden Inselhafen vorstellt. Das führt natürlich dazu, daß er stark besucht wird. In der Hochsaison verschwinden die Fischer- und Lotsenboote zwischen den Yachten. Auf Agersø wird zum Teil noch gewerbliche Fischerei betrieben, was den Hafen mit seinen Schuppen, Netzen und aufgeslippten Booten prägt.

Die Insel

Vom Hafen aus gelangt man durch eine schöne alte Ulmen- und Lindenal-

Die Kirche auf Agersø

- Telefon
- Wasser
- Proviant
- E-Anschluß
- Benzin/Diesel
- Hafenmeister Tel. 53 59 81 13
- Fahrradverleih
- Nächste Tourist-Information: Skælskør Tel. 53 59 69 90

lee hinauf zur kurvenreichen Hauptstraße. Diese beeindruckende Allee ist wohl etliche hundert Jahre alt. An ihrem Ende liegen der Agersøgård und das Dorf Agersø By, die beide mit dem Hafen fast zusammengewachsen sind.

Die kleine Trabanteninsel Egholm im Norden Agersøs ist seit vielen Jahren Privatbesitz. Ein 200 m breites flaches Fahrwasser, die Egholm Vejle, trennte beide Inseln bis 1972, dann baute man über die Vejle, dt. Furt, hinweg einen Damm nach Egholm. Auf diesem Damm steht ein Schild „Privat - Betreten verboten", und vielleicht konnte sich die schöne und teilweise unberührte Natur mit ihren Strandwiesen deshalb so gut erhalten. Viele Jahre hindurch nutzte eine Kopenhagener Rechtsanwaltsfamilie das große Anwesen in der Mitte der Insel als Sommerhaus. Im Herbst 1981 wurde jedoch die ganze Insel vom Baulöwen Boje Nielsen aus Næstved gekauft. Später, als Nielsen bankrott ging, mußte er auch Egholm veräußern.

Die Küste Agersøs ist 25 km lang, und es gibt an ihr mehrere gute Badestrände. Darüber hinaus gibt es auf der Insel Moore, Wiesengelände und Sommerhäuser. Der Rest des Landes ist bewirtschaftet.

Der südlichste Zipfel Agersøs heißt Helleholm, und auch das war einmal eine selbständige Insel. Sie verbindet heute eine flache, fast 2 km lange Landzunge mit Agersø. Dieser nehrungsartige Bogen wird „Skagen" genannt, ein altes dänisches Wort mit der gleichen Bedeutung wie „Odde", zu deutsch Landzunge. Auch Helleholm ist Privatbesitz, aber man darf die Insel betreten. Autos, außer jenen der Bewohner, sind auf dem Skagen nicht zugelassen. Hier und auf Helleholm läuft das Vieh frei, und im flachen Wasser östlich der schützenden Odde kann man viele Stelzvögel beobachten.

Helleholm ist ein wundervoller Ort – ein windumwehter Holm mit seinem eigenen Hof beim Leuchtturm. Und dazu besitzt er eine einzigartige Sehenswürdigkeit aus der Wikingerzeit, die davon zeugt, daß die Normannen auch Agersø besuchten: Ein erhabener und von der Zeit gezeichneter Bautastein, der frei in der Mitte der kleinen Insel steht.

Von Agersø nach Omø

Die Fähre braucht für die Überfahrt nach Agersø 15 Minuten, die Fahrt nach Omø nimmt dagegen volle 45 Minuten in Anspruch, obwohl Omø dicht südlich Agersø liegt. Der Grund für diesen langen Seeweg vom seeländischen Hafen aus liegt im Helleholm Flak, das den direkten Weg versperrt. Hinzu kommt, daß der Hafen Omøs auf der nordwestlichen Inselseite liegt, vor dem zusätzlich Omøs Nordwest-Flach mit großem Abstand umsegelt werden muß.

Omø Havn

In vielen Sommern war der beliebte Hafen auf Omø dicht belegt, so daß man in großen Päckchen lag. Dadurch war es für die einheimischen Fischer oft schwierig, ihre Boote im Hafen zu manövrieren. Der neue, dringend benötigte Yachthafen mit 100 Liegeplätzen wurde vor einigen Jahren fertig. Er liegt gleich neben dem alten „Kirkehavn". Er heißt Kirchenhafen, weil die

Der Hafen von Omø

Omøer Kirche ein wenig früher als jene auf Agersø errichtet war, weshalb die Agersøer hier im Hafen festmachten, wenn sie zum Gottesdienst wollten.

- Telefon
- Wasser
- Proviant
- Benzin/Diesel
- Hafenmeister Tel. 53 59 90 90
- Fahrradverleih
- Nächste Tourist-Information: Skælskør, Tel. 53 59 69 90

Die Insel

Während der Hafen von den wenigen Häusern des Fischerortes Kirkeby umgeben wird, liegt der Hauptort Omø By mitten auf der Insel. Von den 30 Höfen der Insel stehen 17 hier, was Omø By den Beinamen „Bauernstadt" verliehen hat. Auch die kleine, anheimelnde Kirche aus dem Jahr 1828 findet man hier. Auf dem Friedhof steht ein Denkmal mit folgender Inschrift:

EIN UNBEKANNTER PILOT AUS EINEM FREMDEN LAND;
ABGESCHOSSEN UND ANGETRIEBEN AN OMØS STRAND.
ER KAM ALS FREUND UND WIR ALS DANK GABEN ZWISCHEN UNSEREN LIEBEN IHM DIESES GRAB. SO RUHE HIER, FREMDER, IN FRIEDEN INMITTEN VON UNS.
GOTT GEBE DIR SEINEN FRIEDEN IN EWIGKEIT.

1944 wurde auf Omø ein englischer Pilot tot am Strand angetrieben. Man setzte ihn in großer Eile bei, bevor man die deutsche Besatzungsmacht benachrichtigte - die ihn sofort wieder ausgrub, ihn jedoch nicht identifizieren konnte.
Nach Kriegsende, als die Engländer auf die Insel kamen, wurde er zum zweiten Mal ausgegraben. Sie stellten fest, daß es sich um einen 19 Jahre alten Piloten der Royal Air Force handelte. Er hatte seine Erkennungsmarke zwischen seinen Manschetten versteckt und trug dazu ein ganzes Bündel mit Familienfotos bei sich. Wenn einige von ihnen nicht mit eingegraben worden wären, hätte man sich (und ihm) vieles ersparen können. Doch hatte der damalige Gemeindevorsteher eine derartige Angst vor den Deutschen, daß er nichts anzurühren wagte. Man bot den Eltern des Gefallenen an, ihn nach England zu überführen, doch lehnten sie das nach einem Besuch auf Omø ab.
Die Höfe vom Omø By sind dicht um den Dorfteich versammelt, der so groß wie ein See ist. Dieser See ist der Rest eines Sundes, der einmal zwischen zwei selbständigen Inseln verlief. Der am Smålandsfahrwasser liegende Westteil der Insel endet abrupt am Skovbakken, dem mit 20 m Höhe höchsten Punkt der Insel.
Die Badebedingungen auf Omø sind ausgezeichnet, es gibt hier schöne Sandstrände, einen gleichmäßig abfallenden Meeresgrund und das herrlich klare Wasser des Großen Belts. Am häufigsten werden die Strände am Kirkehavn und vor Omø By besucht. An der 19 km langen Küste kann man eine vielfältige Vogelwelt beobachten.

Von Omø nach Bisserup

Wenn Agersø, Omø und das unansehnliche Stigsnæs-Werk achteraus liegen, tauchen voraus bald die steilen gelben Hänge von Glænø auf. Wo Glænøs östliche Landzunge endet, liegt die Einfahrt zu einem kleinen, idyllischen Fischerort: Bisserup. Eine rot-weiße Kugeltonne, die ca. 1 sm südlich der Einfahrt ausgelegt ist, dient zur Ansteuerung für eine 100 m lange und 20 m breite gebaggerte Rinne, die an ihren Seiten durch Pfähle mit Reflexstreifen markiert ist. Sie stehen ziemlich dicht beieinander, etwa im Verlauf der 2-m-Linie. Wenn man die markierte Rinne durchfahren hat, bringt man die beiden Baken am Hafen zur Deckung. Die Fahrt führt ungemütlich dicht an der kleinen, sandigen und steinigen östlichen Landzunge vorbei. Die Rinne wird zwischenzeitlich immer wieder auf 2 m vertieft, versandet jedoch schnell. Bei ruhigem Wetter kentert der Strom in der Einfahrt regelmäßig, er setzt mit bis zu 2 kn. Frische und starke Winde führen jedoch zu unberechenbaren Veränderungen seiner Richtung, auch kann der Strom dann bis zu 4 kn setzen. Unter solchen Umständen ist Yachten mit einem Tiefgang von mehr als 1,6 m vom Einlaufen abzuraten.

Bisserup Havn

Hat man erst einmal die flache Rinne überstanden, offenbart sich ein Hafenidyll von Format. Bisserup gehört zu den kaum bekannten Häfen, in dem aber der örtliche Segelclub und die Fischer dafür gesorgt haben, daß die Nutzer des Hafens gute Versorgungseinrichtungen vorfinden. Bisserup Sejlklub residiert in einem Endreihenhaus aus Fachwerk direkt am Hafenbecken.
In der Nähe des Hafens endet der **Rude Skov** direkt am Wasser. In diesem Wald gibt es viele gut Wanderwege.
Drei Kilometer weiter liegt **Holsteinsborg.** Dieser schöne Herrensitz stammt aus dem 17. Jahrhundert, und dort schrieb H.C. Andersen u.a. sein

- Telefon
- Wasser
- Proviant
- Benzin
- E-Anschluß
- Hafenmeister Tel. 53 75 94 24
- Nächste Tourist-Information: Skælskør, Tel. 53 59 69 90

Märchen vom „häßlichen Entlein". Der Park wurde im klassisch-englischen Stil angelegt, und es gibt einige Lindenalleen aus der Zeit um 1700. Leider ist nur der Park der Öffentlichkeit zugänglich.

Von Bisserup nach Karrebæksminde

Segelt man weiter nach Osten, entlang der eigenartig erscheinenden Küstenlinie Seelands mit dem hübschen waldbedeckten Hinterland, erreicht man schließlich die Einfahrt nach Karrebæksminde. Karrebæksminde war früher der Hafen der Stadt Næstved, bis diese selbst 1938 Hafenstadt wurde. Vorher wurden die Waren in Karrebæksminde auf Kähne umgeladen, die sie dann die 7 sm lange Suså nach Næstved beförderten. Das erschien auf die Dauer als zu beschwerlich, so daß man einen Kanal zwischen Næstved und dem Karrebæksminde Fjord aushob und anschließend die Fahrrinne vor Karrebæksminde vertiefte. Bei dieser Gelegenheit baute man auch gleich die Karrebæksminde Bro. So wurde die kleine Stadtgemeinde nur noch zu einer Station auf dem Weg zum Næstveder Hafen. Obwohl der Hafen nun durch die Fischer genutzt wird, liegt er immer noch in einer schönen Umgebung, in der sich ein Ferienzentrum, Sommerhäuser, ein Campingplatz und ein Yachthafen angesiedelt haben.
Von See kommende Sportbootfahrer können das äußere Becken des Yachthafens benutzen. Sie müssen dann nicht die Brücke passieren, die den Straßenverkehr nach Enø führt.

Karrebæksminde Havn

Die Sportboote nehmen heutzutage den gesamten Vorhafen auf Enø ein, und dazu hat sich auf der gleichen Seite, jedoch ein Stück weiter innen, ein relativ neuer Yachthafen etabliert. Hier hat der Næstved Sejlklub den größten seiner vier Anleger. Als Vereinshaus dient das weiße Gebäude am Platz, das früher einmal Quarantänestation war. Der Strom im Hafen wird stark von den Windverhältnissen beeinflußt, er kann mit einer Geschwindigkeit von 4-5 kn setzen, was für hiesige Fahrwasser schon recht ungewöhnlich ist. Bei ruhigem Wetter kentert die Tide alle 6 Stunden und 12 Minuten, und sie setzt dann in einer Geschwindigkeit von 2-3 kn. Es gibt für das Befahren des Kanals nach Næstved besondere Vorschriften. Die Fahrrinne ist nur 18 m - 20 m breit und 6 m tief, so daß Schiffe, die gegen den Strom fahren, ausweichpflichtig sind.

- Telefon
- Wasser
- Proviant
- Diesel
- E-Anschluß
- Hafenmeister Tel. 53 74 20 45
- Fahrradverleih
- Tourist-Information: Alléen 36, Tel. 53 74 21 50 (nur im Sommer)

Die Umgebung

Gavnø Slot ist einen Besuch wert. Das Schloß mit seinem berühmten Zwiebelgarten liegt auf der kleinen Insel gleichen Namens. Das heutige Erscheinungsbild ist das Resultat von

Bauarbeiten, die um 1750 ausgeführt wurden, als Gavnø Besitz des Staatsministers Graf Otto Thott war. Von der prachtvollen Inneneinrichtung des Schlosses können der elegante Rittersaal mit seiner Rokokodecke und die geschnitzten Türrahmen aus den 1580er Jahren hervorgehoben werden. Es ist öffentlich zugänglich.

Von Karrebæksminde nach Næstved

Wegen des ein- oder auslaufenden Stroms muß die Brücke unter Motor passiert werden. Früher mußten die Segelschiffe hier oft warten, denn man braucht schon frischen Wind und muß gut manövrieren können, um mit einem so starken Strom zurechtzukommen.

Die Straßenbrücke wird einmal stündlich für Sportboote geöffnet. Die Boote, die gegen den Strom fahren, sind ausweichpflichtig.

Es ist spannend und faszinierend, die Brücke in Karrebæksminde zu passieren und dann dem ca. 5 sm langen Fahrwasser und dem Kanal zu folgen. Faszinierend, weil man hier in einem gewundenen und schmalen Fahrwasser einen Hafen ansteuert. Und es ist spannend, weil schiffbare Kanäle in diesem Land eine Seltenheit sind. Man fährt dicht an der Insel Gavnø vorbei, und Yachten mit nicht mehr als 1,2 m Tiefgang können einen kleinen Abstecher in nördlicher Richtung um die Insel herum in den Karrebæk Fjord unternehmen. Am Ufer der Insel Gavnø kann man dann das Schloß von der Wasserseite aus betrachten. Es ist jedoch ratsam, die Tiefenverhältnisse genau zu beachten, bevor man das betonnte Fahrwasser verläßt.

Pouls Vig

Dieser Yachthafen mit nur 1,5 m Wassertiefe entstand zufällig. Die Kommune wollte das ausgegrabene Becken eigentlich als Müllkippe nutzen, doch wurde der Vorschlag mit Rücksicht auf den Umweltschutz wieder verworfen. Nun bekamen 134 Bootseigner ihre Chance. Man legte einige Stege an, und die Eigner zogen mit ihren Jollen und Motorbooten in diesen kommunalen Hafen. Er liegt auf Ydernæs in der Pouls Vig, 3,5 km vor Næstved.

Unterwegs auf dem Kanal nach Næstved

- Wasser
- E-Anschluß
- Nächste Tourist-Information: Næstved, Tel. 53 72 12 22

Næstved Yachthafen

Eine halbe Seemeile vor dem Han-

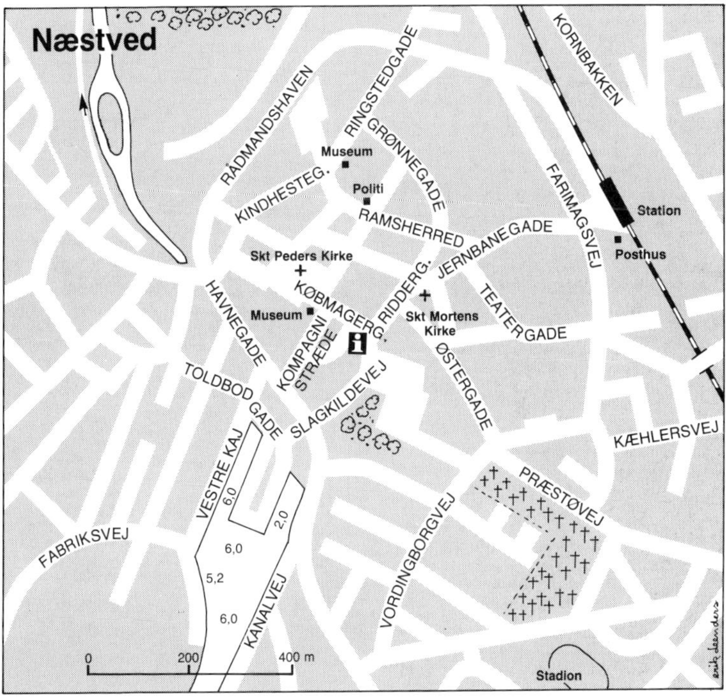

delshafen besitzt der Næstved Sejlklub einen weiteren Anleger. Es ist ein kleiner Hafen, der einlaufend an Steuerbordseite liegt.

- Telefon
- Wasser
- Proviant
- Benzin/Diesel
- E-Anschluß

Næstved Industriehafen

Im Industrihavn gibt es die besten Plätze für Gäste im östlichen Hafenbecken. Hier liegt man nahe am Stadtzentrum.

In der Stadt

Im alten Næstved sind noch viele Spuren einer reichen Stadt aus dem Mittelalter zu finden, gleichwohl hat das moderne Handelsleben unübersehbar seinen Einzug gehalten. Erinnerungen an das alte Næstved findet man u.a. am Axeltorv, in der Riddergade und in der Købmagergade. Am St. Peders Plads Nr. 8 steht Henrik Gotschalks Stenhus aus der Zeit um 1450, Bürgermeister Mogens Thuesens Stenboder (Steinbuden) als Nr. 10 und 12 (ca. 1480), und das alte Rathaus mit der Nr. 5 aus den Jahren um 1530. In

- Telefon
- Wasser
- Proviant
- Benzin/Diesel
- Hafenmeister Tel. 53 72 00 56
- Fahrradverleih
- Tourist-Information: Kømagergade 20 a Tel. 53 72 11 22

der Kompagnistræde steht das „Kompagnihus“, das um 1500 erbaut wurde und in dem sich die Kaufleute der Stadt versammelten. Und schließlich noch das Helligåndshus mit einem Museum, errichtet um 1420. In der Riddergade sollte man auf die Gebäude Nr. 1, 3, 5 und 7 achten, die alle unter Denkmalschutz stehen. Besonders das Haus Nr. 5 ist interessant. Es wurde als Gildehaus um 1520 gebaut und trägt den Namen „Apotekerhus“ nach den geschnitzten Figuren zwischen seinen Fenstern. Das Gebäude bestand ursprünglich aus zwei Stockwerken.

Das **Næstved Museum** ist in zwei verschiedenen Häusern, in der Ringstedgade 4 und am St. Peders Kirkeplads 10, untergebracht. Das Hauptgebäude ist das Helligåndshus in der Ringstedgade 4. In diesem Haus befand sich ursprünglich eine kirchliche Stiftung. Im alten Kirchensaal des Hauses gibt es u.a. eine bedeutende Sammlung von Kircheninventar. Interessant ist auch eine Abteilung über die Lepra-Krankheit, daneben die stadtgeschichtliche Abteilung mit geschnitztem Bauholz, Zunftgegenständen u.a.m. Dazu gibt es noch eine eigene Karrebæksminde-Stue, einen Raum für die Geschichte Karrebæksmindes. Unter den Kleinodien des Museums aus neuerer Zeit befindet sich ein Auto der Marke Vinius aus dem Jahre 1899. In der Nebenstelle des Museums am St. Peders Kirkeplads 10 liegt das Hauptgewicht auf dem örtlichen Kunsthandwerk. Hier werden u.a. Beispiele der ältesten Fayencen Nordeuropas gezeigt, die man bei Ausgrabungen fand. Außerdem Silberwaren aus Næstved, Holmegård-Glas und Kähler-Keramik.

Die **St. Mortens Kirche** steht Ecke Riddergade/St. Mortensgade. Die Kirche wurde im 13. Jahrhundert errichtet und dem Heiligen Martin von Tours geweiht. Auf einer Kalkmalerei im Kircheninneren kann man den Heiligen seinen Mantel mit einem Bettler teilen sehen.

Die **St. Peders Kirche** am St. Peders Kirkeplads wurde zu Valdemar Atterdags Zeiten, d.h. im 14. und 15. Jahrhundert, erbaut. Sie ist eines der vornehmsten dänischen Bauwerke aus hochgotischer Zeit. König Valdemar weilte oft in Næstved, und er ist im Chor auf einer Kalkmalerei zusammen mit seiner Frau Helvig zu sehen: Sie knien dort vor der Heiligen Dreieinigkeit.

Süd- und Ostseeland

Dybsø – Vordingborg – Tærø – Kalvehave – Præstø – Fakse Ladeplads – Rødvig – Køge – Ishøj – Brøndby Strand

Von Næstved nach Dybsø

Man durchsegelt den Karrebæks-Fjord, wo einem die Küstenlinie ebenso freundlich erscheint wie auf dem Hinweg. Nach dem Passieren des Hafens und der Brücke in Karrebæksminde, die von hier aus an eine holländische Klappbrücke erinnert, öffnet sich das Smålandsfahrwasser, genauer: die Karrebæksminde-Bucht. Vier Seemeilen weiter südlich an der abwechslungsreichen Küste trifft man auf einen weiteren kleinen Hafen.

Dybsø Naturhafen

Zwischen Svinø und Dybsø liegt dieser Naturhafen. Die Einfahrt ist nicht betonnt, und man darf das Gebiet nur unter günstigen, d.h. bei schwachen Winden besegeln, da die Sände ständig ihre Lage ändern. Wie in den übrigen Häfen dieses Küstenabschnitts, so setzt auch hier ständig ein- oder auslaufender Strom. Eine Faustregel besagt, daß man sich in einer derartigen Situation am besten dort hält, wo die Strömung am stärksten zu sein scheint, denn da wird auch das Wasser am tiefsten sein. Im allgemeinen können Yachten mit bis zu 1,6 m Tiefgang diese Ankerplätze anlaufen.
Hier gibt es mehrere private Stege, doch sollte man an ihnen nur festmachen, wenn man sich vorher eine Erlaubnis eingeholt hat. Abgesehen von einem Telefon gibt es im Hafen keine Versorgungseinrichtungen. Dybsø, das langgestreckte Enø und Svinø mit seinen Strandwällen bilden zusammen ein Bollwerk vor dem Karrebæksminde-Fjord. Heute ist Svinø, dt. Schweineinsel, trotz ihres Namens eine Halbinsel, und die Entfernung zum Dorf Svinø beträgt vom Hafen aus 3 km. Die Natur hier ist abwechslungsreich mit ihren Wiesenlandschaften und Wäldern, und vom 19 m hohen St. Rævehøj aus hat man eine weite Aussicht über den Dybsø-Fjord und Knudshoved Odde.

Von Dybsø nach Vordingborg

Die Tonne vor dem Knudshoved liegt fast zwei Seemeilen westlich vor dessen Spitze. Dazwischen befindet sich ein tückisches Flach mit Steinen, so daß man von Dybsø aus erst einen Umweg bis zu dieser wichtigen Tonne segeln muß. Die äußerste Spitze von Knudshoved Odde wirkt fast wie eine eigene Insel, so abgeschnitten und isoliert ist der Ort vom Getriebe auf der Landseite.
Bei nördlichen Winden bietet Knudshoveds Südküste mehrere gute Ankerplätze sowohl östlich wie auch westlich des Knudshoved Revs, denn die 2-m-Linie verläuft überwiegend dicht vor der Küste. In der äußersten Bucht der Landzunge kann man nicht weit vom Strand auf 2 bis 3 m Wassertiefe ankern. Knudshoved Odde ist ungefähr 14 km lang und nur 500 bis 1000 m breit.
Man kann dem betonnten Fahrwasser nördlich um Masnedø herum und weiter in östlicher Richtung nach Vordingborg folgen, doch muß man dann eine stark befahrene Brücke passieren, die bei mittlerem Wasserstand nur eine Durchfahrtshöhe von 5 m hat. Wenn das nicht ausreicht, muß man auf die Öffnung der Brücke warten. Darum ist es ratsam, südlich um Masnedø herum unter der Storstrømsbro hindurchzusegeln. Auf dieser Strecke fährt man dann am privaten Benzinhafen von Masnedø vorbei, der von Sport-

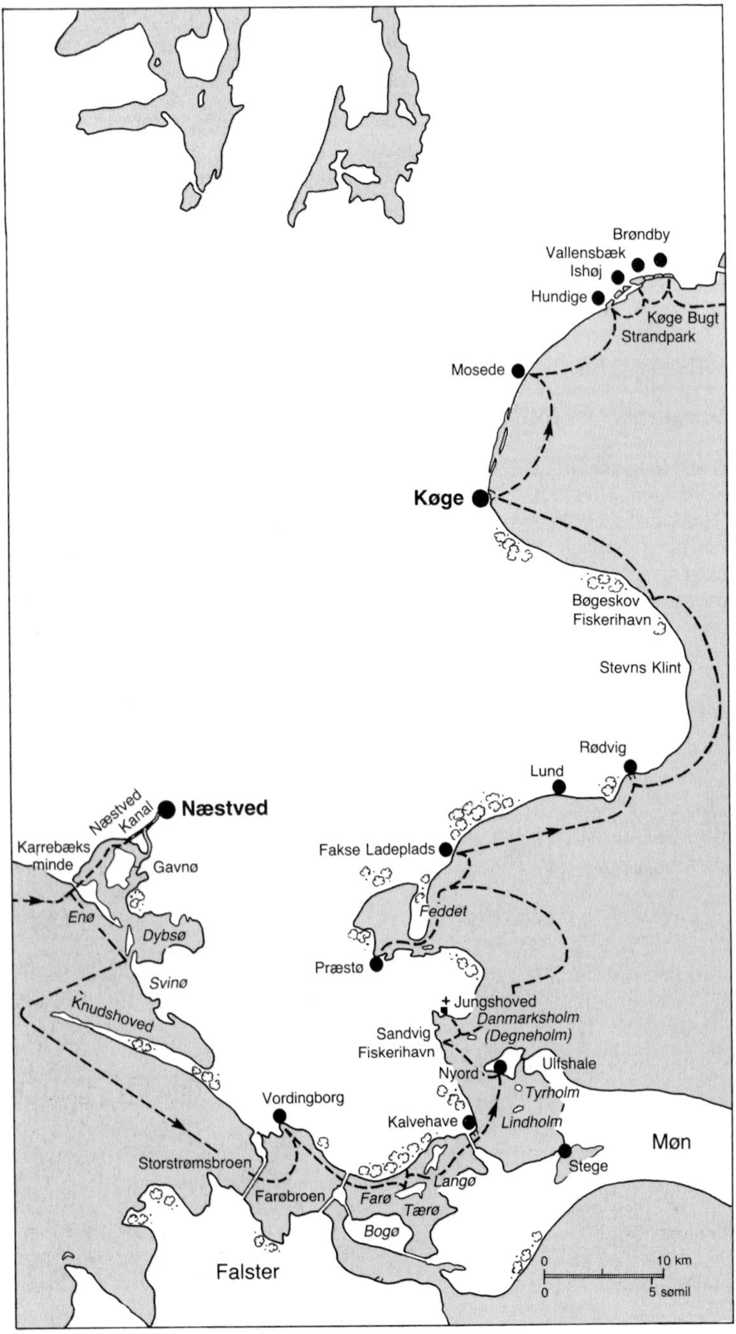
Brøndby
Vallensbæk
Ishøj
Hundige
Køge Bugt
Strandpark
Mosede
Køge
Bøgeskov
Fiskerihavn
Stevns Klint
Rødvig
Lund
Næstved
Næstved
Kanal
Karrebæksminde
Gavnø
Enø
Dybsø
Svinø
Knudshoved
Fakse Ladeplads
Feddet
Præstø
Jungshoved
Danmarksholm
(Degneholm)
Sandvig
Fiskerihavn
Nyord
Ulfshale
Tyrholm
Lindholm
Vordingborg
Kalvehave
Møn
Stege
Storstrømsbroen
Farøbroen
Farø
Langø
Tærø
Bogø
Falster
0
10 km
0
5 sømil

booten nicht angelaufen werden darf. Hinter der Brücke setzt man den Kurs in nordwestlicher Richtung über das Masnedø-Øst-Rev ab, wo das Wasser immer noch 2,5 bis 3 m tief ist.
Wenn man die Tonne südöstlich des Trellegrundes gerundet hat, kann man Vordingborg im Inneren der Bucht erkennen. Hier macht man für die Nacht im idyllisch gelegenen Yachthafen fest, der Vordingborg Nordhavn genannt wird, weil der Industriehafen auf der anderen Seite der Halbinsel Oringe Sydhavn heißt.

Vordingborg Nordhavn

Gastlieger gehen am besten in den Nordhafen, wo der Segelverein „Snekken“ sein Clubhaus mit Restaurant unterhält. Neben dem Yachthafen existiert ein kleiner Fischereihafen mit uriger Atmosphäre. Bis zur Stadt sind es 300 m. Hier stehen u.a. in der Ridegade noch schmucke Zeilen mit kleinen Bürgerhäusern.
Die größte Attraktion der Stadt ist der Gåsetårn, der nur 200 m vom Yachthafen entfernt steht. Er gehört zu Resten des alten Schlosses. Der „Gänseturm“ ist sieben Stockwerke hoch und wurde der Festung von Valdemar Atterdag hinzugefügt. Schon seine Vorgänger hatten diese als Schutz gegen die Raubzüge der Wenden und Slawen errichtet. Auf der Turmspitze ließ Val-

- Telefon
- Wasser
- Proviant
- Benzin / Diesel
- E-Anschluß
- Hafenmeister Tel. 53 77 05 24
- Tourist-Information:
  Glamsbækvej 3
  Tel. 53 77 02 17

Zwischen Svinø und Dybsø liegt dieser Naturhafen

demar Atterdag eine Gans aus echtem Gold anbringen, die seiner Verachtung der Hansestädte Ausdruck verleihen sollte, denn die hatten dem König im Jahre 1367 den Krieg erklärt. Und er verglich sie nun mit einer Schar Gänse ...
Sie schimmert immer noch an der Spitze des Turms, auch wenn es sich dabei nur um eine Kopie aus dem Jahre 1871 handelt. Das Original nahm Erik von Pommern mit, als er des Regierens überdrüssig wurde und nach Gotland emigrierte.
Das **Sydsjællands-Museum** steht im Ruinenfeld der ehemaligen Festung. Das Gebäude umfaßt 15 Ausstellungsräume. Der Schwerpunkt liegt auf der Vor- und Frühgeschichte Südseelands, besonders auf der älteren Steinzeit. Auch die Geschichte der Burg sowie die Kultur der Bauern und Handwerker aus Südseeland werden dargestellt. So sind Webereien aus der Zeit um 1500 und später zu bestaunen, darunter ein Damasttischtuch, das mit der Jahreszahl 1598 und dem Wappen des Lehnsherren Christoffer Valkendorffs versehen ist.
Auch den **Historisch-Botanischen Garten** findet man auf dem Ruinengelände. Es handelt sich hierbei um einen Burggarten im mittelalterlichen Stil (angelegt 1921) mit ca. 400 Pflanzen, die früher als Heil- und Gewürzkräuter genutzt wurden, sowie um Blumen, die ihrer Schönheit wegen gepflanzt wurden.
Vordingborg Kirke steht am Kirketorv, dem Kirchenmarkt. Die hübsche mittelalterliche Kirche wurde von Valdemar Atterdag begründet, um 1400 wurde mit dem Bau ihres Schiffes begonnen. Der Turm ist aus der Zeit um 1500. Innen, über dem Chorbogen, ist die Kirche mit schönen Kalkmalereien ausgestattet. Auf dieser Malerei finden sich lustige Details, wie „Jeppe der Maurer", der einen über den Durst trinkt, während „Anders der Schmied" an die Wand schreibt, daß er diese Bilder hat malen lassen. Abel Schrøder ist der Meister des üppigen, barocken Altars.

Von Vordingborg nach Tærø

Von Vordingborg aus segelt man Richtung Südosten an der Küste entlang. Bald passiert man die Farøbro mit ihrer Durchfahrtshöhe von mehr als 20 m, die wegen der vielen Segler in diesem attraktiven Fahrwasser so hoch gebaut wurde. Die Halbinsel Stammenakke ist an ihren Ufern von Schilfrohr und Bundgarnpfählen umsäumt. Ein Wald, mit einem schönen Fachwerkhaus auf einer Lichtung, bildet im Hintergrund eine verträumte Kulisse. Liegt Stammenakke dann achteraus, kann man an Steuerbord die Insel Tærø ausmachen.

Tærø Havn

Man kann die kleine private Insel nach Absprache mit dem Verwalter, Tel. 53 79 52 25, anlaufen. Selbstverständlich hinterläßt man das Gelände im sauberen Zustand, nimmt also seine Abfälle wieder mit. Der Hafen liegt etwa in der Mitte des Nordufers der Insel, er wurde in den 60er Jahren gebaut. Anfänglich besaß er eine Wassertiefe von 3 m, doch ist er inzwischen so versandet, daß davon noch 1 m übriggeblieben ist – an der Innenseite des Bollwerkes ist es nur noch 0,5 m tief.
Tærø ist ca. 160 ha groß. In einem kleinen Wald beim Vesterhoved nistet in den Baumwipfeln eine Fischreiherkolonie.
Bei Gåsenakke, einer Landzunge an der Südseite, zeigt sich die Insel von einer anderen Seite: Strandwiesen, Moore und ein kleines Gehölz sind das Eldorado des Damwildbestandes der Insel, sogar Füchse gibt es hier.

Auf halber Strecke zwischen Gåsenakke und Skallehoved steht das „Sønderhus“. Es war einmal ein hübsches Fachwerkhaus mit einem Reetdach, ist jetzt aber leider sehr verfallen. Außer diesem gibt es noch fünf weitere Häuser auf Tærø, dazu den Hof des Verwalterehepaares. Sie sind die einzigen, die das ganze Jahr über auf der Insel wohnen.
Von der Südküste aus schiebt sich eine spitze Halbinsel - Skallehoved - nach Südosten. Mit 11 m Höhe befindet sich hier u.a. der höchste Punkt der Insel. Zwei Pfade führen zum Ende der Südostspitze. Das kleine, charakteristische Gehölz auf dem Skallehoved besteht aus Eichen, Eschen, Ebereschen, Schwarzerlen und einzelnen Kiefern. Hier befindet sich auch der beste Badestrand der Insel. Gute Ankerplätze liegen zwischen dem Hafen und dem Vesterhoved an der Nordküste Tærøs, und gleiches gilt für die Westseite vom Skallehoved, wo das Wasser ein paar Meter tief ist.

Von Tærø nach Petersværft

Auf der Fahrt nach Petersværft umsegelt man den auf direktem Wege dorthin liegenden „Knol“ im respektvollem Abstand.

Petersværft Lilleputhavn

Die Petersværft-Brücke, die mit ihrer Länge von 63 m dicht an die Fahrrinne reicht, ist zu einem kleinen Hafen ausgebaut worden. Man liegt hier in einem der ungewöhnlich schönen Waldgebiete Seelands und kann hinüber auf die Buchenhaine Bogøs im Süden sowie die Höhen von Møn mit ihren Kirchen und Dörfern im Süden und Osten sehen. Die Brücke mit dem kleinen Jollenhafen gehört zum Gut Petersgård und ist in erster Linie für die Bewohner Tærøs und die Besitzer gedacht. Besucher sind aber am Brückenkopf (2 m Wassertiefe) willkommen, wo Platz für ein paar Boote vorhanden ist.

Von Petersværft nach Kalvehave

Die großen Waldgebiete um Petersværft erstrecken sich entlang der Küste von Vordingborg bis nach Kalvehave. Bis dorthin begleiten sie den Segler, der dem gewundenen Fahrwasser von Tærø nach Langø folgt, um die Fahrt durch den Ulvsund und unter der Dronning-Alexandrine-Brücke hindurch fortzusetzen.

Kalvehave Havn

Kalvehave liegt inmitten des seeländischen Idylls, in dem Wälder mit altem Baumbestand zu langen Wanderungen einladen. Der früher so heimelige Fischerort bekam neue Nachbarn; zuerst, als die Brücke mit all dem zunehmenden Verkehr, den sie anzog, gebaut wurde, und später kam der große Yachthafen - die Marina - westlich des Hafens hinzu. Nun herrscht hier den Sommer über das „Dolce vita“ mit seinem Trubel. Bis zur kleinen Ortsmitte mit den Geschäften sind es nur wenige hundert Meter.

- Telefon
- Wasser
- Proviant
- Benzin / Diesel
- E-Anschluß
- Hafenmeister Tel. 53 78 84 60
- Tourist-Information:
  Ny Vordingborgvej 75
  Tel. 53 78 80 12

Von Kalvehave nach Sandvig

Von Kalvehave aus setzt man einen

nordwestlichen Kurs ab und läßt dabei Lindholm an Steuerbord liegen. Lindholm darf nicht betreten werden, denn das Veterinär-Institut hat dort seine Versuchslabors. Im Bøgestrøm muß man sehr sorgfältig navigieren. Keine Pricke darf man hier übersehen. Im Laufe der Zeit sind in diesem Fahrwasser viele Sportskipper zu „Grund(be)-sitzern" geworden. Böse Zungen behaupten sogar, daß eine „Sjælland Rundt"-Regatta den Fischern eine schlechte Saison doch noch retten kann.
Die Fahrrinne nähert sich dem Hafen von Nyord (siehe Seite 143). Unmittelbar vor dem „De Fire Koste", dem „Vier-Pricken"-Fahrwasser, dreht man nach Westen, denn dort liegt an der Küste hinter einem Schilfgürtel der

Sandvig Fischereihafen

Aus gutem Grund besuchen nur wenige Sportboote diesen Hafen, denn in der Seekarte beträgt die Wassertiefe hier 1,7 m - in Wirklichkeit ist es noch etwas flacher, und die Platzverhältnisse sind sehr bescheiden. Einst wurde dieser Hafen von seinen Nutzern selbst geschaffen, doch hat die Kommune im Laufe der Jahre seiner Entwicklung etwas nachgeholfen. Nahegelegene Wälder und gute Badestrände verbreiten an diesem Ort eine friedliche Stimmung.

- Wasser
- Proviant
- E-Anschluß
- Hafenmeister Tel. 53 79 77 02
- Nächste Tourist-Information:
  Præstø
  Tel. 53 79 11 90

Ist der Tiefgang der eigenen Yacht zu groß, so bietet sich ein Ankerplatz etwas nördlich des Hafens an. Er ist gegen alle Winde, mit Ausnahme der östlichen, gut geschützt. Hier hat die dänische Sejlunion eine Ankerboje ausgelegt.

Von Sandvig nach Stavreby

Dieser Teil des Bøgestroms ist relativ flach. Skipper, deren Yachten einen schwachen Motor oder einen Tiefgang von mehr als 1,2 m haben, ist von einem Törn nach Stavreby abzuraten. Die Tiefe der 900 m langen und nur 10 m breiten Fahrrinne beträgt ca. 1,2 m, doch versandet sie oft. Die Rinne ist mit roten und grünen Stangen mit Toppzeichen markiert. Außerhalb der Rinne nehmen die Tiefen rasch auf 0,5 m ab.

Stavreby Havn

Stavreby Havn ist ein kleiner Hafen. Seine Umgebung ist reizvoll: Hier stehen kleine Häuser, deren Gärten sich fast bis an den Hafen erstrecken.

- Wasser
- Diesel
- Hafenmeister Tel. 53 79 91 41
- Nächste Tourist-Information:
  Præstø
  Tel. 53 79 11 90

Die Umgebung

Ein paar Kilometer weiter westlich steht die Jungshoved Kirke einsam und romantisch direkt am Wasser. Sie kann das Ziel eines schönen Abendspazierganges sein.

Von Stavreby nach Præstø

Von Stavreby aus segelt man erst fast eine Seemeile nach Süden, wo man dann in das „De Fire Koste"-Fahrwasser einschwenkt. Nun folgt ein gewundenes Fahrwasser, bis man schließlich an der vielen Seglern bekannten

Bøgestrømstønde, der Tonne Bøgestrøm, herauskommt. Es ist ein sehr flaches Revier, in dem man für Abweichungen vom Fahrwasser mit unfreiwilligen Verspätungen bezahlen muß. Man sollte daher jede Pricke, die man gerade passiert hat, in der Karte abhaken. Östlich des „De Fire Koste"-Fahrwassers liegt eine kleine, flache und grüne Insel, die keinen geringeren Namen als Danmarks Holm führt - bzw. Degneholm, wie sie in Seekarten auch bezeichnet wird.

Bei der Ansteuerung aus Osten hat man nachts nur zwei kleinere Leuchtfeuer als Orientierungshilfe, die von den einheimischen Seglern „die Soldaten" genannt werden. Nachdem man den zweiten „Soldaten" gerundet hat, bleibt man in der Dunkelheit sich selbst überlassen. In einer solchen Situation benutzen viele Segler und Fischer einen Ankerplatz unter Land bei Jungshoved, dessen Spitzname deshalb auch „Schlafecke" ist. Man kann sich diesem Ankerplatz nur vorsichtig mit Echolot nähern.

Man muß fast 3 sm in die Fakse Bugt hinaus, bevor man seinen Kurs nach Nordwest ändern kann. Nach 4 bis 5 sm erreicht man die Einfahrt in den Præstø-Fjord. Dieser Umweg ist wegen der ausgedehnten Sandbank Sandene in Kauf zu nehmen. Diese muß man erst nördlich umfahren, bevor man für die nächsten Seemeilen einen südlichen Kurs halten kann. An Steuerbord liegt dann die flache Halbinsel Feddet mit einer Schonung und Heideflächen. Und dann taucht plötzlich die Stadt hinter dem Næbskov auf - und die Landschaft verwandelt sich in einen veritablen Ableger des Gartens Eden. Durch die Fjordmündung führt eine gutbetonnte Rinne zum

Præstø Havn

Der Hafen liegt so gut geschützt im Fjord, daß er ohne Molen als Wellenbrecher auskommt. Wenn man an einer der Brücken im Præstø Havn liegt, hat man daher eine ungestörte Aussicht auf Wälder, den Fjord und die Halbinsel Feddet.

- Telefon
- Wasser
- Proviant
- Benzin / Diesel
- E-Anschluß
- Hafenmeister Tel. 53 79 10 72
- Tourist-Information:
  Adelgade 91
  Tel. 53 79 11 90

In der Stadt

Ein ehemaliger Bürgermeister Præstøs sagte einmal über seine Stadt, daß sie nie groß werden würde, dafür aber schön bleiben könne. Ihre Lage im Inneren des Fjords, umgeben von Wäldern, ist sicher sehr reizvoll. Vor dem einlaufenden Segler breitet sich ein malerisches Bild aus: Ein rotgelbes Lagerhaus dient als Kulisse für Fischerboote und Segelyachten. Und hinter dem Hafen, halb vom Blätterdach der Gärten versteckt, erkennt man eine Reihe von kleinen, idyllischen Häusern.

Præstø liegt nur 5 bis 6 km vom alten Handelsweg Südseelands entfernt. Und doch sah man - und sieht es häufig noch immer so - die Stadt als eine Art Krähwinkel. Und das auch von der Wasserseite aus. Viele Segler fahren auf ihrem Törn rund um Seeland an Præstø vorbei.

Die Pest, Feuersbrünste und Kriegszerstörungen ließen nur wenige der alten Gebäude von architektonischem Wert stehen. Doch sieht man noch mehrere harmonische Straßenbilder, und die gemütliche Atmosphäre einer alten dänischen Handelsstadt kann Præstø ganz gewiß für sich in Anspruch nehmen.

Præstø Kirke in der Adelgade wurde im 16. Jahrhundert errichtet und zeichnet sich durch ein mächtiges Seitengebäude aus, das sich an seiner Außenseite als drei aneinandergebaute Kapellen mit reichen Blendgiebeln entpuppt. Man sagt, daß der Architekt Kaare Klint sich u.a. von diesen Giebeln inspirieren ließ, als er die berühmte Grundtvig-Kathedrale in Kopenhagen entwarf.
Das **Dansk Brandværnshistorisk Museum,** das Dänische Feuerwehrmuseum, in der Havnegade 4 besitzt eine ausgezeichnete Sammlung alter Feuerwehrspritzen, Leitern und was sonst zur Ausrüstung einer Feuerwehr gehört.
„Den lille by i Præstø“ heißt ein Puppenmuseum in der Grønnegade 14. Es verfügt über eine einzigartige Sammlung von über 200 antiken Puppen, Puppenhäusern und -stuben aus Dänemark und Deutschland. Auch werden hier neue Puppen nach alten Vorbildern gefertigt. Das Museum ist in einem alten Fachwerk-Bürgerhaus untergebracht, das aus dem Beginn des 19. Jahrhunderts stammt.

Die Umgebung

Einen Kilometer nordwestlich von Præstø liegt **Nysø Hovedgård.** Der reiche Bürger Jens Lauritsen aus Præstø ließ diesen Herrensitz 1671–73 im holländischen Barock errichten. Das Gut erlebte seine Blütezeit, als die spätere Besitzerin Baronesse Stampe Nysø zu einem wichtigen kulturellen Zentrum der damaligen Zeit machte. Es begann damit, daß sie Bertel Thorvaldsen einlud, auf Nysø zu wohnen. Neben einem Arbeitszimmer im Hauptgebäude bekam er ein Atelier im Garten, wo er eine Reihe unvergänglicher Werke schuf. Unter den Geistesgrößen, die Nysø in jenen Jahren besuchten, können neben Thorvaldsen auch der romantische Dichter Adam Oehlenschläger, der Theologe N.F.S. Grundtvig, der Dichter Hans Christian Andersen und sein Kollege B.S. Ingemann genannt werden.

Von Præstø nach Fakse Ladeplads

Man folgt der betonnten Rinne im Præstø-Fjord, die in nördlicher Richtung zwischen der Halbinsel Feddet und dem Store Holm verläuft. Vom Inneren des Fjords aus betrachtet könnte man fast den Eindruck bekommen, sich auf einem Binnensee zu befinden. Bei Ostwind kann man nördlich des Bredegrunds ankern, wo die 2-m-Linie dicht vor der Küste verläuft. Bei Westwinden muß man hinaus in die Fakse-Bucht fahren, wo man eben nördlich vor Fedhage ankern kann. Der Ankerplatz hier ist besser für einen Aufenthalt tagsüber geeignet, weil man dichter unter Land liegt und die Halbinsel Feddet auf dieser Seite einen feinen Sandstrand besitzt.
Segelt man durch den Præstø-Fjord, kann man auch eine Stromrinne nach Westen benutzen, die die Stadt mit dem offenen Fjord verbindet. Das geht zwar aus der Seekarte nicht hervor, aber es gibt hier eine Passage mit einigen Metern Wassertiefe, und der örtliche Segelverein pflegt für eine Markierung Sorge zu tragen.
Von Præstø aus segelt man durch ein gewundenes Fahrwasser hinaus und dann weiter in nördlicher Richtung am Feddet entlang, bis man nach 8 sm den nächsten Hafen erreicht:

Fakse Ladeplads

Der Hafen ist, wie der Name andeutet, ein Verladeplatz für die Stadt Fakse, hauptsächlich für die Verschiffung von Kalk, der in einem Kalkbruch nahe Fakse abgebaut wird. Leider legt sich beim Beladen der Schiffe auf die übrigen Schiffe im Hafen dann eine feine

Kalkschicht. Zum Glück wurde aber 1986 westlich dieses Hafens der Fakse Ladeplads Fischerei- und Yachthafen mit 120 Liegeplätzen eröffnet.

- Telefon
- Wasser
- Proviant
- Diesel
- E-Anschluß
- Hafenmeister Tel. 53 71 63 57
- Fahrradverleih
- Tourist-Information:
  Hovedgaden
  Tel. 53 71 60 34

Die Ansteuerung erfolgt durch den Industriehafen, weil die Einfahrt des Yachthafens als Durchfahrt in der alten Westmole eingerichtet wurde. Etwa 100 m vom Kalkstaub entfernt öffnet sich also der neue Yachthafen. Zum Hafengelände gehört auch ein Restaurant, das sich mit seinen gastronomischen Leistungen bereits einen guten Ruf erwarb.

In der Stadt

Der Name des Ortes ist verhältnismäßig neu, früher hieß er Hylleholt. Die Kirchengemeinde trägt diesen Namen weiterhin, weshalb ihre Kirche auch **Hylleholt Kirke** heißt, auch wenn sie in Fakse Ladeplads an der Hovedgade steht. Das Vemmetofte-Kloster errichtete sie 1874–78 auf Initiative von Graf F.G.J. Moltke von Bregentved, dessen Gemahlin die Orgel stiftete. Die Kirche steht unmittelbar am Hafen, und man kann sie schon aus weiter Entfernung an ihrer achteckigen Turmspitze erkennen.

Von Fakse Ladeplads nach Rødvig

Man steuert einen Punkt leicht südlich der Landspitze beim Felskov Rev an, denn der Hafen von Rødvig liegt gleich hinter dieser Landspitze. Aber noch vor dieser Spitze liegt der kleine Anleger Lund Havn. Kennt man die örtlichen Verhältnisse nicht genau, so muß vom Anlaufen abgeraten werden. Der Hafen besteht nur aus einer 180 m langen Mole, an deren Kopf eine Schutzmole im rechten Winkel abzweigt. Eine Unterwassersteinschüttung schützt die Westmole. An der Innenseite der Mole wird eine Wassertiefe von 1,10 m versprochen, doch nimmt diese Tiefe durch Versandung und allgemeinen Verfall ständig ab. An Land findet man neben diesem idyllischen Fischerplatz, weitab der großen Straßen, ein kleines Dorf, in dem alte und ansprechende Häuser erhalten sind.
Nachdem man das Felskov Rev passiert hat, dreht man nach Norden, denn nun kann man direkt auf Rødvig Havn zuhalten.

Rødvig Havn

Rødvig Havn ist im Verhältnis zum kleinen Ort ein relativ großer Hafen. Fischer und Sportbootfahrer haben hier jeweils ein eigenes Hafenbecken. Jenes für Sportboote liegt beim Einlaufen an Steuerbord, der Fischereihafen an Backbord. Im letzten Jahrzehnt hat sich der Ort stark vergrößert, und das alte Lagerhaus am Hafen wurde zu Eigentumswohnungen umgewandelt, von denen aus man eine Aussicht über das Meer und auf Rødvigs neuen und inzwischen dritten Flintsteinofen hat.

In der Stadt

Die Geschichte der Flintsteinöfen führt zurück in das Jahr 1870, als ein unternehmungslustiger Skipper, Rasmus Larsen, die Idee hatte, einen solchen Ofen in Rødvig Havn zu errichten. Er hatte gesehen, daß man

- Telefon
- Wasser
- Proviant
- Benzin / Diesel
- E-Anschluß
- Hafenmeister Tel. 53 70 60 07
- Fahrradverleih
- Nächste Tourist-Information: Fakse Ladeplads Tel. 53 71 60 34

Flintsteinmehl aus Frankreich importierte. Und er meinte, daß man Steinmehl auch aus den Feuersteinen der einheimischen Steilküsten herstellen könnte, und daß es die gleiche Qualität haben würde wie das französische. Gebraucht wurde das Steinmehl für die hübschen Fayencen, die in der „Aluminia"-Fabrik auf Christianshavn in Kopenhagen hergestellt wurden. Der Plan glückte, und das Flintsteinmehl wurde sowohl von Rasmus Larsen als auch von seinem Sohn Peter Larsen bis in das Jahr 1910 hergestellt. Während der Ofen betrieben wurde, beschäftigte die Firma 10 bis 15 Arbeiter. Sie transportierten die Steine und brannten sie, betrieben den Ofen und verschifften das Flintsteinmehl nach Kopenhagen.

Bis 1964 stand der Flintsteinofen dann ungenutzt; er blieb jedoch Teil des Hafenbildes - als sei er nicht wegzudenken. Im selben Jahr versetzte der neue Besitzer des Hafens den baufälligen Ofen auf ein etwas zurückliegendes Plateau und legte um ihn herum einen hübschen Garten an. Nach einer Meinungsverschiedenheit mit der Kommune wurde das beliebte Wahrzeichen, zu dem der Ofen inzwischen geworden war, 1980 plötzlich abgerissen. Das geschah zur großen Erbitterung der Bewohner - und der Segler, die Rødvig kannten und in dieser Zeit besuchten. Denn für diese war der Ofen eine beliebte Landmarke. So wurde die Errichtung eines neuen Flintsteinofens rasch zum allgemeinen Thema. Nach vielen Leserbriefen, Diskussionen und der Gründung der „Foreningen Rødvig Flintovn" konnte nach sieben langen Jahren glücklich der Grundstein für Rødvigs neues (altes) Wahrzeichen gelegt werden, das nun das Schmuckstück und die Attraktion der kleinen Hafenstadt ist.

Der alte Hafenbesitzer nutzte den Hafen meist zur Verschiffung von Steinen, Sand und Kies, die er vom Meeresgrund holte. Er besaß dort, wo heute der neue Ofen steht, seinen Lagerplatz, der im Laufe der Zeit zu einer richtigen kleinen Sandinsel wurde, die vom Volksmund „Christiansø" getauft wurde, denn der alte Herr hieß mit Vornamen Christian. Im November 1987 war der drei Etagen hohe Ofen für den Preis von 300 000 kr fertiggestellt, er dient dem gleichen Zweck wie seine Vorgänger. Es gibt Pläne, in seiner unteren Etage ein Museum einzurichten und oben eine Aussichtsplattform zu eröffnen.

In der Stadt

An der Straße stadtauswärts steht linker Hand der Rødvig Kro „Kgl. privilegeret anno 1844". Folgt man der Landstraße ein wenig weiter, kann man in Lille Heddinge den seltenen Anblick einer alten, noch arbeitenden Windmühle genießen. Wenn der Wind günstig ist, knarren die Flügel lustig im Kreis und produzieren für ihren Besitzer Elektrizität, denn die ursprünglichen Mühlsteine wurden durch einen Generator ersetzt.

Die Umgebung

Ein sehr interessantes Museum ist das **Stevns Museum** in Højerup, vier Kilometer vom Hafen entfernt. Es zeigt Werkzeuge aus der Steinzeit, Trachten, Bauernmöbel, eine Ausstellung

Vor der Kirche von Højerup

von Handarbeiten und Ackergeräten sowie mehrere große Anker und eine Kanone von einem Schlachtschiff, das in der Schlacht in der Køge-Bucht sank.

Von Rødvig zum Bøgeskov-Fischereihafen

Rund um Stevns Klint gibt es wirklich viel zu sehen, denn man kann hier dicht unter der Küste segeln. Stevns bedeutet etwa „Amboß", und der liegt hier fest auf den Kreidefelsen, die ihr schroffes Gefälle auch unter Wasser fortsetzen. Die langgestreckte Steilküste schiebt sich wie ein Gletscher in das Meer; sie steht dabei in einem überwältigenden Kontrast zu ihrem grünen Plateau und gipfelt mit einer Höhe von 41 m beim Leuchtturm Stevns. Vorher jedoch passiert man Højerup Kirke. Sie stammt aus der Zeit um 1250 und wurde damals ein gutes Stück von der Küste entfernt errichtet, heute jedoch steht sie dicht am Klintrand. Eine alte Sage erzählt, daß sich die Kirche in jeder Weihnachtsnacht um die Breite einer Hahnenfeder weiter ins Land versetzt. Diese Hahnenfederbreite scheint jedoch nicht zu genügen, denn die See hat das Klint im Laufe vieler Jahre so sehr abgetragen, daß der Chor der Kirche 1928 in die wogenden Fluten hinabstürzte. Der Rest der Kirche wurde durch eine Untermauerung gesichert. Von der Seeseite her kann man die Kirche aus einer schönen Perspektive fotografieren.

Vor dem Leuchtturm von Stevns und weiter in nördlicher Richtung steht ein Feld von Bundgarnpfählen, das sich bis zu 0,8 sm weit ins Meer erstreckt.

Bøgeskov-Fischereihafen

Die Hafeneinfahrt versandet immer wieder, weshalb es ratsam ist, in der Richtfeuerlinie 221 ° anzusteuern. Auf diese Weise ist die Ansteuerung für Yachten mit bis zu 2,2 m Tiefgang problemlos.

- Telefon
- Wasser
- Diesel
- E-Anschluß
- Hafenmeister Tel. 53 70 00 95
- Nächste Tourist-Information: Store Heddinge Tel. 53 70 33 69

Diesen einladenden Hafen sollte man schon allein wegen seiner sehr schönen Lage vor einem großen Wald und einem guten Badestrand anlaufen. Der Privathafen gehört der Fischereivereinigung Stevns, die sich über den Besuch von Sportbooten freut. Am Hafen gibt es eine kleine Sommerwirtschaft.

Von Bøgeskov nach Køge

Auf dem Törn nach Køge kommt man an Køge Sønakke vorbei. Kommt der Wind aus der richtigen Richtung, d.h. ungefähr aus Südwest, bietet einem hier der Magleby Skov einen guten Ankerplatz. Vor dem Langebjerg ist das Wasser bis dicht unter Land tief genug. Bei Køge segelt man am Handelshafen vorbei und erreicht dann nach etwa 1 sm weiter nach Norden

Køge Yachthafen

Seit der Eröffnung des Yachthafens 1979 sind Sportboote im Handelshafen nicht mehr willkommen. In der Straße am Yachthafen findet man verschiedene Schiffsausrüster. Gleich am Hafenbecken ist das Café Arken, „die Arche“, das sich über zwei Etagen erstreckt und auch Gerichte vom Grill anbietet.

Der Hafen bietet fast 600 Schiffen Platz und liegt in einem Erholungsgebiet in Strandnähe. Von hier aus kann man auf das Fahrwasser blicken, auf dem der Seeheld Niels Juel vor über 300 Jahren eine schwedische Flotte besiegte, die ihm weit überlegen war. Er schaffte dies mit Hilfe seines Mutes und einer hervorragenden und glücklich aufgehenden Taktik. Beim Handelshafen steht ein 9 m hoher Obelisk mit Reliefs, der von diesen Taten kündet.

Obwohl Køge eine moderne, sehr lebendige und rege Stadt ist, wird man auf Seeland kaum eine andere Stadt finden, in der die gemütliche Atmosphäre der Vergangenheit deutlicher spürbar wäre. Die gewundene Zeile Nørregade-Brogade ist eine Straße in die Vergangenheit. Aus den niedrigen Türen der Fachwerkhäuser weht ein Hauch vergangener Herrlichkeit und

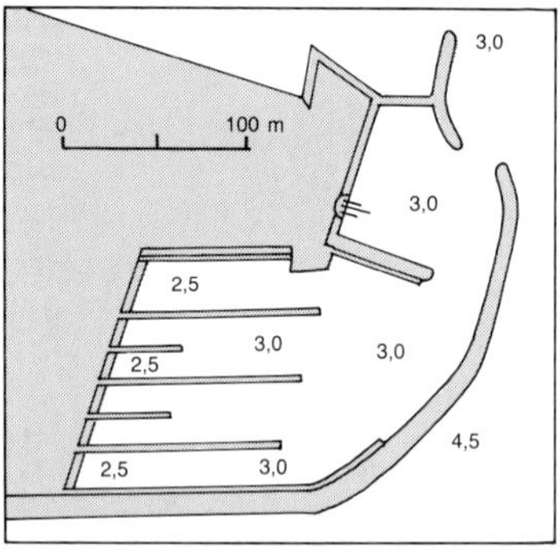

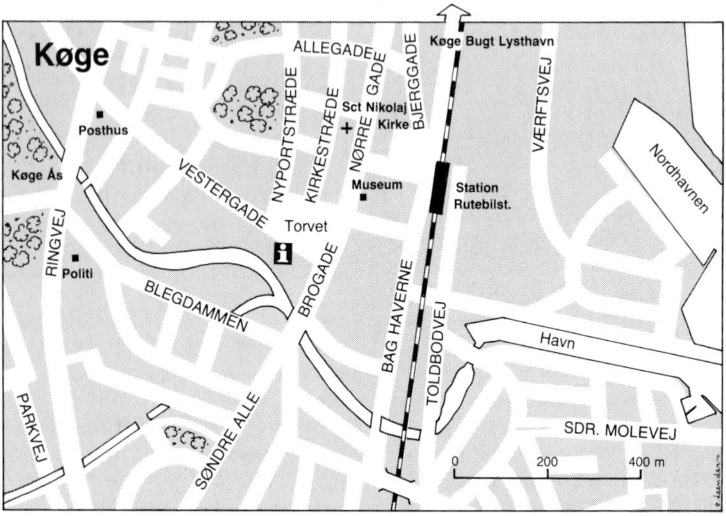

- Telefon
- Wasser
- Proviant
- Benzin/Diesel
- Hafenmeister Tel. 53 66 16 89
- Fahrradverleih
- Tourist-Information:
  Vestergade 1
  Tel. 53 66 16 89

Größe herüber, und wenige Schritte vom Torvet, dem Markt, entfernt breitet sich ein Dorfidyll entlang der gewundenen Køge Å aus.

In der Stadt

Die **St. Nikolaj Kirke** in der Kirkestræde wurde 1324 errichtet und dem Patron der Seefahrer, St. Nikolai, geweiht. Es ist ein großer Bau mit einem mächtigen Turm. Am Ostgiebel des Turmes gibt es einen Erker, der Lygten genannt wird. Viele hundert Jahre hindurch diente diese „Leuchte" als Leuchtfeuer für die Schiffahrt.
Das **Køge Museum** in der Nørregade 4 öffnete 1911 seine Pforten in einem der besterhaltenen Gebäude Køges aus dem 17. Jahrhundert. Es umfaßt insgesamt 28 Räume und stellt mehrere tausend Gegenstände aus.
Im Grund der Brogade 17 wurde am 10.11.1987 ein **Silberschatz** von 34 kg Gewicht gefunden. Er bestand aus 21 000 Münzen in Talern, Kronen, Mark und Schillingen. Die meisten der Münzen waren dänischer Währung und stammten aus der Zeit von 1600 bis um 1670. Sie lagen in einem kleinen Holzkasten - der inzwischen fast völlig verrottet war - einen halben Meter tief in der Erde. Nachdem die Münzen im Nationalmuseum in Kopenhagen konserviert wurden, kann man einige von ihnen hier im Museum in Køge betrachten.

Von Køge nach Mosede

Von Køge führt der Törn hinaus in die Køge Bucht. Um auch von den Bundgarnpfählen freizukommen, muß man einige Seemeilen weit hinaus segeln - selbst wenn der Weg nach Mosede direkt an der Küste entlang kürzer wäre.

Mosede

Der Hafen von Mosede liegt auf halbem Wege nach Kopenhagen. Ursprünglich ein kleiner Fischerhafen, wurde er im Laufe der Jahre erweitert, so daß er heute 150 Sportbooten Platz bietet. Er liegt ein wenig abseits von den von Seglern bevorzugten Routen und wird deshalb nur von verhältnismäßig wenigen Yachten besucht.

- Telefon
- Wasser
- Proviant
- Benzin/Diesel
- Hafenmeister Tel. 42 90 08 01

Von Mosede zum Køge-Bugt-Strandpark

Die nächsten vier Häfen, Hundige, Ishøj, Vallensbæk und Brøndby, tragen die gemeinsame Bezeichnung Køge-Bugt-Strandpark. Sie wurden zwischen einigen Sandinseln angelegt und sind Teil eines neugeschaffenen Erholungsgebietes an einer 7 km langen Küstenlinie.

Hundige Yachthafen

Hundige ist der südlichste Yachthafen des Køge-Bugt-Strandparks. Er besteht aus zwei selbständigen Hafeninseln, die getrennt verwaltet werden und „Hejren" und „Mågen" heißen. Insgesamt gibt es hier ca. 1000 Liegeplätze. Vom Bahnhof Hundige aus fährt eine S-Bahn nach Kopenhagen.

Im Yachthafen von Hundige schuf man für die großen Schiffe Platz an einer privaten Brücke

- Telefon
- Wasser
- Proviant
- Benzin / Diesel
- E-Anschluß
- Hafenmeister Hejren
  Tel. 42 90 86 18
  Hafenmeister Mågen
  Tel. 42 90 67 59
- Nächste Tourist-Information:
  Kopenhagen
  Tel. 33 11 13 25

Ishøj und Vallensbæk

Der zentrale Hafen im Køge-Bugt-Strandpark ist in zwei eigenständige Yachthäfen unterteilt: Ishøj mit 600 und Vallensbæk mit 400 Liegeplätzen. Diese Zahlen galten im Jahr der Einweihung 1980. Seitdem wurden sie in Etappen erweitert. Seit der Fertigstellung in Ishøj 1989 gibt es hier ca. 1500 Liegeplätze für Segel- und Motorboote. Die S-Bahn nach Kopenhagen fährt sowohl vom Bahnhof Ishøj wie auch von Vallensbæk aus.

- Telefon
- Wasser
- Proviant
- Benzin / Diesel
- Hafenmeister Ishøj
  Tel. 42 73 00 04
  Hafenmeister Vallensbæk
  Tel. 42 54 35 75

Brøndby Strand

Der Segelverein Brøndby Strand besaß zuerst einen Inselhafen, dessen Molen aus alten Prähmen bestanden, die man mit Steinen gefüllt und versenkt hatte.

- Telefon
- Wasser
- Proviant
- Diesel
- Hafenmeister Tel. 42 73 61 00
- Nächste Tourist-Information:
  Kopenhagen
  Tel. 33 11 13 25

Heute ist Brøndby Strand der nördlichste Yachthafen des Køge-Bugt-Strandparks und hat 400 Liegeplätze. Die S-Bahn nach Kopenhagen fährt ab Brøndby-Strand-Station.

Die Südseeinseln

Vejrø – Femø – Fejø – Sakskøbing – Bandholm – Kragenæs – Albuen – Nakskov – Rødbyhavn – Nysted – Gedser – Nykøbing / Falster – Stubbekøbing – Klintholm – Nyord – Stege

So wie Fünen eine vorgelagerte Perlenkette wunderbarer Inselreiche besitzt, schaukelt auch vor den Küsten Lollands und Falsters eine Flottille segelnder Gärten. Auch sind die beiden nur durch den schmalen Guldborgsund getrennten Landteile selbst herrliche Inseln, reich an prächtigen Schlössern und Herrensitzen. Besonders im Sommer ist es oft reizvoll und anregend, hier nachts in einem kleinen Boot zu segeln: Ganz für sich kann man den Übergang von der Nacht zum Tag erleben, der Himmel im Osten wird langsam hell, die Sterne verschwinden ... Und plötzlich erkennt man voraus klar die Konturen einer Insel. „Øen længst ude“ wird Vejrø häufig genannt, denn „die äußerste Insel“ ist der entlegenste Ableger der Inselgruppe nördlich von Lolland.

Vejrø Havn

Vejrø bekam seinen neuen Hafen vor einigen Jahren – und es ist heute nicht mehr üblich, kleine Inseln mit einem derartigen Luxus auszustatten. Denn einen Hafen zu bauen ist teuer, sehr teuer, was auch der damalige Besitzer feststellen mußte, als der Bau seine Kassen derartig strapaziert hatte, daß Vejrø zum Verkauf angeboten wurde.

- Telefon
- Wasser
- Proviant
- Benzin / Diesel
- E-Anschluß
- Hafenmeister Tel. 53 91 32 50
- Nächste Tourist-Information: Nakskov Tel. 53 92 21 72

Die Insel

In den folgenden Jahren wurde die Insel sich selbst überlassen, und das dunkelste Kapitel ihrer Geschichte begann. Randalierer warfen die Fenster der unbewohnten Häuser und Höfe ein und überließen sie anschließend ungeschützt den Launen des Wetters. Diebe – einige von ihnen waren leider auch Segler – holten am hellen Tag große Gegenstände wie Tische und Stühle aus den Häusern und trugen sie fort. In diesen Jahren verfiel die Insel, und die Wildkräuter, Bäume und Büsche verwilderten. Doch dann kaufte ein junger, energischer Mann die Insel, der allein versuchte, alle Widrigkeiten zu überwinden, die Insel wieder urbar zu machen und so das Werk seiner Vorgänger fortzuführen. Der Junggeselle heiratete nach ein paar Jahren, und das Inselehepaar erhielt Nachwuchs: Sie gaben ihrem Sohn den Namen Christian, der den Zusatz „der erste von Vejrø“ erhielt.
Inzwischen verkaufte Søren Westerholt Jørgensen, so heißt der tapfere Mann, die Insel 1987 weiter an Christian, John und Torben Kjær vom Godthåb-Hof in der Nähe Nakskovs. Doch verwaltet der frühere Inselkönig die Insel auch weiterhin. Nun hat die Insel einen guten Bootshafen erhalten, der Fahrtenseglern zur Verfügung steht, und die neuen Besitzer haben große Pläne: Sie wollen im alten Hof Skipperly einen Laden, in dem man sich verproviantieren kann, und eine Grillstube einrichten. Sie haben auf längere Sicht sogar vor, auch Nicht-Seglern die Schönheiten der Insel zugänglich zu machen. So gibt es Pläne, ein System von kleinen Pfaden anzulegen, auch über den Bau einer festen

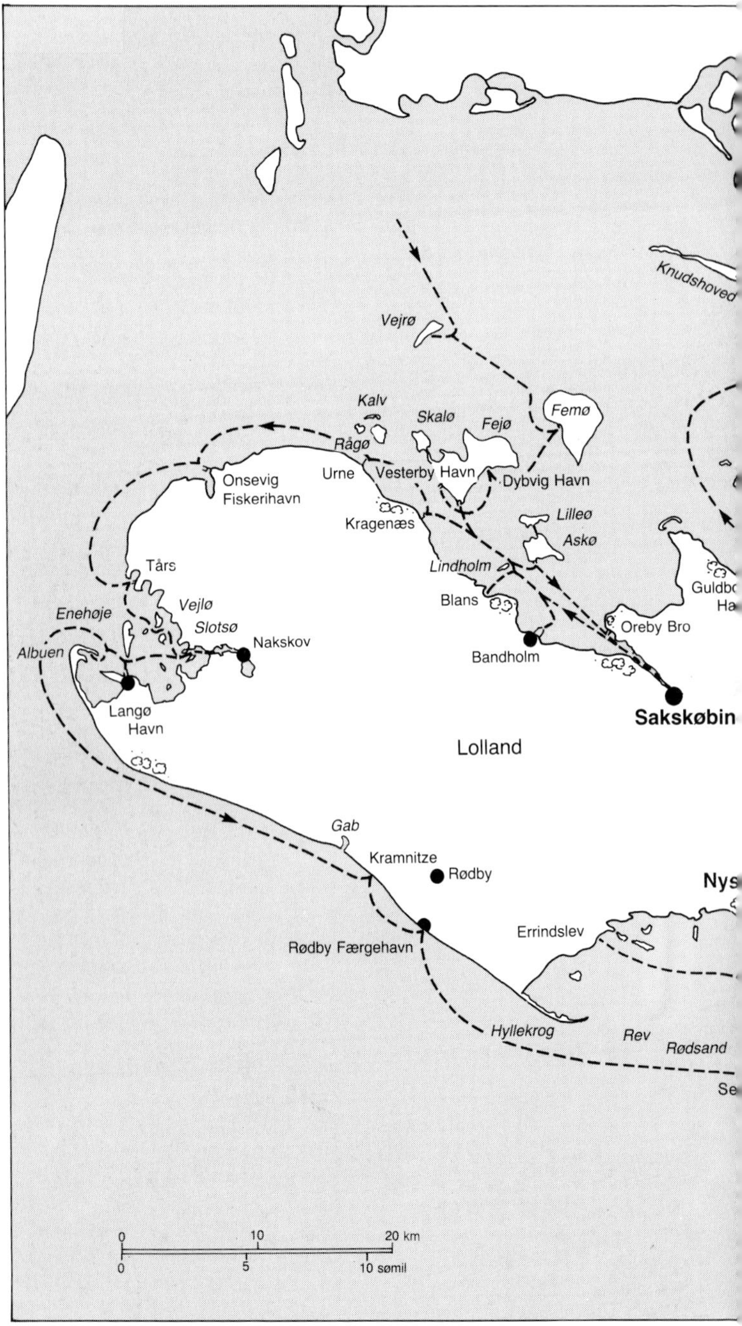
Knudshoved
Vejrø
Kalv
Skalø
Fejø
Femø
Rågø
Urne
Vesterby Havn
Dybvig Havn
Onsevig
Fiskerihavn
Kragenæs
Lilleø
Askø
Lindholm
Tårs
Blans
Guldb
Ha
Vejlø
Enehøje
Slotsø
Oreby Bro
Nakskov
Albuen
Bandholm
Langø
Havn
Sakskøbin
Lolland
Gab
Kramnitze
Rødby
Nys
Errindslev
Rødby Færgehavn
Hyllekrog
Rev
Rødsand
Se
0
10
20 km
0
5
10 sømil

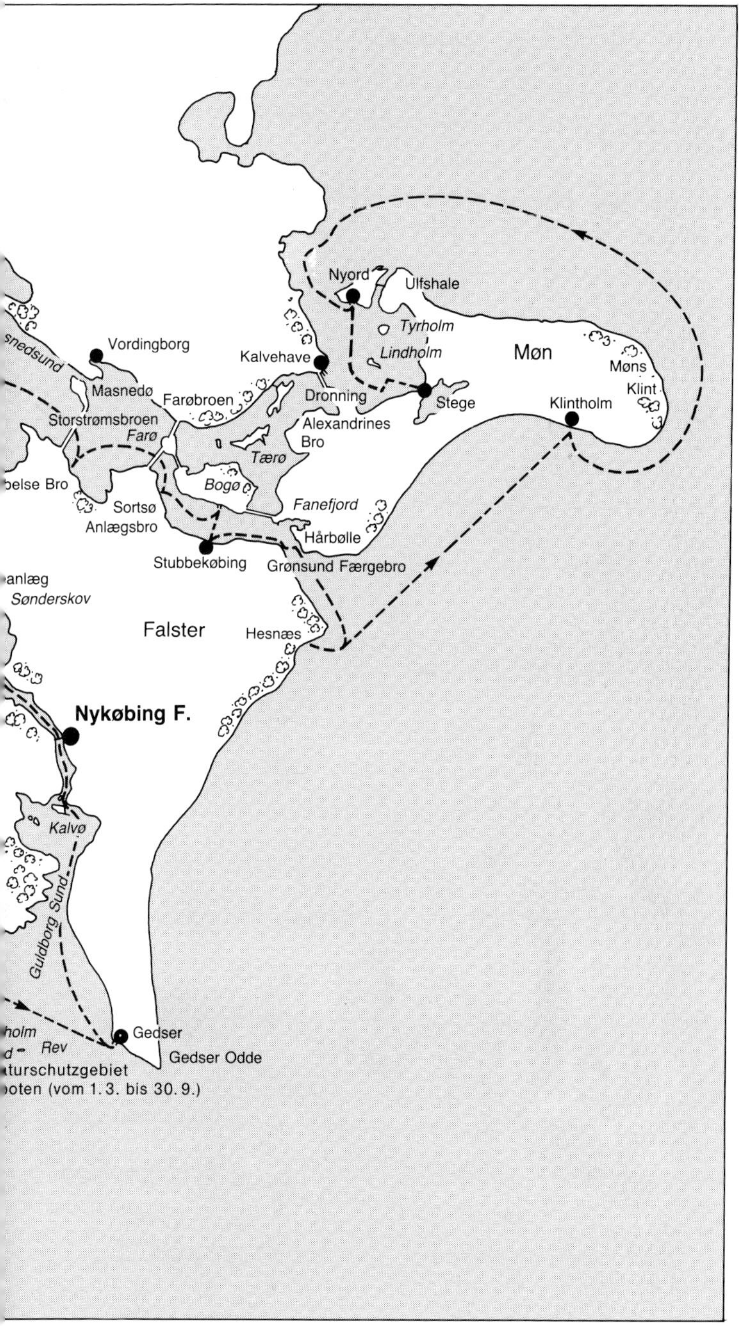
Nyord
Ulfshale
Tyrholm
Lindholm
Møn
Vordingborg
Kalvehave
Møns
Klint
Masnedø
Farøbroen
Dronning
Stege
Klintholm
Storstrømsbroen
Farø
Alexandrines
Bro
Tærø
belse Bro
Bogø
Sortsø
Fanefjord
Anlægsbro
Hårbølle
Stubbekøbing
Grønsund Færgebro
anlæg
Sønderskov
Falster
Hesnæs
Nykøbing F.
Kalvø
Guldborg Sund
Gedser
holm
d
Rev
Gedser Odde
turschutzgebiet
oten (vom 1. 3. bis 30. 9.)

Der Hafen auf Vejrø

Verbindung zwischen Vejrø und dem nächsten Hafen auf Lolland, Kragenæs, wird nachgedacht.

Vejrø ist zwar nur 1,6 km² groß, doch es gibt einen Kiefernwald und eine kleinere Schonung. Die ehemalige Schule, die auch als Kirchenraum diente, ein aufgegebener Friedhof und ein geschlossener Laden sind die einzigen Zeugen des Dorfes, das es hier einmal gab.

Das erste, was man bei einer Ansteuerung Vejrøs erkennt, ist der 16 m hohe Leuchtturm, der am nördlichen Ende der Insel steht. Nachts zeigt er beruhigend sein Licht, das bis hinüber in den Langelandbelt trägt und so auch den großen Supertankern den Weg nach Süden in die Ostsee weisen kann. Tagsüber beeindruckt er durch seine äußere Erscheinung. Der sechseckige Turm trägt den Namenszug Christian VIII. und die Jahreszahl 1846.

Von Vejrø nach Femø

Von Vejrø aus kann man den Kurs direkt zum Femøsund absetzen. Dort quert man den nördlichen Ausläufer der Untiefe Skallebakken, doch beträgt die Wassertiefe mindestens 3 bis 4 m. Vom Femøsund aus steuert man den Hafen an, der an Femøs Westküste liegt.

Femø Havn

Femø ist ohne Zweifel die interessanteste der größeren Inseln im Smålandsfahrwasser, und aus diesem Grund ist der kleine, gemütliche Hafen in der Saison auch immer gut besucht. Es gibt eine Fährverbindung nach Kragenæs. Das längliche Gebäude nördlich des Hafenbeckens ist ein ehemaliges Obstlager aus der Zeit, als die Birnenschuten der Kleinbauern im Hafen lagen und mit den Früchten beladen wurden, die auf den Plantagen der Insel angebaut wurden.

- Telefon
- Wasser
- Proviant
- Diesel
- E-Anschluß
- Hafenmeister Tel. 53 91 50 74
- Nächste Tourist-Information: Nakskov, Tel. 53 92 21 72

Die Insel

Der kleine Ort liegt direkt am Hafen, und die nicht große Kirche der Insel steht weniger als einen Kilometer entfernt. Sie liegt hübsch am Rande eines Obstgartens mit einer Windmühle als Nachbar. Außen an der Kirchenmauer kann man noch immer die Ringe sehen, an denen man in alten Zeiten die Pferde anband, während man, wie der Rest der Gemeinde, den Gottesdienst besuchte. Die Insel hat auf der Karte die gleiche Form wie Afrika und ist doch nicht breiter oder länger als 5 km. Trotz ihrer geringen Größe gibt es auf ihr ein Straßennetz mit mehr als 30 km Länge, das von staubigen Feldwegen bis hin zu glatten Asphaltstraßen, die zur Küste führen, reicht. Gleich nördlich des Hafens liegt der „Kongevej", der im Jahr 1932 gebaut wurde, als König Christian X. die Insel besuchte.

Quer über die Insel erstreckt sich ein liebliches Tal, an dessen Ende der terrassenartig angelegte Ort Nørreby liegt. Mitten im Ort steht der Kro unter einer großen Blutbuche. Er ist nicht zu übersehen, denn mit großen Lettern steht an seinem Eingang „Femø Kro" geschrieben.

Im Sommer 1971 wurde das erste Zeltlager der Welt nur für Frauen auf Femø veranstaltet, und damit ging der Name der Insel um die Welt. Seitdem findet dieses Zeltlager jedes Jahr wieder statt. Und dann ist Femø auch für sein

Der Kro von Femø befindet sich in Nørreby

großes, jährlich stattfindendes Jazzfestival Anfang August bekannt.

Von Femø nach Dybvig

Man setzt einen Kurs hinaus in den Femøsund ab und fährt dann die schmale Rinne zwischen Fejø und dem Middelgrund entlang, bis man zum Dybvig Havn an der Ostküste Fejøs gelangt.

Dybvig Havn

Von den beiden Häfen Fejøs ist Dybvig an der Ostküste der beliebtere. Einmal, weil man im Hafen gut und sicher liegt, und zum anderen, weil der Ort Østerby weniger als einen Kilometer entfernt liegt. Dort steht die 250 Jahre alte **Dorfschmiede,** die nach einer Restaurierung wieder ihre ursprüngliche Gestalt erhalten hat. Sie ist mit Esse, Amboß, Werkbank, einer Biegemaschine und alten Handwerksgeräten komplett ausgestattet. Man kann sich die Schmiede ansehen, wenn man sich an die Besitzerin Herta Christensen wendet, die im Nachbarhaus am Herredsvej 272 wohnt. Die Schmiede war ursprünglich ein Gemeinschaftsbetrieb, an dem die Bauern Anteile hielten, sie ging dann aber 1894 in Privatbesitz über. Der letzte Schmied starb 1970.

Die Insel

Fejø ist die größte dieser kleinen Inseln, 800 Menschen wohnen auf ihr und betreiben auf diesem fruchtbaren Land hauptsächlich Ackerbau und Obstanbau. Inmitten der Insel liegt ein **kleines Museum,** das die Geschichte der Insel darstellt. Es besitzt eigene Abteilungen für Fischerei, Landwirtschaft, Obstanbau, die Schmiede, Handwerk und Bootsbau. Gerade der Bootsbau hat auf Fejø eine lange und stolze Tradition. Christian Nielsens und Kristian Mortensens Zeesboote waren um die Jahrhundertwende weit über Dänemarks Grenzen hinaus bekannt.

Vesterby Havn

Vesterby, der zweite Hafen Fejøs, liegt Kragenæs auf Lolland direkt gegenüber. Eine Fähre verbindet beide Orte über das ca. 1,5 sm breite Staaldyb hinweg im Pendelverkehr.

- Telefon
- Wasser
- Proviant
- Benzin/Diesel
- Hafenmeister Tel. 53 93 52 21
- Nächste Tourist-Information: Nakskov Tel. 53 92 21 72

Skalø

Seit 1869 ist Fejø mit seinem Ableger Skalø über einen Damm, dem Draget, verbunden. Er führt durch ein Flachwassergebiet, in dem es vor Steinen nur so wimmelt. Auch auf Skalø gibt es einen kleinen Hafen. Er wurde von Axel Petersen gebaut, der im ganzen Smålandsfahrwasser als „der Fischer von Skalø“ bekannt ist. Er hat diesen Hafen aus eigenen Mitteln und nur unterstützt von seinen Kindern und deren Anhang geschaffen. Der Hafen war sein Lebenswerk, das er noch kurz vor seinem Tod im Januar 1975 vollenden konnte. Der Hafen ist nicht groß und am besten für kleinere Fischerboote geeignet, da er nur 1,2 m tief ist und rasch versandet. Er muß auch von deutschen Seglern besucht worden sein, denn die scheinen sich ein Vergnügen daraus gemacht zu haben, eine Steinfigur als Andenken zurückzulassen. Es ist ein „Hafenkapitän“, den sie mit einer Schirmmütze, einem Blazer und einem Flachmann

Der „Hafenkapitän" am Hafen von Skalø wurde von Deutschen kreiert

in der Tasche ausstaffierten. Der „Hafenkapitän von Skalø" ging so an Land und blieb, so daß er heute zu einer eigenen kleinen Sehenswürdigkeit für Segler und Touristen geworden ist.

Von Dybvig nach Askø

Man könnte meinen, das Revier sei ohne große Probleme im Schutze der Inseln und dazu noch bei einer leichten Brise zu besegeln; doch man braucht, um von Fejø Bandholm oder Sakskøbing zu erreichen, einen festen Glauben und breite Füße oder mit anderen Worten: Einsicht und eine flachbodige Schute, um mit den tückischen Untiefen, mit denen das Revier gespickt ist, klarzukommen. Solcherlei erzählte man sich in alten Tagen, wenn das Gespräch auf das Smålandsfahrwasser kam. Und selbst wenn sich die Betonnung seit jenen Tagen verbessert hat, sollte man behutsam navigieren und nicht zu früh auf östlichen Kurs gehen, wenn man zwischen Dybvig auf Fejø und dem Hafen auf Askø unterwegs ist.

Askø Havn

Der Hafen von Askø wurde 1978 erweitert, hat sich aber seine angenehme Fischeratmosphäre erhalten. Yachten mit einem Tiefgang von mehr als 1,6 m muß indessen von einem Besuch abgeraten werden, denn sowohl die Wassertiefe wie auch die Platzverhältnisse sind äußerst begrenzt. Der Lebensnerv der Insel, die Fähre „Askø" nach Bandholm, nimmt einen großen Teil des Hafens in Anspruch. Im Sommer hat die „Askø" besonders viel zu tun, weil sie über ihren täglichen Verkehr hinaus auch alle Sommerhausbewohner bedienen muß. Doch die Spitzenbelastung folgt erst in den Herbstmonaten, wenn sie den Transport des Obstes von den Plantagen übernimmt. Gleichzeitig müssen dann die Rüben zur Zuckerfabrik nach Lolland geliefert werden.

- Telefon
- Wasser
- Proviant
- E-Anschluß
- Hafenmeister Tel. 53 91 00 05
- Nächste Tourist-Information: Maribo, Tel. 53 88 04 96

Die Insel

Obwohl Askø nur eine halbe Fährstunde von Lolland entfernt liegt, ist sie eine der abgeschiedensten Inseln des Landes gewesen. Und selbst wenn es jetzt den Sommer über einen bescheidenen internationalen Tourismus gibt, so hat er es doch nicht vermocht, die

Idylle in Askø By

verträumte Inselatmosphäre ganz auszulöschen. Es gibt keinen Kro auf der Insel, aber in Askø By einen kleinen Supermarkt. Und ihm gegenüber steht Askøs größte Sehenswürdigkeit, die **Kirche,** die aus Munkesten, einer besonderen Ziegelart, gebaut wurde. Ihr Dach ist mit „Munke“ und „Nonner“ gedeckt, zu deutsch: mit Mönchen und Nonnen. Es handelt sich dabei um besondere Dachziegelformen, die nur noch an wenigen Orten im Lande hergestellt werden.

Askø war von der Natur wie ein Pferdehuf geformt worden, und die Kirche lag auf einer leichten Anhöhe im Inneren der Bucht. In der Mitte des 19. Jahrhunderts beschlossen die Inselbewohner, einen Damm zwischen den beiden Hufenden zu bauen. So wurde die Bucht abgetrennt, und der Lehmboden unter dem Meeresspiegel konnte urbar gemacht werden. Die Insel gewann 70 ha Boden, und die Kirche, die vorher eine Strandkirche war - so wie jene auf Fejø und Femø - stand nun in der Inselmitte.

Draußen am Østerhoved und entlang

der Nordostküste Askøs steht heute eine Siedlung mit 200 Sommerhäusern, so daß in der Saison ungefähr 500 Menschen zu den Einheimischen hinzukommen.

Lilleø

Dicht nördlich vor Askø liegt die kleine Insel Lilleø. Seit 1914 sind beide Inseln über die „Grundene“ hinweg verbunden, die beide Inseln früher auf natürliche Weise voneinander trennten. Die Bewohner von Askø bauten einen 700 m langen und 2,6 m breiten Damm, auf dem ein Weg entlang führt. Er wurde zwar seither verbreitert, ist aber immer noch sehr schmal und nicht zuletzt bei den Schulkindern im Winter sehr beliebt. Seine Höhe bei mittlerem Wasserstand beträgt nur einen halben Meter. Lilleø ist vielleicht die schönere und fruchtbarere der beiden miteinander verbundenen Inseln. Auf ihr gibt es Obstgärten, Sonnenblumenfelder und einen einladenden Badestrand auf der Nordseite. Man muß nur einen Steingürtel überwinden, bevor der Sandboden beginnt.

Von Askø nach Sakskøbing

Die Fahrt geht weiter nach Sakskøbing. Zum Sakskøbing Fjord wurde eine 4–5 sm lange Rinne durch die Untiefen gebaggert. Von der Mündung aus sind es dann noch einmal 3 sm durch den Fjord bis zur Stadt Sakskøbing. Die Spieren des gut betonnten Fahrwassers stehen dicht an Untiefen, und es gibt eine Geschwindigkeitsbegrenzung auf 6 kn. Auslaufende Schiffe sind den einlaufenden ausweichpflichtig. Es ist hübsch, hier hereinzusegeln, das Fahrwasser wird so schmal, daß man sich eng mit den idyllischen Wald- und Wiesenstreifen, die man an beiden Ufern sehen kann, verbunden fühlt. Man kann hier wählen: Entweder liegt man im neueren Yachthafen ca. eine halbe Seemeile vor der Stadt oder man segelt ganz hinein, wo man inmitten der Stadt Liegeplätze an Steuerbord findet.

Sakskøbing Havn

Sakskøbing liegt am Ende eines schmalen Fjords, der in seinem inneren Teil den Charakter eines Flusses annimmt. Und tatsächlich mündet hier auch ein Flüßchen von Südwesten her in den Fjord. Gäste legen sich gern an den Kai im inneren Hafen kurz vor der Brücke, falls dort Plätze frei sind. So wird der Weg in den alten Teil der Stadt, wo auch die Kirche und der Markt sind, nicht so lang.

- Telefon
- Wasser
- Proviant
- E-Anschluß
- Benzin/Diesel
- Hafenmeister Tel. 53 89 42 44
- Fahrradverleih
- Tourist-Information:
  Torvegade 4
  Tel. 53 89 56 30

In der Stadt

Das erste, was man bei der Ansteuerung von der Stadt sieht, sind die großen Silos der Zuckerfabrik. Sie ist der bedeutendste Betrieb der Stadt. Sobald die Zuckerrüben aus der Erde gezogen sind, werden sie hierher gebracht, wo sie die Fabrik als fertiges Produkt in weißen Papiertüten wieder verlassen. Wegen dieser Zuckerfabrik laufen auch einige Kümos die Stadt an. Eine besondere Verbindung zwischen dem Rübenanbau und der Zuckerfabrik in der Stadt wird durch Gottfred Eickhoffs Skulptur „Roepigerne“, „die Zuckerrübenmädchen“, geknüpft. Sie wurde 1940 aufgestellt. Die **Kirche** wurde errichtet, nachdem

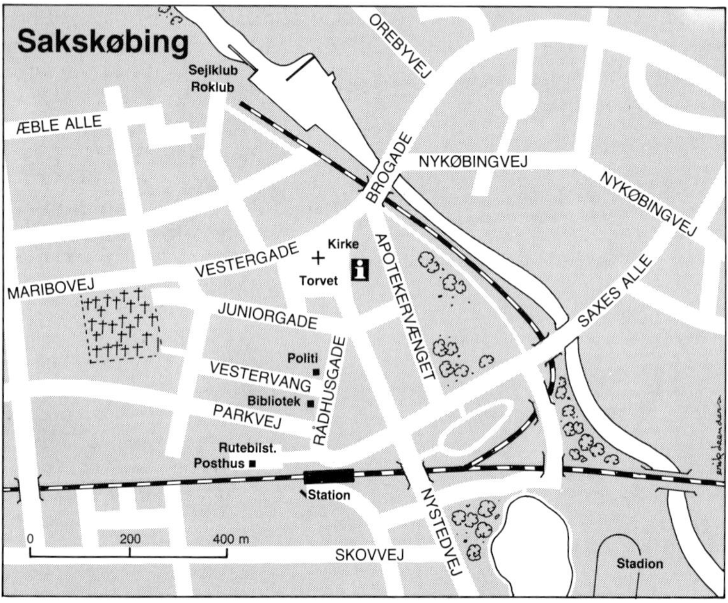

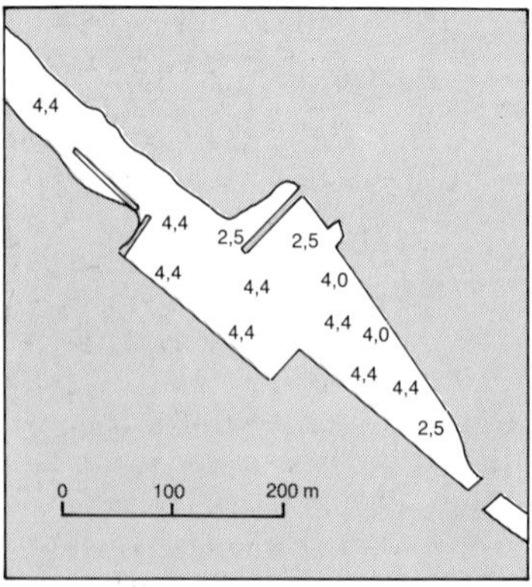

Sakskøbing zur (Klein-)Stadt aufgestiegen war. Sie ist ein spätromanisches Ziegelbauwerk aus den Jahren um 1300.

Vandtårn, der Wasserturm, wurde zum Wahrzeichen der Stadt, nachdem man ihm 1982 ein riesiges, lächelndes Gesicht aufmalte. Die Idee dazu stammte vom Architekten Flemming Skude.

Von Sakskøbing nach Bandholm

Auf dem Törn den Fjord wieder hinaus kann man an einer kleinen Brücke einen Zwischenstopp einlegen. Sie liegt an der Steuerbordseite des Fahrwassers dicht bei der Mündung des Fjords. Man kann an dieser Brücke nur längsseits festmachen, weil sonst ein Teil der Yacht ins Fahrwasser hineinragt, und es kann hier auch nur jeweils ein Boot liegen. Oreby Bro, wie die Brücke heißt, liegt in einer malerischen Umgebung nahe des Renaissanceschlosses Orebygård, das im gleichen Stil wie das Schloß Rosenborg in Kopenhagen errichtet wurde. Oreby kann man jedoch nicht besichtigen.

Hat man das Glück, einen Platz zu finden, kann man hier eine Kaffeepause einlegen und die Aussicht auf die großen Wälder, die dicht am Ufer stehen, genießen. Oder, wenn der Smutje einmal frei bekommen soll, nur wenige hundert Meter entfernt einen richtig alten, gemütlichen Kro aufsuchen. Der Kro wirbt mit seinem „kgl. privilegium", welches ihn in alten Zeiten von Steuern und Abgaben befreite. Das nächste Ziel ist das wenige Seemeilen westlich vom Sakskøbing Fjord gelegene Bandholm. Auch hier führt eine schmale gebaggerte Fahrrinne in den Hafen. Die Rinne führt dicht an der Südseite der kleinen, runden und künstlich angelegten Insel Havneø entlang. Havneø liegt nur ein paar hundert Meter nordöstlich von

Bandholm Havn

Der Hafen entfaltet seine vollen Aktivitäten zur Erntezeit, wenn in ihm Getreide gelagert und verschifft wird. Hier steht eines der größten Silos Dänemarks, das bei der Ansteuerung als sichere Landmarke dient. Kommt man aber außerhalb der Erntezeiten und sucht einen ruhigen, vor starken Winden geschützten Platz fernab hektischen Treibens, so liegt man hier gerade richtig. Bandholm entwickelte sich als Landungsplatz für die Stadt Maribo, erhielt seine eigentliche Bedeutung aber erst 1869, als die Eisenbahnverbindung nach Maribo eingeweiht wurde. 1962 stellte man den Betrieb wieder ein, und heute hat der Dampfzug der Museumsbahn die Gleiskörper übernommen. An Sonntagen dampft er die 8 km lange Strecke hin und zurück.

- Telefon
- Wasser
- Proviant
- Benzin/Diesel
- E-Anschluß
- Hafenmeister Tel. 53 88 80 88
- Nächste Tourist-Information: Maribo, Tel. 53 88 04 96

Vom Hafen verkehrt eine Fähre nach Askø. Um den Hafen herum stehen alte Fachwerklagerhäuser, die zu Eigentumswohnungen umgebaut wurden. Sie erinnern u.a. zusammen mit dem alten Zollhaus an die Zeit, als Bandholm ein wichtiges Bindeglied für die Verbindung Maribos mit der weiten Welt darstellte. Unter Seglern ist Bandholm auch heute ein Begriff: Der Yachtkonstrukteur und Bootsbauer Knud Olsen wohnt hier und hat den Namen der Stadt immer als seinen Zweitnamen benutzt. Er hat im Laufe seines langen Bootsbauerlebens Schiffe gezeichnet und gebaut, die fast überall in Europa Käufer fanden, und viele seiner Modelle tragen den Namen „Bandholm". Daher ist Bandholm - wenigstens dem Namen nach - weit über Lolland hinaus bekannt.

In der Stadt

Es gibt noch einen weiteren wichtigen Grund, Bandholm zu besuchen, besonders, wenn man Kinder hat. Der Grund heißt **Knuthenborg Safari Park** und liegt gleich neben dem Hafen. Er hat zwei Eingänge, die mit hübschen, kunstgeschmiedeten Eisengittern versehen sind: Maglemerport und Bandholmport, der dicht bei der Stadtmitte und dem Hafen Bandholms liegt. Das Gut heißt nach dem Geschlecht der Knuth, denen es seit 1681 gehört. Im 19. Jahrhundert wurde der riesige Park mit den vielen seltenen Bäumen angelegt, auch der künstliche Schwanensee stammt aus dieser Zeit. Der Park ist von einer 7,2 km langen Mauer umgeben. Man baute sie aus Findlingen, die man aus dem Smålandsfahrwasser geholt hatte. Es gibt auch Miniaturschlösser und ein romantisch aussehendes Hauptgebäude im Park zu bestaunen.
Das Gelände wurde inzwischen zu einem Safaripark umgewandelt, den man am besten auf einer Rundfahrt vom Auto aus erleben kann. Das Wege-

netz ist ca. 13 km lang. Rundherum sieht man exotische Tiere aus aller Welt, u.a. Bisons, Giraffen, Gnus, Kamele, Strauße, Zebras, Nashörner, Antilopen, Büffel, Elefanten, Lamas, Paviane und, in einer besonderen Anlage, Tiger. Die Tiere leben hier unter Bedingungen, die ihren natürlichen so nahe kommen, wie sich das im Klima unserer nördlichen Breitengrade überhaupt machen läßt.

Von Bandholm nach Blans

Von Bandholm aus segelt man durch das Lindholm Dyb, wobei man die Insel Lindholm an Steuerbord läßt. Der Name Lindholm ging 1906 um die Welt, als Jacob Christian Ellehammer zum ersten Mal ein Flug von nicht weniger als 42 m Weite in 0,5 m Höhe gelang. Lindholm gehört zum Gut Knuthenborg und wird u.a. als Weideland für die mehr oder minder exotischen Tiere des Safariparks genutzt. Auf der Insel wohnt ein Aufseher, der leider die Order hat, Segler abzuweisen. Das kann einen jedoch nicht daran hindern, sein gesetzliches Recht wahrzunehmen und einen Spaziergang am Strand zu genießen. Doch um die ganze Insel zu sehen, benötigt man die Erlaubnis des Eigentümers. Es gibt einen Ankerplatz dicht vor der südlichen Hälfte der Ostküste.
Man kann einen kleinen Abstecher in südwestlicher Richtung unternehmen, um den kleinen Hafen Blans zu besuchen. Man steuert ihn östlich um Lindholm herum an. Der Hafen liegt dort, wo die 2-m-Linie dicht unter der Küste verläuft. Es gibt keine offizielle Betonnung, aber in der Nähe des Hafens liegen orangefarbene Bojen als Fahrwassermarkierung aus. Der Hafen selbst ist 1,9 m tief.

Blans Havn

Blans alter Fischereihafen liegt in einer Bucht am Fuße von Abhängen, die bei westlichen Winden guten Schutz bieten. Weil die Fischerei zurückging, schien auch der Hafen schon dem Untergang geweiht und war fast aufgegeben, als der Blans Bådeklub gegründet wurde. Die Mitglieder haben den Hafen inzwischen mit Unterstützung der Kommune Maribo für ca. 50 Boote ausgebaut.

- Wasser
- E-Anschluß
- Hafenmeister Tel. 53 88 82 62
- Nächste Tourist-Information: Maribo, Tel. 53 88 04 96

Von Blans nach Kragenæs

Am Staaldyb, direkt im Süden von Fejø, liegt Kragenæs. Er ist einer der am leichtesten anzulaufenden Häfen des Reviers. Eine Richtfeuerlinie 260° weist den Weg durch die kurze, ausgebaggerte Rinne nach

Kragenæs Havn

Kragenæs ist der größte der kleinen Häfen Nordwestlollands. Sportbootfahrer, die das schöne Fahrwasser mit den vielen verträumten Inseln kennen, schätzen ihn als reizvollen Ort, den es auf einem Sommertörn anzulaufen lohnt. Kragenæs ist Fährort nach Fejø und Femø, und viele der dortigen Inselbewohner benutzen die Fähren auf ihrem Weg von und zur Arbeit auf Lolland. Der intensive Fährverkehr und die Geschäftigkeit des

- Telefon
- Wasser
- Proviant
- E-Anschluß
- Hafenmeister Tel. 53 93 73 33
- Nächste Tourist-Information: Nakskov, Tel. 53 92 21 72

Hafens insgesamt schaden der Atmosphäre dieses Fischerortes in keiner Weise.
Der Hafen ist ein guter Ausgangspunkt für eine Wanderung durch die landschaftlich schöne Lolländische Schweiz, wie die Gegend genannt wird, und in den Torrig Skov.

Von Kragenæs nach Urne

3 bis 4 sm weiter westlich liegt der Fischereihafen von Urne. Der Ragø-Sund ist nur wenige Seemeilen lang und damit einer der kleinsten im Lande - wenn nicht sogar der kleinste. Er verläuft zwischen den Inseln Ragø und Lolland, und im großen und ganzen benutzen ihn nur die Bootseigner aus Urne. Nur Boote mit einem Tiefgang von nicht mehr als 1 m können hier segeln und somit den Hafen von Urne anlaufen.

Urne Fischereihafen

Um diesen Hafen an Lollands Nordküste anzulaufen, muß man einer 25 m langen und 15 m breiten Rinne folgen. Der Hafen wurde als Inselhafen vor 1900 angelegt, damals verschiffte man von hier aus Zuckerrüben und Getreide. Heute stehen auf dem Molenkopf einige Schuppen, von denen einer der Urne Bådelaug, der örtlichen Eignergemeinschaft, gehört. Die Wassertiefe beträgt bei normalem Wasserstand nur ca. 1 m, und der Hafen ist für größere Yachten nicht geeignet. Er liegt sehr friedlich und wird meist von Touristen besucht, die, statt dem großen Strom zu folgen, lieber eigene Wege gehen und individuelle Erlebnisse vorziehen.
Wahrscheinlich war die Wahl für die Lage des Hafens nicht ganz glücklich, denn Tangansammlungen und Versandungen machen eine jährlich wiederkehrende Reinigung und Vertiefung nötig. Jedoch haben einige Sandfänger auf beiden Seiten des Hafens eine große Verbesserung der Lage gebracht.
Bis 1970 fuhr ein Postboot von Urne aus nach Ragø, und im gleichen Jahr verließ der letzte ständige Bewohner die Insel und ihren Ableger Kalv. Das Fahrwasser ist in diesem Gebiet so flach, daß man das Land nur mit einer kleinen Jolle oder watend erreichen kann. Bei Niedrigwasser kann man fast trockenen Fußes nach Ragø und von dort weiter nach Kalv laufen - zum Nachteil der vielen Strandvögel allerdings, die auch ihr Recht auf ein friedliches Privatleben haben sollten. Auch Ragø war einmal bewaldet; nun ist es eine Garteninsel, ein Abbild der lolländischen Landschaft.

- Wasser
- Hafenmeister Tel. 53 93 56 53

Von Urne nach Onsevig

Von Urne aus geht der Törn entlang der nordlolländischen Küste weiter nach Onsevig, das an einer Bucht gleichen Namens liegt. Der Hafen liegt auf einer Landzunge, und auch hier verläuft die 2-m-Linie in einem Bogen dicht unter Land. Sonst verläuft diese Linie in einem Abstand von mindestens einer halben Seemeile vor der Küste.

Onsevig Fischereihafen

Onsevig Havn ist ein netter, relativ großer Fischereihafen, in dem Yachten und Fischerboote Seite an Seite liegen. Der Onsevig Kro steht gleich am Hafen, und der Segelverein hat sein Clubhaus auf dem Hafengelände. Hier können Gäste und Mitglieder auf der Terrasse sitzen und das Hafenleben gelassen betrachten. Die Hafenbecken sind 2 m tief, und wem das nicht reicht, der findet gute Ankerplätze außerhalb des Hafens in der Bucht.

- Telefon
- Wasser
- Proviant
- Benzin/Diesel
- E-Anschluß
- Hafenmeister Tel. 53 93 21 28
- Nächste Tourist-Information: Nakskov, Tel. 53 92 21 72

Die Umgebung

Die denkmalgeschützte **Vindeby Mølle** steht ca. 4 km vom Hafen entfernt. Die Mühle ist ungefähr 250 Jahre alt und stand ursprünglich auf Langeland, „segelte" dann aber später hierher nach Lolland.

Von Onsevig nach Tårs

Setzt man den Törn von Onsevig aus fort, muß man einen Abstand von 1 bis 1,5 sm zur Küste halten, denn die Gewässer sind hier überall flach und untief. Mit südlichem Kurs erreicht man das breite Westende Lollands, wo man nun den Fischereihafen von Tårs ansteuert.

Tårs Fischereihafen

Der Fischereihafen von Tårs liegt an der Westküste Lollands nördlich der Einfahrt in den Nakskov-Fjord. Von hier aus verkehrt eine Fähre nach Spodsbjerg auf Langeland. Sportboote dürfen nur im Fischereihafen festmachen. Der Hafen ist klein und bei normalem Wasserstand 2 m tief. Auf dem Hafengelände stehen kleine Fischerhütten, die z.B. „Rottehullet" (Rattenloch) und „Musereden" (Mäusenest) heißen, während das Vereinshaus vom Tårs Sejlklub, das gleich nebenan steht, „Hyttefadet", d.h. „Fischkasten" genannt wird. Eine rote Pricke mit einem „Willkommen"-Schild steht am Weg hinunter zum Hafen. Die Gegend ist landschaftlich reizvoll; es gibt hier gute Badestrände, und man befindet sich am Eingang zum Nakskov-Fjord, in dem man zwischen vielen guten Ankerplätzen wählen kann.

- Telefon
- Wasser
- E-Anschluß
- Hafenmeister Tel. 53 93 15 60
- Nächste Tourist-Information: Nakskov, Tel. 53 92 21 72

Von Tårs nach Nakskov

Von Tårs aus schneidet der breite Fjord ca. 4,5 sm weit nach Südosten in das flache Lolland ein. Abgesehen von einigen tieferen Rinnen zwischen Inseln und Holmen hindurch ist der Fjord überwiegend flach: Im weitaus größten Teil des Fjords betragen die Wassertiefen weniger als 1 m. Der natürliche Stromverlauf führt im Bogen nördlich um Slotsø herum nach Nakskov und ist bis zu 5 m tief. Es gibt jedoch auch eine direkte, 3 m tiefe, gebaggerte Rinne, die südlich von Slotsø herum zum Hafen Nakskov verläuft.

Hestehoved Yachthafen

Etwa eine Seemeile vor dem Industrie- und Handelshafen liegt an der Nordseite des Fjords der große Yachthafen der Stadt. Er zieht sich als eine künstliche Lagune bis zur Fahrrinne hinaus. Hier draußen am Hestehoved, zu deutsch: Pferdekopf, liegt man sicher und gut in einem Erholungsgebiet,

- Telefon
- Wasser
- Proviant
- E-Anschluß
- Hafenmeister Tel. 53 92 48 74
- Tourist-Information: Axeltorv 6, Tel. 53 92 21 72

doch sind es dann 2 km bis in die Stadt.
An der äußersten Landspitze westlich der Hafeneinfahrt steht das praktische und gemütliche Haus des Nakskov-Sejlklubs. Überall um den Hafen herum gibt es Bäume und Rasenflächen, wo man auch Spielplätze und eine Minigolfanlage findet.
Ein Stückchen weiter westlich liegt ein feiner und kinderfreundlicher Badestrand mit weißem Sand.

Nakskov Handelshafen

Im Handelshafen der Stadt gibt es, nur einige hundert Meter vom Torvet, dem Markt, entfernt, eine begrenzte Anzahl von Liegeplätzen längs des Kais. Auch bei den privaten Motorbootanlegern kann man versuchen, ein Plätzchen für die Nacht zu ergattern.

- Telefon
- Wasser
- Proviant
- Benzin/Diesel
- E-Anschluß
- Hafenmeister Tel. 53 92 03 13
- Fahrradverleih
- Tourist-Information:
  Axeltorv 6, Tel. 53 92 21 72

In der Stadt

Nakskov ist die größte Stadt Lollands und auch ihr wichtigster Hafen. Gleichzeitig ist Nakskov aber auch die Stadt, die ihre alten Stadtviertel größtenteils erhalten hat. Daß sie dazu noch im Innern eines großen Fjordes mit vorgelagerten Inseln liegt, setzt ihrem Charme die Krone auf.
Dronningens Pakhus, das Lagerhaus der Königin in der Dronningestræde, stammt aus dem Jahr 1589 und wurde von der damaligen Königinmutter zur Verschiffung des Getreides aus dem Halsted-Kloster genutzt.
Die **St.-Nikolai-Kirche** am Axeltorv ist nach dem Dom in Maribo die zweitgrößte Lollands. Die Kirche, die dem Schutzpatron der Seefahrer geweiht ist, liegt in Nakskovs Altstadt. Ihren hohen Turm mit den Treppengiebeln und der Turmhaube kann man schon von weitem sehen. Sie wurde um 1200 errichtet und seitdem mehrmals umgebaut.
Die **Indrefjordanlæg** ist ein interessantes Vogelschutzgebiet, das sich bis in das Stadtbild Nakskovs hinein erstreckt. In diesem Gebiet wurden Pfade angelegt, von denen aus man die Vogelwelt beobachten kann. Einige Teile bleiben dem Besucher jedoch mit Rücksicht auf besonders scheue Arten verschlossen.

Von Nakskov nach Langø

Von Nakskov aus geht der Törn den Fjord hinaus, wo man Slotsø, die erste der drei größeren Inseln, an Steuerbord läßt. Auf ihr steht eine Ruine aus der Zeit von König Hans.
Hinter Slotsø liegt die Insel Vejlø. Die Fahrrinne verläuft dann weiter dicht an der Südspitze Enehøjes vorbei, vor deren Ostküste am Enehøje Red man bei westlichen Winden gut geschützte Ankerplätze finden kann. Unmittelbar nachdem man Enehøjes Südspitze passiert hat, beginnt eine kurze Fahrrinne nach Süden zum

Langø Havn

Das ist ein gemütlicher Fischerhafen, der Boote mit bis zu 3 m Tiefgang aufnehmen kann. Viele Segler aus Nakskov haben hier ihr Schiff liegen, um sich die lange Fahrt durch die schmale Rinne zu ersparen. Ursprünglich lag Langø recht einsam, nur die Fischereiflotte des Hafens und wenige Häuser fand man hier. Doch nach und nach zogen Leute aus der Stadt hierher, was die Mischung aus Einfamilienhäusern und Fischerkaten bezeugt. Sonst besteht die Gegend aus flachen Wiesen und Ackerland.

- Telefon
- Wasser
- Proviant
- Benzin/Diesel
- E-Anschluß
- Hafenmeister Tel. 53 86 63 15
- Nächste Tourist-Information: Tranebjerg, Tel. 53 59 14 00

Von Langø nach Albuen

Man segelt die ausgebaggerte Fahrrinne zurück und muß dann weiter nördlich um die Sandodde, eine Sandbank östlich von Horsnæs, herum, bevor man den Naturhafen in der Albue Bugt ansteuern kann.

Albuen (Naturhafen)

Das Albueland liegt dort, wo das Lolland der fetten Wiesen, der Wälder und der mariboischen Seen im Westen in einer 7 km langen, bogenförmigen Landzunge endet. Früher war die ellenbogenförmige Nehrung eine Insel, doch trug das Meer ständig Sand heran und verband sie so mit der Hauptinsel. Und so kann man heute trockenen Fußes bis hinaus zum Leuchtturm gelangen.

Wo die beiden Landzungen Horsnæs Hage und Hornfiske Nakke aufeinandertreffen, bildet sich die Albue Bugt, in der Albue Havn liegt. Er gilt als einer der besten Naturhäfen des Landes und war schon zur Zeit der Rahsegler ein oft benutzter Ankerplatz, um Stürme abzuwettern.

Bei der Ansteuerung aus Westen muß man Sandodde – die äußerste Spitze Albuens – in einem Abstand von mindestens 50 m und höchstens 100 m runden. Vor der Landzunge liegt eine rote Tonne mit einem Ball-Toppzeichen aus, das man dicht an Steuerbord läßt.

Es gibt zwei Anleger, der erste gehört dem Segelverein Nakskov. Der zweite

Der Naturhafen Albuen im Nakskov Fjord

liegt 150 m weiter westlich und ist den einheimischen Fischern und dem Postschiff vorbehalten, darf also von Sportbooten nicht ohne Erlaubnis angelaufen werden.
Bei normalen Wasserständen kann man bis zum Steg des Segelclubs immer mit den gut 2 m Wassertiefe rechnen, die die Seekarte verzeichnet. Es gibt an der T-förmigen Brücke des Vereins 20-30 Liegeplätze. Diese Plätze sind den Mitgliedern des Clubs vorbehalten, doch können Besucher nach Absprache hier festmachen. Eine alte Baracke dient heute als Raum für Mitglieder und Gäste. Es gibt hier keine modernen Versorgungseinrichtungen - von einem primitiven Plumpsklo abgesehen.
Am besten hat man reichlich Proviant - auch Wasser - dabei. Denn falls das Wetter während des Aufenthalts wirklich schön werden sollte, kann es einem schon schwer werden, diesen idyllischen Ort zu verlassen. Hier machen die Stille und die Natur wirklich starken Eindruck auf die Betrachter; dazu gibt es einen wunderbaren Badestrand.

Von Albuen nach Kramnitse

Nach dem Runden Albuens wird der Kurs zuerst in südliche, später dann in östliche Richtung abgesteckt. Man segelt entlang der Südküste Lollands in die Ostsee. 18 sm nach dem Verlassen Albuens erreicht man den ersten kleinen Fischereihafen.

Kramnitse Fischereihafen

Die Anzahl der Gastlieger ist aus natürlichen Gründen begrenzt, denn im Hafen ist das Wasser nur 1,5 m tief. Oft ist es auch noch flacher, denn der Hafen neigt zur Versandung.
Er gleicht einem langen Schlauch, denn er wurde im Kramnitse Gab angelegt und endet nach 300 m an einer Schleuse. Diese wurde nach der Sturmflut am 13.11.1872 gebaut.

Von Kramnitse nach Rødby

Die nächsten 5 sm entlang der Südküste Lollands entdeckt das Auge lange, weiße Badestrände - und mittendrin den beeindruckenden Hafen von Rødby, dessen Fähranlagen seinen größten Teil ausmachen. Von hier aus verkehren die Schiffe nach Fehmarn. Sportboote seien auf das Vestre- und das Nordrebassin verwiesen.

Rødby Havn

1963, bei der Eröffnung der Vogelfluglinie Rødby - Puttgarden, blühte die Stadt plötzlich auf. Eine bedeutende Anzahl von Industrie- und Handelsbetrieben ließ sich hier, am „Tor nach Europa“, nieder. Der Eintritt Dänemarks in die EG hat die Bedeutung des Ortes noch gesteigert, und heute ist dieses internationale Verkehrszentrum am Fehmarnbelt voller Leben. All diese Aktivitäten hinterlassen natürlich im Hafen ihre Spuren, und so ziehen die meisten Fahrtensegler die Nachbarhäfen vor, in denen es ruhiger zugeht. Westlich des Hafens gibt es einen feinen und sauberen Sandstrand. Die Küste entlang zieht sich ein Deich, der seine heutige Höhe nach der für hiesige Verhältnisse dramatischen Sturmflutkatastrophe von 1872 erhielt.

- Telefon
- Wasser
- Proviant
- Benzin/Diesel
- Hafenmeister Tel. 53 90 57 22
- Fahrradverleih
- Nächste Tourist-Information:
  Østre Kaj 3 und
  Vestergade 1, Rødby
  Tel. 53 90 21 10

Während eines Besuches kann man stundenlang auf den kilometerweiten Deichwegen entlangwandern. Die Hafenkirche gibt einen guten Eindruck von der modernen dänischen Sakralarchitektur.

Von Rødby Havn nach Errindslev

Von Rødby Havn aus segelt man weiter in südöstliche Richtung, wobei man darauf achte, sich vom untiefen Rødsand östlich des Leuchtturms Hyllekrog freizuhalten. Der Leuchtturm steht mitten auf einer 3 sm langen Nehrung. Von ihm aus sind es noch weitere 8 sm bis zur Durchfahrt durch das Rødesand Rev, das sich noch 7 sm in östlicher Richtung nach Gedser hin fortsetzt. Auf der dänischen Seekarte Nr. 191 ist auf dem Rødsand bei Fugleholm ein Naturschutzgebiet eingezeichnet, das mit speziellen Tonnen markiert ist. In der Zeit vom 1.3. bis 30.9. ist es verboten, dieses Gebiet zu befahren. Die Tierwelt darf hier nicht gestört werden. Es ist nicht ungewöhnlich, daß man hier durch das Fernglas Seehunde zu Gesicht bekommt, die sich sonnenbadend auf den Weiten des Rødesands tummeln. Auf der Innenseite der Sandbank liegen die größten Wassertiefen im östlichen Teil, im westlichen aber ist ein kleiner Fischereihafen:

Errindslev Fischereihafen

Hierher kommen nicht viele Gäste, denn die Ansteuerung ist schwierig. Eine 200 m lange und nur 6 m breite Rinne führt zum versteckten und auch fast vergessenen Hafen. Die Wassertiefe ist nicht sonderlich einladend, sie beträgt nur 1 m. Der Hafen besteht aus zwei Becken vor dem Deich.

- Wasser
- E-Anschluß
- Hafenmeister Tel. 53 90 03 11

Von Errindslev nach Nysted

Von Errindslev aus muß man zurück zur Tonne an der Innenseite des Rødesand, um dort in ein gewundenes, betonntes Fahrwasser einzudrehen, dem man dann den ganzen Weg bis nach Nysted folgt. Die kleine Hafenstadt wird lange von einer Landzunge mit Namen Skansehage verdeckt und taucht erst auf, wenn man diese gerundet hat. An Backbord steht ein schöner Wald mit alten Bäumen, und direkt voraus sieht man das Schloß Ålholm.

Nysted Havn

Gute Möglichkeiten zum Anlegen findet man an den Brücken nordwestlich des Handelshafens. Man liegt hier sogar in einer besonders hübschen Umgebung mit Ausblick auf Ålholm Slot gleich auf dem anderen Ufer der Bucht.

- Telefon
- Wasser
- Proviant
- Diesel
- E-Anschluß
- Hafenmeister Tel. 53 87 12 73
- Fahrradverleih
- Nächste Tourist-Information:
  Adelgade 65
  Tel. 53 87 19 85

In der Stadt

Die modernen Zeiten sind an Nysted vorbeigegangen, was der Stadt nun zum Vorteil gereicht. Heute lebt die Stadt wieder zum Teil durch das Schloß Ålholm, wie in jenen alten Zeiten, als fast jedermann hier mit dem Schloß zu tun hatte. Nicht, daß Ålholm

Die Kirche von Nysted

Slot heute der große Arbeitgeber der Stadt wäre, doch zieht seine Existenz eine Menge Touristen an, und ein Oldtimer-Museum und kilometerlange gute Badestrände tun ein übriges.
In der Stadt stehen nur einzelne Gebäude unter Denkmalschutz, so Gammeltorv 3, 5 und 9 sowie ein stattliches Lagerhaus, das als Fachwerkbau errichtet wurde. Es steht in der Adelgade 11. Am Haus Adelgade 80 hängt eine Gedenktafel für den Dichter Emil Aarestrup, der hier in den Jahren 1827–38 seine Arztpraxis betrieb.
Nysted Kirke am Torvet, dem Markt, wirkt, verglichen mit umgebenden Häusern, enorm groß. Der älteste Teil, das Schiff, ist aus der Zeit um 1300, der Turm und die Sakristei wurden in den 1640er Jahren hinzugefügt.
Det gamle Vandtårn, der alte Wasserturm in der Ny Østergade, wurde zu einem Aussichtsturm umgebaut. In seinen vier Stockwerken ist u.a. auch eine Galerie untergebracht.
Bedeutende Teile einer Burg, die um 1300 angelegt wurde, sind im **Ålholm Slot** aufgegangen, und trotz größerer Umbauten im schweren, germanischen Stil 1889 ist der malerische Burgcharakter immer noch erhalten. 1328 wird Ålholm zum ersten Mal

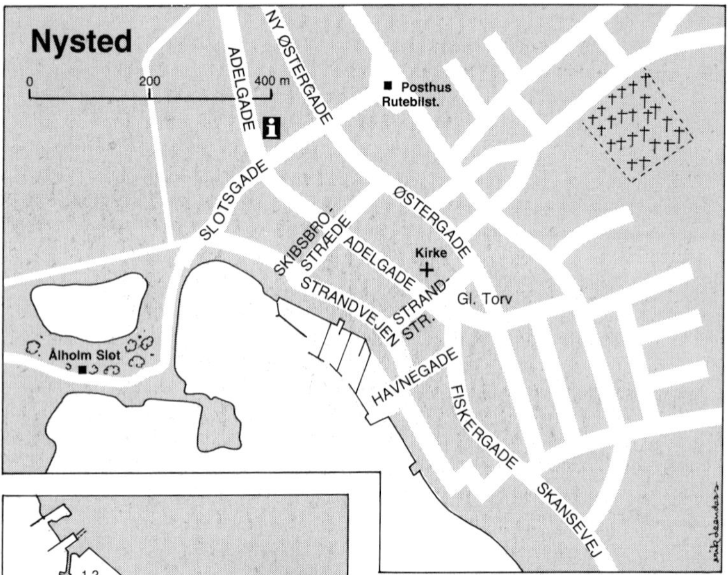

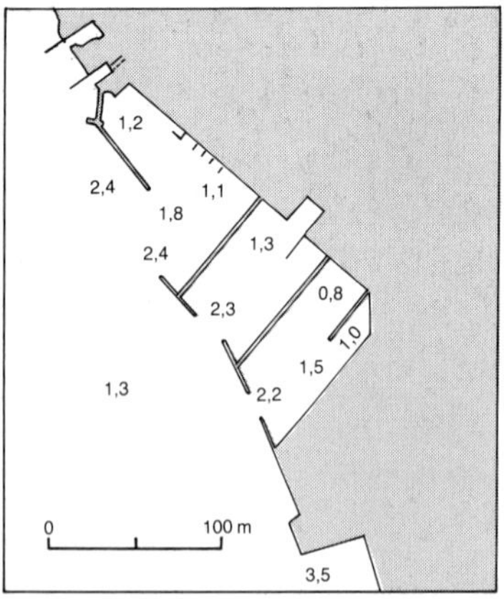

schriftlich erwähnt. In diesem Jahr nämlich versetzte Christoffer II. alle Krongüter Lollands, darunter auch Ålholm. Später löste Valdemar Atterdag das Schloß wieder aus, und für die nächsten 350 Jahre blieb es im Kronbesitz. 1725, als die dänische Krone wieder einmal knapp bei Kasse war, versteigerte Frederik IV. das Schloß auf einer Auktion. Die Höchstbietende war eine der größten damaligen Gutsbesitzerinnen, Emerentia von Levetzau, die damit eine Grafschaft für ihren Sohn Frederik Raben schuf. Seither befindet sich Ålholm im Besitz des Geschlechts derer von Raben-Levetzau.

Das Schloß ist öffentlich zugänglich, und der Rittersaal ist einer der schönsten Räume darin. Unter anderem wurde der Saal 1585 von Frederik II. besucht. In die Mauer ist eine mittelalterliche Sanitärinstallation eingebaut, eine sogenannte „hemmelighed" (dt.: Heimlichkeit), mit freiem Abfluß in den Wallgraben. Eine der Kleinodien findet man im Speisesaal, wo eine Uhr statt eines Glockenschlages ein Menuett mit Luftpfeifen spielt. Weiter gibt es einen hübschen Salon mit Gemälden von Jens Juel, einen großen Ballsaal und eine interessante Herrschaftsküche sowie eine Kellerküche mit Kupfertöpfen. Außerdem eine Vogelsammlung aus der Zeit um 1700, eine Waffensammlung, Porzellan, Möbel und Gemälde. Zum Schloß gehört ein beeindruckender Park mit über 200 Baumarten, dessen Schönheit alte Alleen, ein Wasserlauf sowie ein kleiner See ausmachen.

Das **Automobilmuseum Ålholm** hat die umfangreichste Autosammlung

Europas. Über die vielen Autos hinaus steht hier u.a. einer der ältesten Flugapparate der Welt; er gehörte einmal den Gebrüdern Wright. Die Sammlung ist zu Recht berühmt, und sollte man beim Anblick eines alten, eleganten Rolls-Royce schwach in den Knien werden, kann man eine Fahrkarte für die Veteranen-Eisenbahn lösen. Es handelt sich bei ihr um die Rekonstruktion eines Dampfzuges von 1850, für die auch Teile verwandt wurden, die einmal zur lolländischen Zuckerbahn gehörten.

Von Nysted nach Gedser

Von Nysted aus folgt man dem gewundenen Fahrwasser hinaus in die Bredning, die nördlich vom Rødesand Rev liegt. Bei der letzten Osttonne kann man den Kurs direkt auf den neuen Yachthafen von Gedser absetzen, der 5 sm entfernt ist.

Gedser Yachthafen

Nach Eröffnung der neuen, modernen Marina darf der Fähr- und Fischereihafen von Sportbooten nicht mehr angelaufen werden. Doch liegt man hier, wo es alle Versorgungseinrichtungen und einen Strand gibt, auch viel besser. Ist das Wetter schlecht, liegt das „Vandland“ nur 100 m vom Hafen entfernt. Das „Vandland“ ist eine Schwimmhalle mit subtropischem Klima unter einer großen Glaskuppel. Man kann hier in 26–28 °C warmem Wasser schwimmen, während die Raumtemperatur subtropische 32 °C hält. Nicht zuletzt begeistert eine 50 m lange, kurvenreiche Rutschbahn jung und alt gleichermaßen. Auch einen Sonnenbrand kann man sich hier holen, denn das Glas der Kuppel ist eine Spezialanfertigung und für die UV-Strahlen der Sonne - wenn sie denn mal scheint - durchlässig.

- Telefon
- Wasser
- Proviant
- Benzin/Diesel
- Hafenmeister Tel. 53 87 92 45
- Fahrradverleih
- Nächste Tourist-Information: Langgade 61, Tel. 53 87 90 41

In der Stadt

Gedser ist Dänemarks größter südlichster Ort, er entstand wegen des Fährverkehrs nach Deutschland. Heute gibt es nur Verbindungen nach Warnemünde und Travemünde. Von 1951 bis zur Eröffnung der Vogelfluglinie konnte man auch nach Großenbrode übersetzen.

Gedser Mølle, schlank wie eine Gerte, wurde 1942 errichtet. Sie ist eine der größten Windmühlen der Welt, jedoch zur Zeit leider nicht „beflügelt“.

Gedser Fyr, der Leuchtturm, steht 3 km weit entfernt. Er muß als Dänemarks südlichster Punkt angesehen werden, wurde als Holzkohlenfeuer bereits 1801–02 gebaut und ist heute selbstverständlich vollautomatisiert. Das Leuchtfeuer befindet sich 26 m über dem Meeresspiegel und kann in einer dunklen, klaren Nacht noch in einer Entfernung von bis zu 48 km ausgemacht werden.

Von Gedser nach Nykøbing/Falster

Von Gedser aus führt der Törn nach Norden entlang der Westküste Falsters hinein in den Guldborgsund zur Bredningen, dem breiten Gewässer zwischen Lolland und Falster. Dieses wirkt in natura größer als in der Seekarte, da die Küsten so flach sind. Die einzige Erhebung ist ein Hügel, auf dem die Kirche von Væggerløse steht - 26 m über dem flachen südlichen

Falster. Weiter nach Norden folgt ein gewundenes Fahrwasser zwischen Kalvø und Flatø im Westen und der Halbinsel Hasselø im Osten. Flatø besitzt eine üppige Vegetation, während Kalvø offen und spärlich bedeckt daliegt. Während Flatø samt eines Sommerhauses im Inneren des Waldes Privatbesitz ist, scheint Kalvø einer großen und lärmenden Kolonie von Möwen zu gehören.
Südlich vor der Hafenstadt Nykøbing am schmalen, verwinkelten und strömungsreichen Guldborgsund muß man eine Klappbrücke passieren. Ihre Durchfahrtshöhe beträgt 4 m. Vor dieser Brücke liegt **Lergraven**, einer von drei Häfen Nykøbings. Im Lergraven (Lehmgraben) ist ein gleichnamiger Segel- und Fischereiverein zu Hause. Von hier aus sind es ein paar Kilometer bis ins Stadtzentrum, so daß ein Besuch kaum so verlockend ist wie im alten Hafen von Nykøbing. Da aber die Brückenwache auf der Frederik IX. Bro schon um 18.00 Uhr Feierabend macht, gibt es viele von Süden kommende Sportboote, die dann bis zum nächsten Morgen warten müssen, ehe sie ihre Fahrt fortsetzen können. Unmittelbar nördlich der Brücke liegt auf der Seite Lollands Toreby Havn. Er wurde in die Verlängerung eines Dammes für die alte Eisenbahnbrücke integriert, die früher einmal über den Sund führte.

Nykøbing / Falster Havn

Nykøbing besitzt einen recht großen Hafen oder besser gesagt: eine Kaianlage, denn Schutzmolen sind in diesem schmalen Fahrwasser überflüssig. Die Hafenfront zeigt eine Reihe Silos und Tanks, der eine häßlicher als der andere. Auf der Seite Falsters, am nördlichen Ende des Handelshafens, liegt der größte Yacht- und Fischereihafen der Stadt. Er wird von den meisten Seglern bevorzugt, denn er liegt nahe am Zentrum und verfügt über alle Versorgungseinrichtungen.

- Telefon
- Wasser
- Proviant
- Benzin/Diesel
- E-Anschluß
- Hafenmeister Tel. 54 85 05 63
- Fahrradverleih
- Tourist-Information:
  Østergade 2
  Tel. 54 85 13 03

In der Stadt

Nykøbing erlebte seinen eigentlichen Aufschwung mit dem Bau der ersten Brücke nach Lolland. Der Stadt wuchs mit der Eisenbahnverbindung ein größeres Hinterland zu. Von einem Tag zum anderen wurde Nykøbing zum Handelszentrum für das ganze fruchtbare Lolland, während die Entwicklung in Nysted und Maribo fast zum Stillstand kam. Der größte Teil der Stadt wurde erst gebaut, als der Aufschwung eingesetzt hatte. Mehrere Fachwerkhäuser, die sich um das Zentrum der Stadt erhalten haben, und dazu viele Grünanlagen verleihen der Stadt ein freundliches Gesicht.
Nykøbing Kirke in der Klosterstræde wird auch Gråbrødrekirke oder Franziskanerkirche, genannt, da sie früher einem Franziskanerkloster gehörte.
Lægeurtehaven, der Arzneigarten bei der Kirche, ist ein schöner, gepflegter Kräutergarten mit verschiedenen Heilpflanzen, die nach Krankheiten und den Körperteilen, an denen sie auftreten, geordnet sind. Im Garten steht die Skulptur eines Franziskanermönchs, die vom Holzschnitzer Franzmann Aster aus Nykøbing geschaffen und 1972 aufgestellt wurde. Vom **Nykøbing Vandtårn,** dem Wasserturm, aus kann man die Stadt, die Umgebung und den Guldborgsund aus 32 m Höhe betrachten.

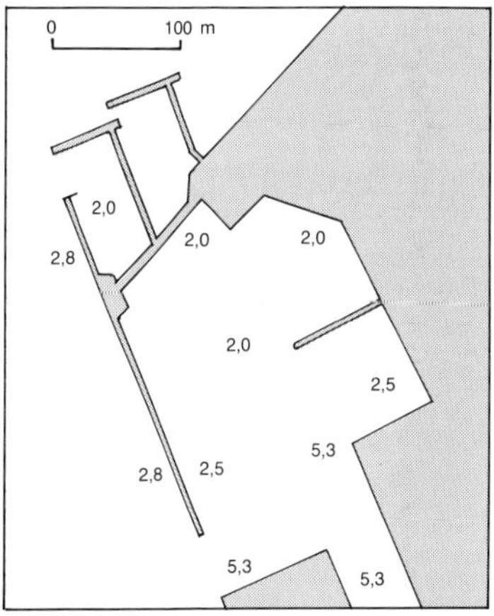

Zarens Hus, das Haus des Zaren, steht an der Ecke Færgestræde / Langgade und ist ein Fachwerkbau aus dem Jahre 1700. Sein Name verweist auf Peter den Großen, der hier im Jahre 1716 weilte. Als Binnenländer machte er sich überhaupt nichts aus einer Seereise und beschloß, den Rest des Weges nach Kopenhagen an Land zurückzulegen. Das Gebäude war zu jener Zeit ein Gasthof. In ihm gibt es 15 Räume und ein Restaurant mit dem Interieur der damaligen Zeit sowie eine Gedenktafel, die an den Besuch des Zaren erinnert.

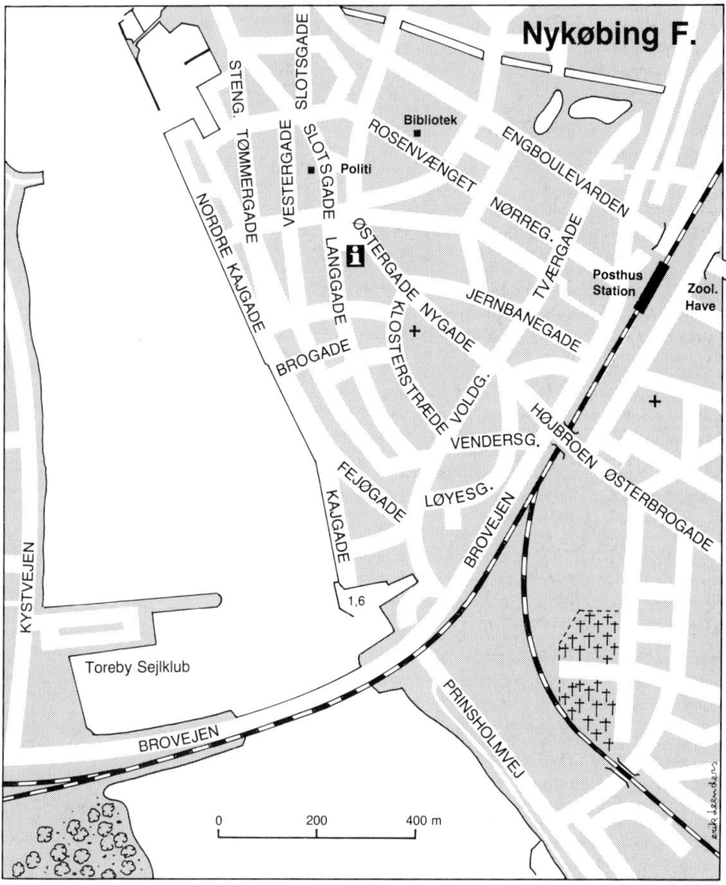

Das **Museum der Stadt** befindet sich im gleichen Gebäude. Hier ist ein beeindruckendes Modell des alten Schlosses von Nykøbing zu sehen, daneben sind verschiedene Funde aus dem abgetragenen Gebäude und von anderen Orten der Stadt ausgestellt.
Ejegod Mølle, die Mühle in Vestenborg, wurde um 1850 erbaut. Sie stand ursprünglich im Norden vor der Stadt, ist heute aber vollständig von deren Ausläufern umgeben. Sie steht unter Denkmalschutz und gehört der Kommune, das Nutzungsrecht wurde jedoch an die Vereinigung „Falsters Minder" übertragen.
Im **Zoologischen Garten** in der Østre Alle gibt es über 100 verschiedene Tierarten, u.a. Affen, Bären, Flamingos, Schafe und Ziegen.

Von Nykøbing / Falster nach Guldborg

Von Nykøbing / Falster aus hält man nach Norden. Man hat es hier wirklich mit einem Sund, einer Meerenge, zu tun: Man segelt in einer schmalen, eng gewundenen Rinne, in der Strom setzt, während das Wasser zu beiden Seiten flach ist. Sobald man den Silos den Rücken zuwendet, wird die Aussicht wieder schön. Vom Wasser aus sieht man auf das Gut Pandebjerg mit seinem Anger. Leider haben im Laufe der Zeit zu viele Segler hier gepicknickt, ohne hinterher aufzuräumen, so daß man jetzt auf einem großen Schild gebeten wird, den Ort sauber zu hinterlassen. Die Ufer zu beiden Seiten sind sehr flach, bei allzuviel Wind gibt es deshalb nur schlechte Ankerplätze. Kommt der Wind aus nördlichen Richtungen, fahren die Segler aus Nykøbing zum Sønderskov, der sich auf Grimmers Nakke erstreckt. Hier verläuft die 2-m-Linie ausnahmsweise dicht unter Land.
Hinter Grimmers Nakke kann man die Guldborgsund-Brücke erkennen, und direkt vor ihr gibt es auf beiden Seiten des Sundes Anleger.

Guldborg Anlegebrücke

Die Bootsvereinigung Guldborgland hat dicht vor der Brücke am Westufer einen Hafen gebaut. Bevor es die Brücke gab, bestand hier eine Fährverbindung. Das erklärt, warum die beiden Stege, die dem Weg am nächsten liegen, in Form eines „V" angelegt sind. Der Strom ist hier immer entweder nord- oder südsetzend und läuft dicht an den Anlegern vorbei.

In der Stadt

Die Brücke in Guldborg ist lange Jahre ein Nadelöhr für den Verkehr gewesen. Heute, wo der etwas südlicher liegende Tunnel den Verkehrsstrom übernommen hat, kann der Ort vielleicht ein wenig von seiner alten Gemächlichkeit wiedergewinnen.
Etwa 1 km vom Hafen entfernt liegt **Guldborghave,** eine 34 ha große

- Telefon
- Wasser
- Proviant
- Benzin/Diesel
- Hafenmeister Tel. 53 89 00 17
- Nächste Tourist-Information: Sakskøbing Tel. 53 89 56 30

Obstplantage. Nach Westen ist sie durch Wälder gegen den Wind abgeschirmt, zum Osten hin ist das Gelände bis zum Wasser hinunter offen.

Guldborg Brücke und Bootshafen

Am Ostufer auf der Seite Falsters liegt vor der Nykøbing Sukkerfabrik eine private Hafenanlage mit Schildern, die sagen, daß Unbefugten der Zutritt verboten ist. Hier baute die Guldborg Bådelaug eine neue Brücke. Seit der Jahrhundertwende wurden von hier aus die Zuckerrüben verschifft, bis der LKW-Verkehr die Berufsschiffahrt aus dem Rennen warf.

Von Guldborg zur Gåbense Bro

Von Guldborg aus geht die Fahrt weiter in Richtung Norden. Man kreuzt die Vogelfluglinie, wenn man die Brücke passiert. Dann rundet man den Nordwesten Falsters, indem man einen weiten Halbkreis segelt. Man halte einen Abstand von 3–4 sm zur Küste, um sicher um die Ecke zu kommen. Orehoved Havn erkennt man in der Ferne auf Falster vor der Storstrømsbro. Er ist privat und darf nicht von Sportbooten angelaufen werden. Hinter der Storstrømsbro liegt weniger als eine Seemeile entfernt im Südosten an der Nordküste Falsters

Gåbense Bro

Der Anleger ist 140 m lang, und an seiner südöstlichen Seite zweigen zwei

Die alte Brücke über den Guldborgsund wird nun durch den Straßentunnel ein wenig weiter südlich vom Verkehr entlastet

30 m lange Stege ab, an denen Gäste festmachen können. Am Hafen steht das Clubhaus von Gåbense Bådelaug, das 1974 gebaut wurde. Der Ort liegt etwas eingeengt zwischen zwei

- Telefon im Klubhaus
- Wasser
- Hafenmeister Tel. 53 84 63 47
- Nächste Tourist-Information: Stubbekøbing Tel. 53 84 13 04

Brückengiganten, der Storstrømsbro und der Farøbro; ursprünglich war er einmal Fährplatz mit einer Verbindung nach Seeland hinüber. „Færgehuset", „Zum Fährhaus" heißt denn auch das Lokal in einem schönen Fachwerkhaus in idyllischer Lage am Fuße des Anlegers. Von ihm aus hat man einen prachtvollen Blick auf den Storstrøm, den Großen Strom. Der Ort besteht zwar nur aus einer Handvoll Häuser, doch besitzt er einen eigenen Charme, der viele Segler anzieht, selbst wenn die Versorgungseinrichtungen nicht die besten sind. Man kann auch neben der Einfahrtsrinne ankern.

Von Gåbense nach Sortsø

Von Gåbense aus läuft man hinaus in den Storstrøm und weiter nach Osten durch die Farøbro mit ihren zwei 95 m hohen Stahlbetonträgern, die sich stilvoll über die umliegende Landschaft erheben und die Einfahrt in den Grønsund markieren. Sortsø Gab heißt das Fahrwasser hier im Westteil, in dem vor dem Dorf Sortsø ein kleinerer Anleger liegt.

Sortsø Anlegebrücke

Sortsø liegt an der Nordküste Falsters westlich der Insel Bogø. Die Wassertiefe im Hafen beträgt nur etwa 1,8 m. Es ist nur einigen wenigen Booten gleichzeitig möglich, hinter der Betonmole Schutz zu finden. Das Wasser wirkt sauber und klar, und am Kopf der Mole lockt eine Badetreppe in die Ostseefluten. Der Ost- und Südkai muß für Kurzzeitlieger freigehalten werden. Sonst gibt es gute Ankermöglichkeiten am Flach bei der Brücke. Hier ist man vor allen Winden, außer denen aus Ost, geschützt.
Eine 20 m breite, ausgebaggerte Rinne führt nach Lindebro, dem kleinen Hafen an der Südspitze Bogøs. Er hat nur 20 Plätze, denn den Platz westlich der Mittelmole beansprucht die Fähre, so daß man auf das östliche Hafenbecken angewiesen ist.

Bogø Fischerei- und Fährhafen

Bogø kann reichlich mit all dem aufwarten, was zu einer typisch dänischen Insel gehört. Vom Hafen neben dem Fähranleger aus hat man einen hübschen Blick über den Grønsund und die Fähre, die ihn kreuzt. Der Hafen ist idyllisch, klein und rasch mit Booten gefüllt. Es ist lange her, daß Bogø eine richtige Insel war, denn sie wurde schon 1943 über einen Fahrdamm mit Møn verbunden.

- Telefon
- Wasser
- Proviant
- Benzin/Diesel
- E-Anschluß
- Hafenmeister Tel. 53 79 40 55
- Nächste Tourist-Information: Stege, Tel. 55 81 43 82

Die Insel besitzt die Form eines Schinkens, dessen Knochen nach Westen zeigt. Und quer über dem Schinken, gleich hinter dem Hafen, schneidet sich die neue Straße nach Møn durch die schöne Landschaft Bogøs. Diese Straße führt zur Farøbrücke.

Die Mühle auf Bogø

Die Insel

Auf der Landstraße vom Hafen zum Ort steht die größte Touristenattraktion der Insel: **Bogø Mølle.** Sie ist eine Holländermühle mit Galerie und wurde 1852 gebaut. DIe 1965 herausgegebene Denkmalschutzserie der dänischen Post wählte sie als Motiv für die 40-Øre-Briefmarke.

Der Venstre-Politiker (Bauernpartei) und Mitglied des Folketings Chresten Berg - auch König von Bogø genannt - gründete 1865 in Gammelby eine Seefahrtsschule, die bis 1929 bestand. Anschließend diente sie als Sitz der Gemeindeverwaltung, und nachdem Bogø mit der Nachbarkommune zusammengelegt wurde, zog hier die Post ein. Chresten Bergs Büste steht immer noch vor dem Gebäude. In Gammelby steht auch die stattliche Kirche der Insel, die aus der Zeit Valdemar Atterdags stammt und deren Glocke die Jahreszahl 1451 sowie die Inschrift „Help Got und Maria" trägt.

Bogø erhielt seinen Namen von den Buchen, die die Insel einst fast vollständig bedeckten. Nur der **Østskov** steht auch heute noch und gibt der Insel ihr prägnantes Profil. Den Vestskov gibt es nur noch dem Namen nach auf der Landkarte. Der Wald, der einmal diesen Teil der Insel bedeckte, wurde beim Wechsel der Besitzer 1769 gefällt. Zu jener Zeit kam die Insel nämlich unter den Hammer, und 29 Hofbesitzer Bogøs taten sich zusammen, um die Insel mit all den Wäldern und Feldern, den Höfen und Häusern, der Mühle, der Schule und der Kirche für insgesamt 22 000 Reichstaler zu kaufen. Die Bauern fällten den Vestskov, verkauften das Holz für 17 000 Reichstaler an Werften und erhielten so den größten Teil der Kaufsumme zurück. So ging also der Vestskov „auf große Fahrt".

Skåningebro

Die alte Dampferbrücke Skåningebro liegt fast vergessen an der Nordküste Bogøs im östlichen Teil der Stillingebæks Bugt. Die Brücke ist kaum bekannt, kann aber mit ein wenig Vorsicht ohne Schwierigkeiten angelaufen werden. Bei der Ansteuerung segelt man zur Pricke nördlich vor Farø, um sich von Letten - einer Untiefe zwischen Seeland und Bogø - freizuhalten. Von dort aus steuert man mit 145 °

- Wasser
- WC
- Hafenmeister Tel. 53 79 40 55

direkt auf Skåningebro zu, die Distanz beträgt 1,6 sm. An der Brücke ist das Wasser 2,0 m tief. Hier herrscht Ruhe und Frieden, und es gibt gute Bademöglichkeiten. Bei der Ansteuerung segelt man durch 2-3 m tiefes, klares und reines Wasser.
Man liegt hier gut bei Winden aus südlichen Richtungen. Der Ort bietet Natur pur, die Zivilisation ist mehrere Kilometer weit weg - genauso wie der nächste Laden.

Farø

Von der Skåningebro aus kann man hinüber nach Farø sehen, das wegen der Farøbro weithin bekannt ist. Früher lag Farø im Storstrøm nur als Hindernis für die Schiffahrt; damals gab es drei Höfe auf der kleinen Insel. Der vierflügelige Bau des Farøgård mit seinem Fachwerk und den schwarzen Toren lehnt sich schief und geduckt an den Hügel. Ihm zur Seite steht die einzige Sehenswürdigkeit der Insel, ein Gedenkstein, der zeigt, wie hoch das Wasser während der Sturmflut 1872 stand. Derartige Steine findet man oft in diesem Teil des Landes. Farøgårds damaliger Besitzer, Peder Stæhr, und sein Knecht stellten ihn auf.
Mehrere Generationen lang wurde über einen Damm zwischen Farø und Bogø geredet und verhandelt. Er sollte die Pferdewagen und Traktortransporte über die Furt, deren Wassertiefe 50-60 cm selten überstieg, ersetzen. Für einen Vorläufer eines derartigen Dammes sorgte Gyderrik Christiansen, ein erfinderischer Postbote, in den 1920er Jahren. Er baute sich ein Paar Stelzen, so daß er den Farøern ihre Post trockenen Fußes bringen konnte. Das war in einer Zeit, als die Post pünktlich kam - und das dreimal am Tag. Diese eigenartigen Beinverlängerungen kann man sich heute im Nationalmuseum in Kopenhagen ansehen.
Das Dammprojekt wurde der Kommune zuletzt in den 50er Jahren vorgelegt. Damals sollte sich die Gemeinde mit 300 000 Kronen an den Baukosten beteiligen. Das wollte sie jedoch nicht. Es wohnten nur drei Familien auf der Insel, und das waren zu wenige, um eine derartige Summe zu opfern. Doch heute haben die fünf (!) Bewohner Farøs ihren Damm erhalten - und noch weit mehr dazu. Die alten Bewohner würden sich wohl im Grabe umdrehen, wenn sie wüßten, zu welcher Goldgräberstadt ihre Insel geworden ist. Farø hat heute sowohl eine Brückenverbindung mit Seeland als auch mit Falster - und den Damm nach Bogø noch dazu. Auffahrten und

Rastplätze bedecken große Teile des Ackerlandes, so daß nur noch zwei Höfe bewirtschaftet werden können.

Von Bogø nach Stubbekøbing

Von Bogø aus kann man der Fährroute über den Grønsund hinweg folgen. Die Distanz beträgt 1 sm.

Stubbekøbing Havn

ist ein großer und lebendiger Hafen. Der Yachthafen wurde unmittelbar östlich des Handelshafens angelegt. Letzteren darf man nur nach Absprache mit der Hafenaufsicht anlaufen, oder dann, wenn der Yachthafen überfüllt ist. Zum Hafenbild Stubbekøbings gehört auch die Fähre nach Bogø, die allen Unkenrufen zum Trotz die Eröffnung der Farøbro überstanden hat.

- Telefon
- Wasser
- Proviant
- Benzin/Diesel
- E-Anschluß
- Hafenmeister Tel. 53 84 10 92
- Fahrradverleih
- Tourist-Information:
  Havnegade 9
  Tel. 53 84 13 04

In der Stadt

Stubbekøbing ist die älteste Stadt Falsters, jahrhundertelang war sie auch die größte auf der Insel, und ihr Hafen lag am verkehrsreichen Storstrøm-Grønsund-Weg. Südlich von Bogø war der Hafen nicht nur Basis für die Marine, sondern auch für die falstersche Fischerei in der „Heringszeit". Die günstige Lage führte indessen auch zu Rückschlägen, denn wieder und wieder wurde die Stadt angegriffen und zerstört. Als der König schließlich Nykøbing bevorzugte und Stubbekøbing den Auslandshandel verbot – der lief nun über Nykøbing –, nahm die Bedeutung Stubbekøbings so sehr ab, daß es in der Stadt 1818 keinen Gasthof mehr gab. Heute besitzt die Stadt ziemlich viel Industrie, doch gleichzeitig ist die Atmosphäre kleinstädtisch und zieht viele Touristen an.

Die **Kirche** am Torvet ist die älteste Falsters und stammt aus der Zeit um 1200, doch ist vom ursprünglichen Bau nicht mehr viel übrig. Im Chor gibt es ein schönes Kruzifix aus der Zeit um 1520.

Das **Veteranmotorcykel- und Radiomuseum,** das Motorrad- und Radiomuseum, am Nykøbingvej 54 ist in einem früheren Obstlager untergebracht. Es ist das größte Motorradmuseum im ganzen Norden und zeigt an die 100 Maschinen von insgesamt 40 Herstellern aus der ersten Hälfte dieses Jahrhunderts. Es gibt weiterhin 21 Mopeds sowie Radios, Lautsprecher, Phonographen und Grammophone aus dem Zeitraum 1877–1955. Zusammengestellt hat all dieses ein falsterscher Malermeister, der 1946 mit dem Sammeln begann.

Von der **Anlægget,** dem Park westlich der Stadt, führt ein Wanderweg am Hafen und am Grønsund entlang hin zu den alten Bahnanlagen und zum Schießstand bei Østervang.

Von Stubbekøbing nach Borreknold

Von Stubbekøbing aus segelt man ca. 2,5 sm in östliche RIchtung, wo man dann den 8 m hohen Borreknold an der Küste Falsters erkennen kann.

Borreknold (auch Grønsund Færgebro)

Der Fähranleger besteht aus einem 30 m langen Damm mit einem Brückenkopf von 10 x 10 m. Das Was-

ser ist an der Westseite ca. 2,0 m tief, an der Nordseite mißt es noch 1,6 m. Man bringt am besten den Heckanker aus und macht mit dem Bug an der Mole fest. Der Anleger ist verfallen und ohne Versorgungseinrichtungen.
Marie Grubbe, die 1660 den illegitimen Sohn Frederiks III. und späteren Statthalter von Norwegen, Ulrik Frederik Gyldenløve, heiratete, beschloß hier ihr Leben als Frau eines Fährmannes. Wegen beiderseitiger Untreue wurde die Ehe zwischen ihr und Gyldenløve 1670 geschieden, und nach einer weiteren gescheiterten Ehe mit Palle Dyre von Sindinggård lebte sie dann mit dem Gutskutscher Søren Ladefoged aus Tjele zusammen, um mit der Fähre nach Hårbølle Bro ihr Brot zu verdienen.
Hier im Borrehus traf Ludvig Holberg auf die Fährmannsfrau Marie, als er vor der Pest in Kopenhagen floh. Er schildert sie in der Epistel 89. J.P. Jacobsen schrieb einen ganzen Roman über sie: „Marie Grubbe - Interieurs aus dem 17. Jahrhundert“. Dieser Klassiker der dänischen Literatur hatte auch in Deutschland um die Jahrhundertwende einen großen Erfolg.
Folgt man vom Fähranleger aus dem Weg ein Stückchen landeinwärts, kommt man zu einem Gedenkstein: „Hier stand das Borrehus 1705–1731. Der Bauplatz wurde 1941 freigelegt.“
Von Borreknold aus kreuzt man noch einmal den Grønsund, denn drüben auf Møn, nur eine Seemeile entfernt, liegt

Hårbølle Havn

Hårbølle liegt an der Südwestspitze Møns, dort, wo der Grønsund am schmalsten ist. Der Hafen ist schön gelegen, und man hat einen hübschen Blick nach Falster hinüber. Ursprünglich bestand der Hafen nur aus einem Fähranleger, doch nach mehreren Erweiterungen bietet er nun 60 Booten Platz. Fünf Kutter sind hier beheimatet und eine ganze Reihe von Sportbooten, darunter etwa 20 Charteryachten. Sie liegen meist nur am Wochenende hier, so daß ihre Plätze in der Woche fast immer frei sind.

- Telefon
- Wasser
- Proviant
- Diesel
- E-Anschluß
- Hafenmeister Tel. 55 81 73 25
- Fahrradverleih
- Nächste Tourist-Information: Stege, Tel. 55 81 43 82

Das Motorboot „Line Diver“ der Tauchschule Møns ist ebenfalls in diesem kleinen Hafen beheimatet. Auch die Unterrichtsräume der Schule stehen auf dem Hafengelände. Alte Anker, die die Taucher gefunden haben, wurden am Flaggenmast aufgestellt. Es gibt auch die Möglichkeit einzukaufen, und weniger als 100 m weiter steht der „Skipperkro“.

Die Umgebung

Ist man an Kirchen interessiert, dann ist die **Fanefjord Kirke** einen Besuch wert. Sie liegt 3 km entfernt und stammt aus dem 13. Jahrhundert. Das Interessante an ihr ist ihre ungewöhnlich reiche Ausstattung mit Kalkmalereien in den acht Gewölben. Sie wurden vom sogenannten Elmelundemeister ausgeführt. Diese spätgotischen Malereien gehören zum Besten, was dänische Kirchen zu bieten haben.
Knapp einen Kilometer südlich der Kirche (man folge linker Hand dem kleinen Weg hinauf zum Hof) liegt das größte Lang(hünen)grab des Landes, Grønsalen oder Fanes Sal genannt. Das Grab ist hundert Meter lang und sieben Meter breit.

Von Hårbølle nach Hesnæs

Von Hårbølle aus folgt man in südöstlicher Richtung dem gut betonnten Nyt Løb (Neues Fahrwasser), rundet Hestehoved auf Falster und kann dann den Fischerort Hesnæs ausmachen, der versteckt zwischen dem Øster Skov und dem Bønnet Skov liegt.

Hesnæs Fischereihafen

Dieser reizvolle Fischereihafen ist der einzige an der Ostküste Falsters und leicht anzusteuern. Man muß sich jedoch gehörig vor den Bundgarnpfählen in acht nehmen, die weit hinaus vor der Küste stehen. Der Standort der Pfähle ändert sich von Jahr zu Jahr, und es ist nicht ungewöhnlich, ihnen weit draußen vor der Ostseite der Præstebjerg Rev zu begegnen.

- Telefon
- Wasser
- Proviant
- Benzin/Diesel
- E-Anschluß
- Hafenmeister Tel. 53 84 40 58
- Nächste Tourist-Information: Stubbekøbing Tel. 53 84 13 04

Wenn man beim Angeln kein Glück hatte, kann man normalerweise frischen Fisch von den Fischern kaufen.

Die Umgebung

Hesnæs ist das ideale Ziel für jene, die auf Wanderungen in den umliegenden Wäldern Ruhe und Frieden suchen. Attraktive Sandstrände erstrecken sich entlang der Küste zu beiden Seiten des Hafens. Die Häuser in Hesnæs besitzen einen ganz eigenen Stil. Ihre Reetdächer werden an Giebeln und Außenmauern mit weiß gestrichenen Leisten festgehalten.

Von Hesnæs nach Klintholm

Von Hesnæs aus kreuzt man die Einfahrt zum Grønsund und setzt dann einen Nordostkurs auf Klintholm Havn in der Hjelm Bugt an der Südküste Møns ab.

Klintholm Havn

Klintholm Havn liegt in einer hübschen Landschaft mit Wäldern, Feldern und hohen Steilküsten.
Der Fischereihafen wurde Ende des letzten Jahrhunderts vom Gut Klintholm bzw. dessen Besitzer, dem Großvater des gerade verstorbenen „Insel-Königs" C.C. Scavenius, gebaut. Im Hafen ist eine bedeutende Fischereiflotte beheimatet, und in der Saison ist er ein beliebtes Ziel von Sportbootfahrern, nicht zuletzt von vielen Deutschen. In den Jahren, bevor die neue Marina fertig war, ergaben sich daraus viele Belästigungen für die Fischer. Denn sobald der Wind ein wenig stärker aus Ost weht, steht hier eine kabbelige See. Und dann suchten die Segler hier Schutz, bis der Hafen so voll war, daß die Fischer mit ihren Kuttern weder herein noch hinaus kamen.

- Telefon
- Wasser
- Proviant
- Benzin/Diesel
- E-Anschluß
- Hafenmeister Tel. 55 81 90 44
- Fahrradverleih
- Nächste Tourist-Information: Stege, Tel. 55 81 43 82

Schließlich begann 1985 die langersehnte Hafenerweiterung. Das Projekt umfaßte eine Marina mit Plätzen für 250 Boote und einem Ferienhausdorf aus 80 Häusern direkt am Hafen. Wenn das eigene Boot also zu eng oder zu naß geworden ist, kann man

Das kreideweiße Møns Klint

sich sowohl einen Liegeplatz als auch ein Haus mieten. Die meisten allerdings begnügen sich mit einem Liegeplatz, der teuer genug sein kann – doch um einen Hafen zu bauen, benötigt man ja auch eine ganze Menge Geld.

Die angewandte Baumethode kennt man aus Venedig: Der Meeresgrund wird auf der einen Seite ausgehoben und auf der anderen zu Molen aufgeschüttet. Auf diese Weise erhielt man sowohl die nötige Wassertiefe als auch gleich noch die dazugehörenden Kais.

Das Restaurant „Østersøen" und den Klintholmer Ålekro (Aalkrug) sowie einen Supermarkt findet man gleich am Hafenbecken, den Strand und eine Räucherei östlich des Hafens.

Die Umgebung

Møns Klint, eine der bekanntesten Sehenswürdigkeiten des ganzen Landes, liegt leider 5 km von Klintholm entfernt, das aber gleichwohl der nächstgelegene Hafen ist. Zum Glück verkehrt den Sommer über ein Bus 5mal täglich zwischen dem Hafen und dem Klint. Beim Store Klint gibt es ein Hotel, einen Kinderspielplatz und ein Minimuseum, in dem u.a. die Geologie des Ortes dargestellt wird. Und von hier aus führen Wege in beiden Richtungen entlang der Kalkklippen. Der südliche Weg führt an die Stelle, an der die 102 m hohe Sommerspir stand. Am 13. 1. 1988 wurde Møns Klint unter Gepolter und Getöse einer seiner Dreisterneattraktionen beraubt. Die See gibt es, und die See nimmt es auch wieder, und so stürzte denn die Sommerspir in die Ostsee. Im darauffolgenden Sommer kamen viele Touristen, um die Sommerspir zu sehen, die nun nicht mehr war. Es ist wie mit der kleinen Seejungfrau, wenn ihr der Kopf fehlt. Das, was nicht mehr da ist, ist am spannendsten anzusehen.

Der Weg in die nördliche Richtung führt zum Dronningestol, dem Königinnenstuhl, der höchsten, 128 m ho-

hen Zinne. Vom Klint aus kann man bei klarem Wetter u.a. Stevns Klint im Norden, im Osten Falsterbo in Schweden und Rügen im Süden sehen.
Vom Dronningestol aus kann man einem markierten Weg folgen, der durch einen Teil des Waldes, der die Felsen bedeckt, führt. Bevor man dann die Tour in Jydelejet beschließt, wo man eine Aussicht auf Slotsgavlene im Norden hat, passiert man Taleren, „den Sprecher", der einem mit seinem überraschenden Echo lustig antwortet. Hinter dem 143 m hohen Aborrebjerg liegen die kleinen Seen Store Geddesø, Aborresø und der hübsche Hunosø. 1980 verkaufte das Gut Klintholm das Klint an den Staat.

Von Klintholm nach Nyord

Von Klintholm aus rundet man den Kreidefelsen. Auch von See her ist das 7 km lange Klint von beeindruckender Schönheit.
Der Felsen stellt eine für dänische Verhältnisse ungewöhnlich kontrastreiche Landschaft dar, 100 m steigt er fast senkrecht hinauf, und das Wasser ist bis dicht unter Land tief. Sein markantes Profil ist eine sichere Landmarke in einem Land mit fast ausschließlich flachen Küsten.
Hinter Møns Klint ist es am vernünftigsten, seinen Kurs zur sogenannten Bøgestrømtonne abzusetzen, denn sonst folgt man der Küste zu weit nach Westen in untiefe Gewässer.
Es ist immer wieder faszinierend, in den Bøgestrøm einzusegeln und zwischen dem waldbedeckten Jungshoved an Steuerbord und Nyord an Backbord in ruhiges Wasser zu kommen. Jedesmal, wenn man von Osten kommt, sei es tagsüber oder in der Nacht, hält man gespannt nach der Bøgestrømtonne Ausschau, denn das Wasser ist bis zu 2 sm vor der Küste weniger als 1 m tief. Noch weiter draußen kann man verfolgen, wie das Wasser mit abnehmender Tiefe immer heller wird.
Zum Glück kann man die Bøgestrømtonne schon aus weiter Entfernung ausmachen - aus ein paar Seemeilen tagsüber und aus ca. doppelter Distanz in der Nacht. Hat man sie erst einmal gefunden, ist der Rest eine einfache Angelegenheit, man fährt durch eine Allee von Seezeichen, wo man eigentlich nichts verkehrt machen kann. Das nächste Ziel ist Nyord, ein idyllischer Minihafen, dessen Zufahrt nur 5,5 m breit ist.

Nyord Havn

„Der Hafen von Nyord! Seine Erscheinung gleicht einem vollkommenen Glück. Möge doch nie jemand sein Aussehen verändern oder seine Ruhe stören, keine Segelmaschine von Sportboot sein Wasser kräuseln und kein Tourist das friedliche Idyll aufschrecken!"
Dieses schrieb Achton Friis in seinem Buch „De danskes Øer" nach einem Besuch Nyords 1922. Sein Wunsch ist nur teilweise in Erfüllung gegangen, denn jedes Jahr besuchen Tausende von Sportbooten den kleinen Hafen. Doch sonst hat sich die Insel nicht sehr verändert. Der beliebte Hafen Nyord, dessen Kapazitäten bis zum äußersten beansprucht werden, ist eine traditionelle Station vieler Segler auf ihrer Fahrt in oder aus dem Smålandsfahrwasser. Der Hafen neigt zu versanden, und als Folge davon schwankt die Wassertiefe zwischen 1,5 und 2,0 m.

- Telefon
- Wasser
- Proviant
- E-Anschluß
- Hafenmeister Tel. 55 81 55 23
- Nächste Tourist-Information: Stege, Tel. 55 81 43 82

Mitten in der Fachwerkidylle von Nyord By liegt eine achteckige Kirche

Die Insel

Nyord ist von modernen Entwicklungen relativ unberührt geblieben, denn erst 1968 wurde die Insel über einen Damm mit Møn verbunden. Der Ort ist von verwinkelten Twieten durchzogen, und die alten aneinander gebauten

Höfe und Katen mit ihren aus Steinen gesetzten Einzäunungen der Gärten stehen auf einem leicht abfallenden Terrain bis hinunter an den Hafen. Mitten in dieser Fachwerkidylle befindet sich eine kleine achteckige Kirche aus dem Jahr 1846, eine Art Miniaturausgabe der Frederiksberger Kirche in Kopenhagen. Direkt vor dem Ort endet die Landstraße.

Die Insel ist flach und waldlos, ihr höchster Punkt liegt nordwestlich des Dorfes und mißt 15 m. Hier stand in alten Tagen das Lotsengerüst, auf dem z.B. nach südfünischen Apfelkähnen Ausguck gehalten wurde, um sie durch den Bøgestrøm bis nach Kopenhagen zu lotsen. Bis zur Aufhebung des Lotsenzwanges kurz vor der Jahrhundertwende gab es eine ansehnliche Zahl von Lotsen auf Nyord, die nun schlagartig ihren Beruf wechseln mußten. Für die meisten ergab sich Arbeit in Landwirtschaft und Fischfang, wie sie auch auf vielen anderen kleinen Inseln anzutreffen ist. Doch ein Geschlecht von Lotsen und Seefahrern kann nicht einfach so von einem Tag auf den anderen Bauer werden. Achton Friis bemerkte, daß ein pflügender Bauer ein Matrosenhemd und dazu eine Schirmmütze sowie ein Halstuch trug – und „halten sie nicht, Gott steh' mir bei, Tag für Tag den Griff des Pfluges, als sei er ein Steuerrad? Das hier sind Leute, von denen ich glaube, daß sie in aller Heimlichkeit mit ihrem Pflug in ganz kleinen Schlägen kreuzen, wenn sie den Wind gegenan haben. Und natürlich halten sie die Pappel östlich des Dorfes mit dem Kirchturm von Stege in Linie, um einem Stein auf dem Grund des Bodens auszuweichen!"

Man hat es nicht immer leicht, wenn der Anker zur Pflugschar geschmiedet wird.

Nyord ist auch im „Gøngehøvdingen", einer Robin Hood-ähnlichen Legende, erwähnt. Svend Poulsen und seine „Gønger" flohen im Jahre 1658 vor den Männern des Schwedenkönigs von Jungshoved aus über das Eis auf eine Insel, die zwei Büchsenschüsse entfernt lag. Hierbei kann es sich nur um Nyord handeln.

Der größte Teil der 500 ha, die Nyord heißen, ist brachliegendes Wiesenland. In der Brutzeit der Vögel vom 15. 3.–15. 7. darf man die Wiesen nicht jenseits des Asphaltweges, der die Insel in zwei Hälften teilt, betreten. Mitten auf diesem Weg bei einem kleinen Gehölz steht ein Vogelturm. Von dessen Aussichtsplattform aus kann man mit einem Fernglas das Verhalten der Vögel aus großer Entfernung beobachten – und ihnen trotzdem sehr nahe sein.

Von Nyord nach Stege

Von Nyord aus segelt man nach Südosten zur Fahrrinne, der Nordre Løb, welches nördlich um Lindholm herum bis nach Stege führt.

Stege Havn

Der Hafen wurde genau am schmalen Zugang zum Stege Nor angelegt. Innen liegt der Handelshafen und dicht nördlich davon der Yachthafen. Auf der anderen Seite der Brücke weiter in Richtung Nor gibt es auf der westlichen Seite des Fahrwassers noch einen kleinen Kai.

In der Stadt

Steges alte Wallanlage ist die einzige erhaltene mittelalterliche Stadtbefestigung des Landes und daher einmalig. Sie bestand aus einer Ringmauer mit drei Stadttoren, von denen noch eins, Mølleport, existiert. Heute ist der Wall eine hübsche und friedliche Anlage für die Öffentlichkeit. Er erstreckt sich in einem Bogen vom Steger Strand über den schmalen Rücken, von dem aus die Stadt ihren Anfang

- Telefon
- Wasser
- Proviant
- Benzin/Diesel
- E-Anschluß
- Hafenmeister Tel. 55 81 55 25
- Fahrradverleih
- Tourist-Information:
  Storegade 5
  Tel. 55 81 43 82

nahm, über das Festungs- und Mühlentor zum Strand am Nor. Die Wallgräben sind schon lange ausgetrocknet und ihre Böschungen bewachsen. Auf dem niedrigen Erdwall innerhalb der Anlage wurde ein Fußweg angelegt, der beide Strände miteinander verbindet. Der Stadtkern von Stege trägt auch heute noch den Charakter einer älteren Provinzstadt mit niedrigen, zusammenhängenden Häuserzeilen. Am Markt ist die Polizei im alten Rathaus von 1854 zu finden, einem Gebäude mit einem eigenartigen Zwiebeltürmchen.

Auf Møn führen - fast - alle Wege nach Stege, und es ist schwer, die Stadt auf dem schmalen Rücken zwischen der Bucht und dem Nor zu umfahren; sei es, um den Hafen und das Mühlentor im Osten zu sehen, oder sei es, daß der Besuch dem Klint, der Landschaft von Ulvshale oder den Salzwiesen Nyords gilt.

Wer es dennoch wissen will, kann eine Tour südlich um das Nor durch die Orte Bissinge, Svensmarke und Keldbylille unternehmen.

Die **St. Hans Kirke** nahe des Hafens ist im gleichen Stil wie das Mølleport erbaut worden, weiße Kreidesteine vom Klint durchziehen das Mauerwerk. Es ist ein ansehnliches Gebäude, das sich mit seinem charakteristischen Turm über die übrige Stadt erhebt. Die Kirche wurde in mehreren Etappen gebaut, die ältesten Teile stammen aus dem 13. Jahrhundert.

Mølleport, das Mühlentor, in der Storegade wurde als Stadttor aus Ziegelsteinen errichtet. Es stammt aus der Zeit um 1490. Eine erhöht angebrachte Tür diente vermutlich als Eingang von der Ringmauer aus.

Møns Museum steht ebenfalls in der Storegade, in Nr. 75, und ist ein Nachbar des Mühlentors. Es ist in einem denkmalgeschützten Kaufmannshof aus dem Jahre 1803 eingerichtet. Die Ausstellung ist über 20 Räume verteilt. Die Sammlungen umfassen vorzugsweise geologische und archäologische Funde, u.a. aus der Zeit um 10 000 v. Chr., die bis zum Bronzezeitalter reichen. Auch die reiche Bauernkultur der Insel ist anhand von Volkstrachten dargestellt. Eine Abteilung ist der Barock-, der Empire- und der Gründerzeit gewidmet. Hier ist u.a. ein Raum mit Musikinstrumenten eingerichtet, und in einem anderen findet sich eine kleine Münzsammlung.

Bornholm und Christiansø

Hammerhavn – Hasle – Rønne – Dueodde – Neksø – Svaneke – Gudhjem – Allinge – Sandvig – Christiansø

Seiner Lage nach könnte Bornholm auch zu Schweden gehören. Doch gerade weil die Klippeninsel südöstlich von Schonen wie ein Beiboot hinter seinem Mutterschiff - Dänemark - liegt, sind die Bornholmer besonders nationalbewußt. Sie sind Bornholmer, und Bornholmer sind Dänen und damit Schluß. Übrigens sind sie selbst dafür verantwortlich, daß sie zum dänischen und nicht zum schwedischen Reich gehören. Denn im Frieden von Roskilde, der zwischen Dänemark und Schweden im Februar 1658 geschlossen wurde, mußte Dänemark Schonen, Halland und Blekinge, also den Teil des Reiches, der östlich des Øresundes liegt, an Schweden abtreten. Dazu gehörte auch Bornholm. Erst im folgenden April, als das Eis nicht mehr alle Verbindungen über die Ostsee hinweg unterband, hörten die Bornholmer, daß sie ihre Nationalität gewechselt hatten. Der schwedische König führte weiter an anderen Orten Krieg und forderte von den Bornholmern deshalb Geld und Rüstzeug, sowie Männer für seine Armee. Besonders daß die jungen Bornholmer in schwedische Kriegsdienste treten sollten, führte dazu, daß unter den Bornholmern ein starker Unwille entstand.

Jens Kofoed, der heute der „Befreier Bornholms" genannt wird, stand an der Spitze eines Aufstands gegen die Schweden. Es gelang, mit List die Schweden zu vertreiben und den nach Bornholm gesandten Statthalter, Oberst Johan Printzenskjöld, zu töten. Am 21. Dezember 1658 zog Hasles Bürgermeister Peder Olsen nach Kopenhagen aus, um mit Geschick und Diplomatie einen (Übereignungs-)Brief zu überbringen, in welchem Bornholm hochachtungsvoll an König Frederik III. übertragen wird. Die eigentliche Quittierung dieses Briefes erhielten die Bornholmer erst im Mai 1659, als der König in einem Brief versprach, die Insel nie wieder an eine fremde Macht abzutreten. Dieses Versprechen kostete ihn beim Friedensschluß 1660 nicht nur viel Mühe, sondern er mußte den Schweden auch neue, kostbare Zugeständnisse machen.

Am Ende des Zweiten Weltkrieges erlebte Bornholm ein dunkles Kapitel seiner Geschichte. Die Botschaft der Befreiung vom 4. und 5. Mai 1945 wurde auf Bornholm mit dem gleichen Jubel wie im übrigen Dänemark begrüßt, aber just, als das Ganze nun überstanden schien, geschah das Unerwartete. Der deutsche Kommandant v. Kamptz wollte sich nicht den Russen ergeben, sondern ließ stattdessen die neu errichteten Luftabwehrstellungen bei Nexø auf russische Aufklärungsflugzeuge schießen. Die Russen beantworteten das Feuer, und so kam der Krieg in all seiner Grausamkeit über die Insel.

In weniger als einer Stunde wurden große Teile der freundlichen Provinzstädte rauchende Trümmerfelder. Erst am 9. Mai 1945 kam die Freiheit nach Bornholm. Gebracht wurde sie von russischen Soldaten, die dafür auch gleich mehr als ein Jahr blieben.

Der Wiederaufbau der bombardierten Städtchen verzögerte sich, doch konnte der größten Not mit einer dänischen Spendensammlung, die 7–8 Millionen Kronen einbrachte und einem Geschenk Schwedens von 300 schlüsselfertigen Holzhäusern Einhalt geboten werden.

Die Häuser stehen noch heute und fügen sich gut in die zierlichen Stadtbilder ein, die für Bornholm so charakteristisch sind.

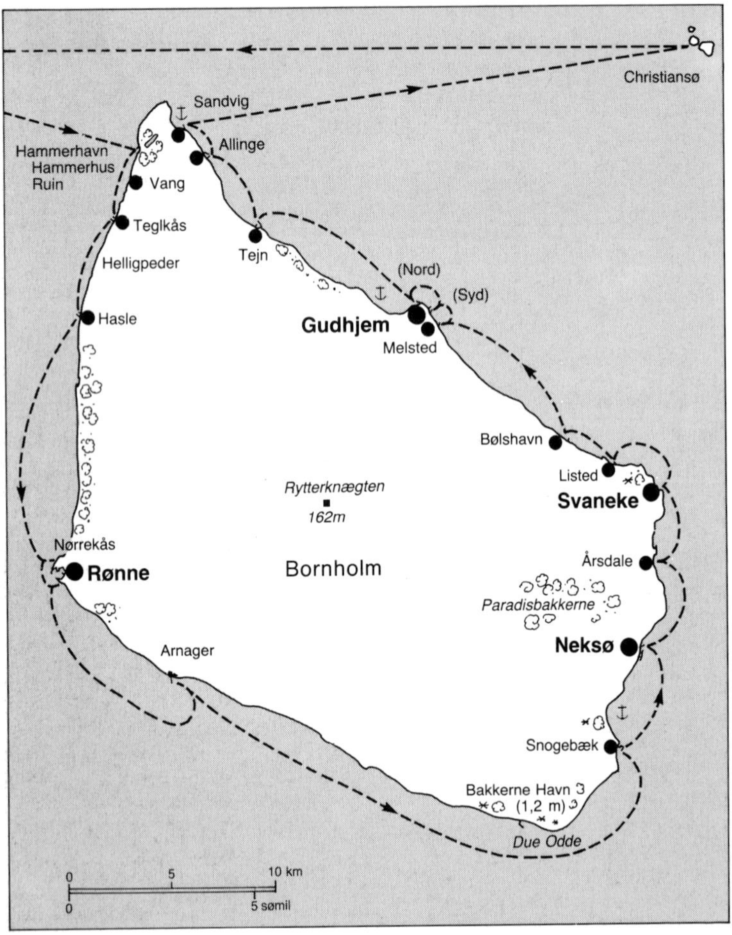

Von Seeland oder Møn nach Hammerhavn

Der Abstand zwischen Kopenhagen und Rønne beträgt, wenn man durch den Falsterbo-Kanal segelt, ca. 100 sm, und von Klintholm auf Møn aus ist es eine 77 sm lange Fahrt über das offene Meer.

Es macht schon Spaß, von Seeland oder Møn aus nach Osten zu segeln, unterwegs ein paar schwedische Häfen anzulaufen, um dann aufs Neue in einen dänischen Hafen einzulaufen.

Nur Schiffe mit Hunden oder Katzen an Bord müssen einen Bogen um Schweden machen. Denn das schwedische Gesetz verbietet es, Tiere aus Dänemark oder Deutschland einzuführen. Übertritt man dieses Gesetz, muß man mit hohen Bußgeldern oder Gefängnis rechnen. Ziel dieses Gesetzes ist es, zu verhindern, daß die Tollwut ins Land eingeschleppt wird. Das gilt auch für die Einreise aus Dänemark, seit Dänemark der EG beitrat und seinerseits die Grenzen für Haustiere öffnen mußte.

Die Segler, die möglichst kurze Distanzen über die offene See bevorzugen, sollten Kåseberga an der schwedischen Südküste als Ausgangspunkt wählen. Von hier aus sind es nur 25 sm bis nach Hammerhavn, und bei klarem Wetter kann man Bornholm vom Hafen in Kåseberga aus in der südöstlichen Kimmung sehen. Man hält auf Hammerknude, die nördliche Klippe Bornholms, zu. Später taucht die alte Burg Hammershus auf den 74 m hohen Klippen auf. Es ist wirklich eine Burg mit einer exponierten Lage, die in alten Zeiten dazu geeignet war, jeden zu erschrecken, der sich in finsterer Absicht näherte.

Hammerhavn

Man schuf einen guten und geräumigen Hafen, als man die kleine Sæne Bugt mit zwei Schutzmolen ausstattete. Hammerhavn ist einer der Häfen, die um die Jahrhundertwende angelegt wurden, um Granit zu verschiffen. Heute erfreuen sich meist Fahrtensegler an ihm, denn hier beheimatete Schiffe gibt es nicht mehr. Die Fischer der Ostküste laufen ihn nur an, wenn sie wegen zu starker auflandiger Winde nicht ihre Heimathäfen anlaufen können, weil dann dort die Tore zwischen Außen- und Innenhafen geschlossen werden. Es gibt kein Dorf beim Hafen, doch als Kulisse erheben sich hinter ihm die verwitterten Mauern der Burgruine hoch über den malerischen Klippen. Das Ganze ist eine imposante Erscheinung, besonders in den letzten Strahlen der untergehenden Sonne.

- Telefon
- Wasser
- Proviant
- Diesel
- E-Anschluß
- Hafenmeister Tel. 53 98 03 21
- Fahrradverleih
- Nächste Tourist-Information: Sandvig, Tel. 53 98 00 01

Die Umgebung

Der Ruinenkomplex Hammershus gilt als der größte Nordeuropas. Wann die Burg gebaut wurde, ist unbekannt, aber man nimmt die Zeit um 1255 an. In den folgenden Jahren wechselte sie oft ihre Besitzer, manchmal nach jahrelangen Belagerungen. Von 1525 bis 1576 hielten die Lübecker sie als Pfand. Sie bauten sie ein wenig um, doch schon damals begann die Burg zu verfallen, und selbst wenn sie im Jahr der Befreiung 1658 eine gewisse Rolle spielte, war sie doch schon sehr mitgenommen. Hammershus diente auch eine Zeit lang als Staatsgefängnis. Ab 1660 saßen hier Corfitz Ulfeldt und seine Frau Leonora Christine ein. Sie flüchteten, wurden aber vom brutalen Gouverneur Adolph Fuchs wieder im Mantelturm festgesetzt, jeder für sich auf einer anderen Etage. Dies berichtet Leonora Christine in ihren Erinnerungen „Jammersminde“. Später entnahm man der Burg Steine für die Befestigung Christiansøs und für den Bau der Hauptwache in Rønne. Man kann die Ziegelsteine der Burg auch in vielen älteren Hofgebäuden Bornholms finden.

In späteren Zeiten versuchte man, dem Verfall etwas entgegenzusetzen, das gilt besonders für den Museumsinspektor Hauberg, dessen Name man auf einer Bronzetafel im Magazin finden kann. Vor der Einfahrt zur Schloßbrücke steht ein Gedenkstein, der an die Befreiung von der Schwedenherrschaft 1658 erinnert.

Die **Kamelköpfe** stehen unterhalb der Burg in einer kleinen Bucht. Sie bezeichnen eine freistehende, sehr eigentümliche Klippenformation. Die Kamelköpfe werden oft mit den Löwenköpfen verwechselt, die man in

Hammerhavn mit der Schloßruine Hammershus im Hintergrund

der Klippenwand selbst hinter dem Einschnitt sehen kann.

Eine Wanderung rund um **Hammerknude** ist sehr empfehlenswert. Bornholms Nordspitze heißt Hammerodde, und die ganze Klippe nennt man den Hammer. Das Gebiet ist sicher eine der größten Attraktionen der Insel, und man kann es gut zu Fuß erkunden. Von Hammerhavn aus führt ein Pfad rund um den Knude, oder Knorren, wie die Klippe auch genannt wird. Er verläuft an der Küste entlang am Hammerodde-Leuchtturm nach Sandvig-Allinge. Das ist ein Weg von ca. 4 km. Den Heimweg kann man halbieren, wenn man der Landstraße entlang des südlichen Ufers des Hammersøs folgt.

An der Hammerodde stehen zwei Leuchttürme. Der Leuchtturm Hammerodde verfügt sowohl über ein Nebelhorn wie auch über ein Funkfeuer. Man baute ihn 1895, weil der hochliegende Leuchtturm Hammeren bei diesigem Wetter oft nicht ausgemacht werden konnte. Der Leuchtturm ist zu besichtigen, wenn man sich an den Leuchtturmwärter wendet. Es gibt viele herrliche Wanderwege durch die Klippenlandschaft, die eine interessante Vegetation aufweist: Heide wächst hier, Besenginster und anderes Gesträuch. Ein Pfad führt zu einer Kirchenruine, der St. Salomons Kapelle, und zu einem winzig kleinen Naturhafen, Kragkås. Es ist jedoch nicht zu empfehlen ihn anzulaufen, es sei denn, man ist mit den Küstenverhältnissen bestens vertraut. Am Wege steht auch ein Gedenkstein für den Kapitän und die beiden Bornholmer Seeleute, die 1928 beim Untergang des Segelschulschiffes „København“ ertranken.

Von Hammerhavn nach Vang

Auf dem Törn von Hammerhavn nach Vang, dem nächsten Hafen, der kaum 2 sm südlich liegt, kann man dicht unter der Küste entlangsegeln, denn sie fällt unter Wasser genauso steil ab, wie sie an Land herausragt, - und es gibt hier viel zu sehen. Zuerst die Grotte mit dem Namen **Den våde Ovn.** In der Saison fahren von Hammerhavn aus den ganzen Tag kleine Touristenboote die Klippen entlang und dann hinein in den „feuchten Ofen“. Einige wenige hundert Meter weiter südlich folgen die **Løvehoveder,** die Löwenköpfe, und **Den tørre Ovn,** „der trockene Ofen“.

Vang Havn

Der gut geschützte Hafen liegt unterhalb eines Höhenzuges, an dem sich,

- Telefon
- Wasser
- Diesel
- E-Anschluß
- Hafenmeister Tel. 53 96 91 61
- Nächste Tourist-Information: Sandvig, Tel. 53 98 00 01

Die Kamelköpfe. Sie liegen unterhalb vom Hammershus in einer kleinen Bucht

fast wie an Mittelmeerküsten, ein Weg in engen Serpentinen den Hang zur Hochebene hinaufwindet. Vang ist ein malerischer Fischerort mit kleinen Katen und Gärten an einem Abhang. Hoch oben steht eine **Fachwerkwassermühle** aus der Zeit um 1780. Sie ist eine sogenannte Quellenmühle, die im Sommer wegen Wassermangels nicht betrieben werden konnte.

Von Vang nach Teglkås

Von Vang aus setzt man die Fahrt noch einige Seemeilen in südlicher Richtung entlang der Küste nach Teglkås fort. Dicht nördlich von Teglkås erhebt sich Jons Kapel, ein ca. 50 m hohes Klippenmassiv, steil aus dem Meer. Der Name knüpft an eine Legende um den Eremiten und Missionar Jon, der vom Strand oder einem Podest aus - es handelt sich wohl um eine 22 m hohe Klippe mit Namen Prædikestol, Kanzel, - den heidnischen Bornholmern das Christentum predigte. Der Name „Jons Kapelle" ist jedoch jüngeren Datums. Früher hieß der Ort Jonstjærkan, was im dänischen Jons Kirke bedeutet. Von der Landseite aus führen 108 Stufen hinunter zu einer Felsenkluft am Meer.

Teglkås Havn

Teglkås ist einer der kleinen reizvollen Fischerorte an der Westküste. Sein Hafen hat in der Einfahrt eine Wassertiefe von nicht mehr als 1,9 m, und direkt am Bollwerk nur 0,9 m. Er liegt sehr abgeschieden und dient hauptsächlich den Fischerfamilien, die in den wenigen kleinen Häusern am kurvenreichen Küstenweg wohnen.

- Wasser
- Hafenmeister Tel. 53 96 92 29
- Nächste Tourist-Information: Hasle Tel. 53 96 41 40

Von Teglkås nach Helligpeder

Von Teglkås aus führt der Törn weniger als eine Seemeile weiter nach Süden. Das Wasser ist bis dicht unter Land tief, so daß es nicht notwendig ist, weit hinaus zu segeln. Der nächste Minihafen heißt:

Helligpeder Havn

Ein vergessenes Idyll - aber heute ein kleiner und verfallener Fischerplatz. Wohl auch, weil er meistens von einheimischen Booten voll belegt ist und die Wassertiefe wegen Steinschlags und Versandung auf 1,2 m zurückgegangen ist, ist die Anzahl der Schiffe, die Helligpeder anlaufen wollen oder können, gering. Außerdem ist es risikoreich, den Hafen bei auflandigen Winden anzusteuern. Hinzu kommt noch, daß es hier keinerlei Versorgungseinrichtungen gibt.
Ein hübscher Weg entlang des Strandes führt nach Hasle, das nur drei Kilometer weiter südlich liegt.

Von Helligpeder nach Hasle

Man kann auch von Helligpeder nach Hasle segeln. Genau vor der Hafeneinfahrt von Hasle liegt ein Stein, der mit „Nord" und „Süd" markiert ist. Sonst gibt es keine Probleme bei der Ansteuerung von:

Hasle Havn

Hasle ist ein geschäftiger Fischereihafen. Hier entfaltet sich von den frühen Morgenstunden an, wenn die Fischer mit ihrem Fang heimkehren, den ganzen Tag ein buntes Leben mit Touristen, Sportskippern und der arbeitenden, einheimischen Bevölkerung. 1985 begann eine große Hafenerweiterung. Bei der Gelegenheit baute man auch eine große Schutzmole, die Hasle gegen die See abschirmen soll, wenn diese bei Weststürmen ihre Zähne zeigt.

- Telefon
- Wasser
- Proviant
- Diesel
- Hafenmeister Tel. 53 96 41 82
- Tourist-Information:
  Grønnegade 3
  Tel. 53 96 41 40

In der Stadt

Die Fischer von Hasle sind dafür bekannt, große Mengen von Seeforellen anzulanden, die in Dänemark nicht umsonst Bornholmer Lachs genannt werden. In alten Zeiten waren sie ein Volksgericht auf den Bornholmer Bauernhöfen, und es ging soweit, daß die Knechte sich bei Neuanstellungen ausbaten, den Bornholmer Lachs höchstens zweimal in der Woche serviert zu bekommen.
Mit 1500 Einwohnern gehört der Ort zu den größten der Insel. Auf dem Torvet, dem Markt, steht ein Gedenkstein mit den Namen all derer, die sich beim Aufstand gegen die Schweden besonders auszeichneten. Von ihnen wohnte der bekannte Jens Kofoed in der Storegade, dort, wo jetzt ein Lebensmittelgeschäft steht. Um den Ort liegen schöne Waldgebiete, die zu langen Wanderungen einladen.
Vom Hafen aus führen steile Straßen hinauf zum Markt und zur Kirche. **Hasle Kirke** ist ein bescheidenes, aber hübsches kleines Gebäude, in dem es u.a. ein ungewöhnlich reizvolles, geschnitztes Triptichon aus der Zeit um 1500 gibt.

Die Umgebung

Den Brogårdssten kann man sich 2 km weiter anschauen. Der stattlichste der Bornholmer Runensteine ist ein drei Meter hoher Gedenkstein, den man 1868 als Deckstein der Brücke über das Flüßchen Bagå fand. Die Inschrift - sie stammt aus der Zeit um 1100 - lautet: „Svenger ließ diesen Stein errichten nach seinem Vater Toste und nach seinem Bruder Alvlak und nach seiner Mutter und nach seiner Schwester". Er steht nun im Dreieck zwischen dem Weg von Hasle nach Rønne und dem Klemenskervej südöstlich von Hasle.

Von Hasle nach Nørre-Kås

Auf dem Kurs von Hasle südlich nach Rønne muß man außen um eine Kardinaltonne W herum, die 1,2 sm vor der Küste liegt. Sie bezeichnet das Hvidodde Granitriff, dem man nicht zu nahe kommen sollte. Die Untiefentonne liegt vor dem westlichen Ende des Riffs. Nørre-Kås, das einmal außerhalb Rønnes lag, ist schon lange mit der Stadt zusammengewachsen. Die meisten segelnden Besucher Rønnes machen hier fest, denn es ist in Nørre-Kås viel gemütlicher als im großen Industrie- und Fährhafen. Auch der Segelverein Rønnes ist hier in Nørre-Kås zu Hause.

Nørre-Kås Havn

Der Hafen von Nørre-Kås liegt dicht an einigen schönen alten Stadtvierteln mit niedrigen Häusern, und es ist von hier aus nur ein Weg von drei bis vier Minuten bis ins Zentrum der Stadt.
Eine neue Granitmole nordwestlich

- Telefon
- Wasser
- Proviant
- E-Anschluß
- Hafenmeister Tel. 53 95 06 78
- Tourist-Information: Handelshafen, Tel. 53 95 08 10

des existierenden Hafens ist nun fertig. Damit hat sich die Situation im Hafen ein wenig entspannt, denn die Saison ist hektisch und kurz. Tatsächlich ist sie nicht länger als die Schulsommerferien. Wenn auch die letzte Etappe fertiggestellt ist, wird der Hafen etwa 250 Plätze umfassen.

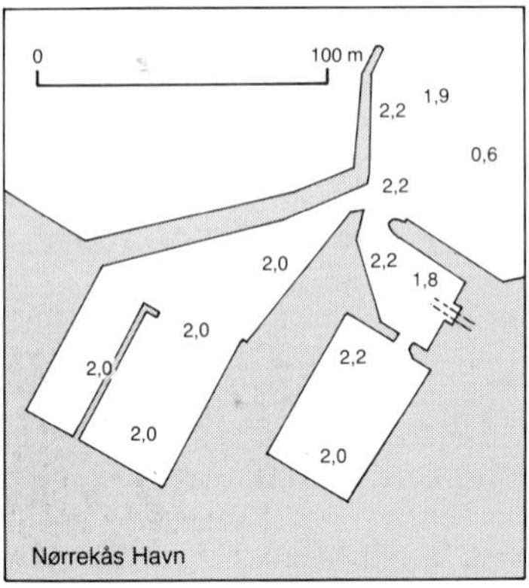

Rønne Industrihavn (Sydhavn)

Rønne ist die größte Stadt Bornholms, und sie besitzt einen großen und stark besuchten Handelshafen.Er ist der drittgrößte Provinzhafen des Landes, und von hier aus verkehren Fähren mit dem übrigen Dänemark, Schweden, Deutschland, Polen und Finnland. Sportboote dürfen den Nord- und Westhafen nicht benutzen und sind auf den Südhafen angewiesen. Hier ist es nicht besonders anziehend, denn den Hafen teilen sich noch eine Fischfabrik, Stein- und Kohlenlager und ein Müllplatz.

Die Stadt besitzt eine ganz eigene Struktur, denn weil sie fast nur aus einstöckigen Häusern besteht, bedeckt sie ein großes Gebiet. Gute 3 km mißt sie von Norden nach Süden, in der Ost-West-Achse sind es fast 2 km. Die

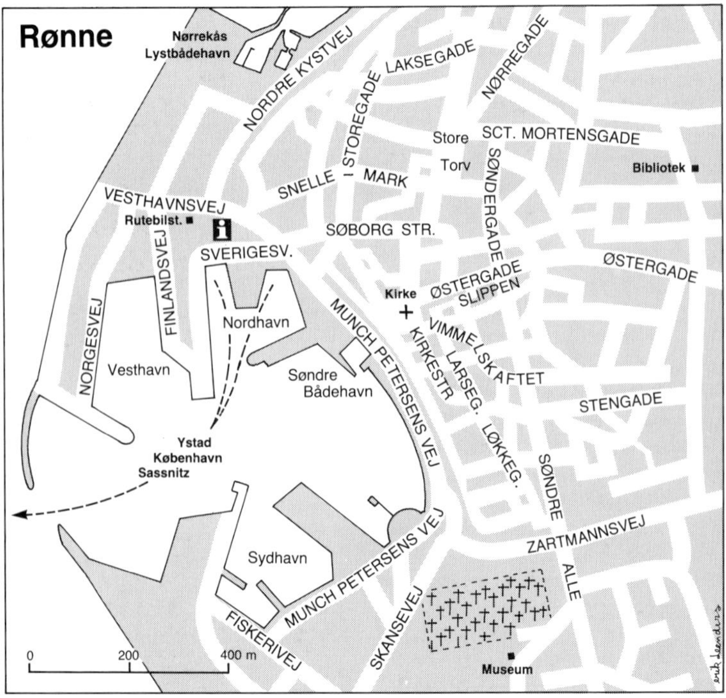

- Telefon
- Wasser
- Proviant
- E-Anschluß
- Diesel
- Hafenmeister Tel. 53 95 06 78
- Fahrradverleih
- Tourist-Information: Handelshafen, Tel. 53 95 08 10

zwei Märkte, Store Torv und Lille Torv, bilden das Verkehrs- und Geschäftszentrum der Stadt, die wichtigen Geschäftsstraßen beginnen hier. Hinter den Hauptstraßen haben sich bis heute bedeutende Teile der ältesten Bebauung der Stadt erhalten, und man stößt auf ein Labyrinth aus heimeligen, verwinkelten Twieten und Stiegen.

Das modernste Viertel der Stadt wurde nach dem Zweiten Weltkrieg errichtet. Die russischen Bombardements im Mai 1945 beschädigten ca. 290 der insgesamt 3400 Häuser und Wohnungen. Davon waren 212 total zerstört und weitere 121 so schwer beschädigt, daß ein teilweiser Wiederauf- und Umbau nötig wurde. Die 225 Holzhäuser, die das schwergeprüfte Rønne von den Schweden geschenkt bekam, stehen in Gruppen über mehrere Stadtteile verstreut, was einerseits ihre Eigenart unterstreicht und sie andererseits hübsch in das Stadtbild einfügt.

Rønne Kirke steht hoch auf einem Hügel gleich hinter dem Handelshafen, und man kann sie wegen ihres Fachwerkturmes mit der hohen Spitze schon weit auf See ausmachen. Der Turm wurde im Laufe der Zeit fast bis zur Unkenntlichkeit verändert, 1918 wurde er teilweise erneuert.

Erichsens Gård, Erichsens Hof in der Laksegade 7, besteht aus mehreren Gebäuden mit eingerichteten Räumen. Auf dem Hofplatz und im Garten stehen u.a. Feigen- und Maulbeerbäu-

Der Hafen von Rønne mit der Kirche

me, alles in allem betrachtet herrscht hier die Atmosphäre des feinen bürgerlichen Milieus Ende des letzten Jahrhunderts. Der Dichter Holger Drachmann, der eine der Töchter des Hauses heiratete, und der Maler Kristian Zahrtmann, der ein Freund des Hauses war, gingen hier ein und aus.

Das **Bornholm Museum** in der Mortensgade 29 ist das Landesmuseum Bornholms, und sein Schwergewicht liegt auf der Darstellung von Bornholms besonderer Natur- und Kulturgeschichte. Die Sammlungen sind in Abschnitte gegliedert, so daß man eigene Räume für die Tierwelt der Insel, für die Geologie und die Rohstoffgewinnung sowie die Funde aus der Vorzeit vorfindet. Dazu gibt es eine Sammlung mit Sakralgegenständen, und auch die Bornholmer Keramik, das Handwerk und die Seefahrt sind vertreten. Schließlich ist auch die Malerei auf der Insel repräsentiert.

Im Kastell bei Galløkken kann man das

Forsvarsmuseum besichtigen, ein Museum, das die Verteidigung Bornholms durch die Jahrhunderte hindurch darstellt. Es zeigt verschiedene Verteidigungsanlagen, Waffen, Ausrüstungen, Karten, Modelle usw.

Von Rønne nach Arnager

Von Rønne aus setzt man einen südöstlichen Kurs ab und segelt 5 sm entlang der Südwestküste, bis man den Fischerort Arnager erreicht. Es ist ratsam, Arnager nur bei ruhigem Wetter anzulaufen, denn direkt vor dem Hafen muß man auf eine Untiefe achten. Will man ganz sicher gehen, rundet man erst die Untiefentonne im Süden, bevor man den Kurs direkt auf den Hafen absetzt.

Arnager Havn

Er ist der einzige Hafen an der Südwestküste Bornholms, den man mit einer Kielyacht anlaufen kann. Die Wassertiefen im Hafen betragen zwischen 1,5 und 2,1 m. Er liegt wie eine Insel ca. 200 m ins Meer hinausgebaut, und die Verbindung zum Land besteht aus einer gebrechlichen Holzbrücke. Man meinte, daß er so sicher nicht versanden würde. Leider sieht die Wirklichkeit anders aus, der halbe Hafen versandet und muß immer wieder ausgebaggert werden. In der Umgebung stehen Sommerhäuser, und in Ferienzeiten wird der kleine Fischerort mit seiner schönen Umgebung von vielen Touristen besucht.

- Telefon
- Wasser
- Proviant
- Diesel
- E-Anschluß
- Hafenmeister Tel. 53 97 20 62
- Nächste Tourist-Information: Rønne, Tel. 53 95 08 10

Die Umgebung

2 km östlich von Arnager und südlich des Sdr. Landevejs liegt die kleine **Arnager Jættestue,** ein Ganggrab aus der jüngeren Steinzeit. Als es ausgegraben und restauriert wurde, fand man u.a. Knochen eines Menschen, zwei Tongefäße und 25 Bernsteinperlen.

Von Arnager nach Snogebæk

Von Arnager nach Südosten segelt man an Boderne vorbei, einem kleinen, privaten Fischerplatz mit Jollenhafen. Das Wasser ist nur bis zu 0,9 m tief. Vor der Raghammer Odde liegt ein Schießgebiet, das u.a. durch zwei Bakenpaare an Land markiert ist. Auf diesem Törn kann man die Bornholmer Steilküste erleben, die an die westjütländische Küste erinnert. Auch hier stehen hohe Dünen, doch das Vorland zwischen ihnen und dem Meer ist schmaler, und hier trifft man auf große Felder mit filzigem Pestwurz, einer Pflanze, die man in Dänemark sonst nur auf den Ostseewiesen antrifft.

Bevor man Dueodde umrundet, segelt man an einem weiteren kleinen Hafen vorbei: Bakkerne. Er gehört den dortigen Fischern und ist unter Seglern nicht sehr bekannt, denn auch dieser Hafen bietet in seinem Becken nur etwa 1 m Wassertiefe. Der Hafen liegt am Ende eines 80 m langen Anlegers, an Land stehen die Fischerhäuser in den Dünen, von Pfählen zum Trocknen der Netze und Räuchereien umgeben.

Um Dueodde herum erstreckt sich der herrlichste weiße Sandstrand. Inmitten dieser schneeweißen Sandwüste, die aussieht wie raffinierter Zucker, erhebt sich der schlanke und elegante Leuchtturm von Duoedde.

Bei der Rundung der Südspitze Born-

holms kann man dicht unter Land segeln, es liegt keine tückische Untiefe unter der Wasseroberfläche. Das einzige Risiko kann an einem warmen Sommertag von Nacktbadenden ausgehen, die auf Surfbrettern angejagt kommen.
Ein Stückchen weiter, nachdem man die rote Leuchttonne von Broens Rev östlich passiert hat, gerät Snogebæk, ein kleiner Fischerort mit einem Inselhafen ähnlich Arnager, ins Blickfeld.

Snogebæk Havn

Snogebæk ist ein idyllischer Ostbornholmer Hafen, der zusammen mit seinem kinderfreundlichen Sandstrand viele Besucher anzieht. Ein Besuch im Ort gehört zu den schönsten Ferienerlebnissen. In einigen Fischerkaten haben Souvenirgeschäfte geöffnet. Eine Glasbläserei, Töpfereien sowie eine Räucherei, die Bornholmer Fischspezialitäten, u.a. den beliebten geräucherten Hering anbietet, helfen der kleinen Gemeinschaft und dem bescheidenen Hafen, ein freundliches Gesicht zu zeigen. Man kann auch Wanderungen in die umliegenden Wälder unternehmen.
Alles hat seinen Preis, und so ist der kleine Hafen in der Saison fast immer überfüllt. Ist das der Fall und der Wind kommt aus Westen, kann man tagsüber auch seinen Anker in der Balka-Bucht gleich nördlich des Hafens fallen lassen. Für die Nacht allerdings sollte man lieber einen Hafen suchen.

- Telefon
- Wasser
- Proviant
- Benzin/Diesel
- E-Anschluß
- Hafenmeister Tel. 53 98 86 94
- Fahrradverleih
- Nächste Touristik-Information: Neksø, Tel. 53 99 32 00

Von Snogebæk nach Neksø

Balka Strand ist ein bekannter Badeort, und inmitten dieser Herrlichkeit liegt ein bemerkenswerter kleiner Yachthafen. Er bietet nur Platz für die 23 einheimischen Boote. Die Wassertiefe beträgt nur 0,7 m, die Mole ist auch nur einen halben Meter hoch. Der nächste Hafen heißt:

Neksø Havn

In Neksø dürfen Sportboote nur im Bootshafen liegen. Neksø ist die zweitgrößte Stadt Bornholms, ihr Fischereihafen aber ist der größte der Insel – und er ist wirklich groß und häßlich. Ein großer Teil der dänischen Ostseelachs- und Dorschfischerei wird von hier aus betrieben.

- Telefon
- Wasser
- Proviant
- Benzin/Diesel
- E-Anschluß
- Hafenmeister Tel. 53 99 22 50
- Fahrradverleih
- Tourist-Information: Åsen 4 Tel. 53 99 32 00

In der Stadt

Die Stadt selbst ist eine schöne und lebendige Handelsstadt mit vielen hübschen Häusern und einer zauberhaften kleinen Kirche. Und das, obwohl die Stadt im Mai 1945 von den Russen bombardiert wurde und 856 der ca. 900 Häuser in Mitleidenschaft gezogen wurden. 175 von ihnen waren völlig zerstört. Das Zentrum der Stadt besteht deshalb überwiegend aus Neubauten, von denen viele gleichförmige Putzfassaden zeigen. Die Ausnahme ist das „Schwedische Dorf", das aus 75 Holzhäusern besteht, einem Geschenk der Schweden zum

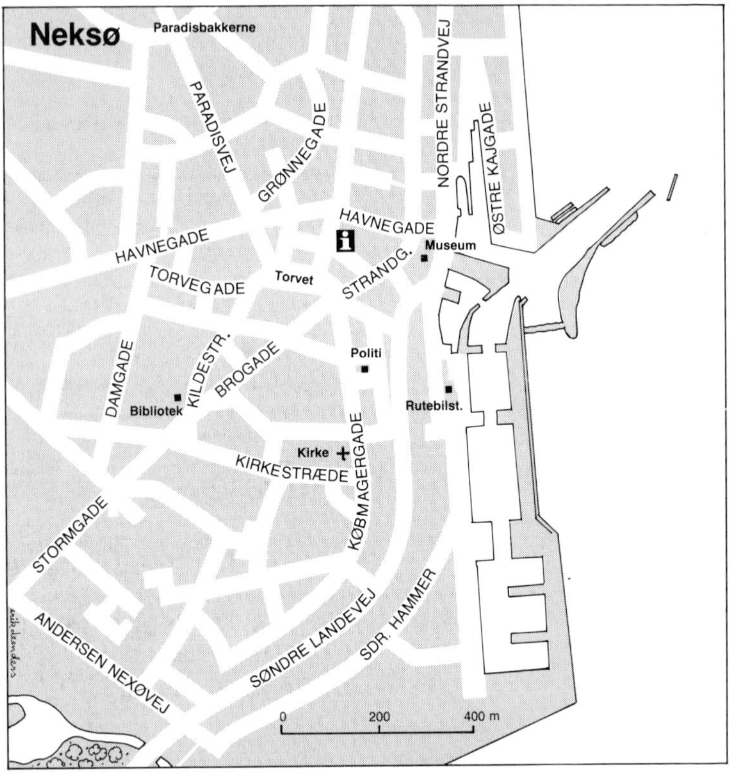

Wiederaufbau. Der 1754 angelegte „Kgl. Frederiks Sandsteinbruch“ erhielt auch für die Stadt eine gewisse Bedeutung. Die Bewohner fanden nämlich heraus, daß sich die rötlichen Steine des Abraums hervorragend zum Bau der oft mannshohen Gartenmauern eigneten. Auch viele Straßen der Stadt sind mit Sandstein gepflastert.

Das **Neksø Museum** befindet sich gleich am Hafen im ehemaligen Rathaus der Stadt. Es wurde 1796 errichtet und bis 1856 als Rathaus genutzt. Anschließend diente das alte Gebäude bis 1969 als Lagerhaus. Das Museum stellt eine schöne Sammlung aus, mit Schwergewicht auf der Fischerei und der Seefahrt, darunter auch dem Rettungswesen.

Die **Neksø Kirke** steht in der Kirke-

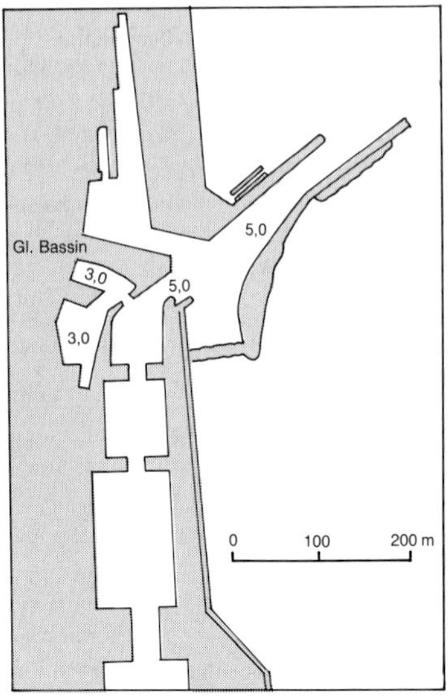

stræde und ist dem Schutzpatron der Seefahrer, St. Nikolai, geweiht. Die Kirche steht am südlichen Ende der Stadt, nahe des Hafens und des alten Friedhofs. Der letztere ist von einer typischen geschichteten Sandsteinmauer umgeben. Die Kirche selbst besitzt einen charakteristischen Turm, dessen oberer Teil aus Fachwerk, Dachreitern und einer kupferverkleideten Turmhaube besteht. Letztere wurde ihm im Jahre 1910 aufgesetzt. Das Kirchenschiff wurde umgebaut und verlängert, zuerst 1800, und dann nach dem Bombardement 1945.
Der bekannte Schriftsteller **Martin Andersen-Nexø** verbrachte seine Kindheit im Haus in der Ferkesøstræde 36.
Die **Bakke Mølle** am Højbovej ist eine Holländermühle, die 1871 aus Steinen errichtet wurde.
Sie hat einen „Schwanz“: An Holzbalken, die vom Mühlenkopf herunterführen, kann man die Mühle in den Wind drehen.

Die Umgebung

Die **Paradiskbakker,** die Paradieshügel, liegen 4 km nordwestlich der Stadt. Es handelt sich um ein idyllisches Stück Natur mit einigen malerischen Höhenzügen, die von tiefen Schluchten mit steilen Felswänden durchschnitten werden, dazu bereichern Seen mit kleinen Inseln das Gelände. Der höchst Punkt mißt 113 m. Besonders sehenswert ist der 25 t schwere Rokkesten, den man - wenn man viel Glück hat - mit der Hand bewegen kann. Kodalen, das Kuhtal, trennt die Paradisbakker von den Helvedsbakker, den Höllenhügeln. Mehrere Wege führen durch das Gelände, drei Routen sind besonders ausgeschildert. Sie sind für ein, zwei oder vier Stunden ausgelegt. Diese Wege beginnen am Lisegård in Klinteby südlich der Paradisbakker. Man kann auch den Paradisgård im nördlichen Teil zum Ausgangspunkt einer Wanderung machen.

Von Neksø nach Årsdale

Nach der flachen und sandigen Landschaft im Südteil der Insel steigt gleich hinter Neksø wieder die Felsenküste auf. Hier ist sie niedrig und zerklüftet und erinnert an die schwedischen Schären. Man kann gefahrlos dicht unter Land segeln, und nach einigen wenigen Seemeilen Küstenfahrt gelangt man zum idyllischen Fischerort Årsdale, dessen interessanter Hafen in die Felsenküste gesprengt wurde.

Årsdale Havn

Beim Einlaufen in Årsdale ist Vorsicht geboten, denn die Einfahrt ist stark gewunden. Hier an der Felsenküste hat ein wenig Dynamit und Beton vollendet, wozu die Natur die Vorarbeit leistete. Daraus sind einige kleine Hafenbecken von etwa 25 x 50 m entstanden.

- Telefon
- Wasser
- Proviant
- Diesel
- Hafenmeister Tel. 53 99 60 72
- Nächste Tourist-Information: Svaneke, Tel. 53 99 63 50

In der Stadt

Die meisten Häuser stehen in wenigen Straßen um den Hafen herum, und hinter ihnen liegt „Kowskys Heringsräucherei“, die als letzte Räucherei auf Bornholm nach der traditionellen Methode mit einem offenen Schornstein arbeitet, bei der das Feuer niedriggehalten wird, indem man Wasser darüber spritzt. An anderen Orten geschieht das längst automatisch.

Die Fischräucherei (oben) und die Mühle in Årsdale

Oben an der Landstraße steht **Årsdale Mølle,** eine Windmühle aus dem Jahr 1877. Sie ist ein prachtvolles, achteckiges Gebäude aus Ziegelsteinen, die auf einem Sockel aus Granit gemauert sind. Dazu hat sie einen zwiebelförmigen Hut aus Eiche und Kalmarer Kiefer, der mit Schindeln aus Lärchenholz gedeckt ist. Sie ist eine der wenigen Mühlen - und die letzte auf Bornholm -, die auch heute noch arbeitet. Drei Generationen hat sie mit ihrem alten Mahlwerk - angetrieben mit Windkraft - überlebt, und sie befindet sich auch heute in einem bemerkenswert guten Zustand.

Wenn die Mühle bei einer frischen Brise gut läuft, entstehen wirklich enorme Zugkräfte und Drehmomente. Und läßt man sie bei Stürmen frei laufen, kann sie Funken sprühen. Mühlen sind natürlich vom Wind abhängig, und für eine kommerziell genutzte Mühle bedeutet Winstille das Arbeitsende. Deshalb stellte man in ihr 1904 den ersten Motor auf. Er wurde 1939 ausgewechselt, und 1961 fand ein weiterer Wechsel statt. Es ist also genau wie auf einem Segelboot: bleibt der Wind weg, startet man den Motor. Es ist für ein kleines Entgelt möglich, sich dieses lebendige Museumsstück von Innen anzusehen. Am Ausgang verkauft der Müller frischgemahlenes Årsdale-Mehl nach der Devise: Wer zuerst kommt ...

Von Årsdale nach Svaneke

Von Årsdale aus sind es nur ein paar Seemeilen bis zur Nordosthuk Bornholms, wo Svaneke den Segler willkommen heißt. Das Hotel Østergård, ein dreiflügeliger Bau, steht direkt unten am Hafen und ist schon von weitem zu sehen.

Svaneke Havn

Die Häfen von Svaneke, Gudhjem und Allinge, den drei größten Orten an der Nordküste, wurden alle in das Klippenmassiv gesprengt. Sie haben eine schmale Einfahrtsrinne, die zwischen

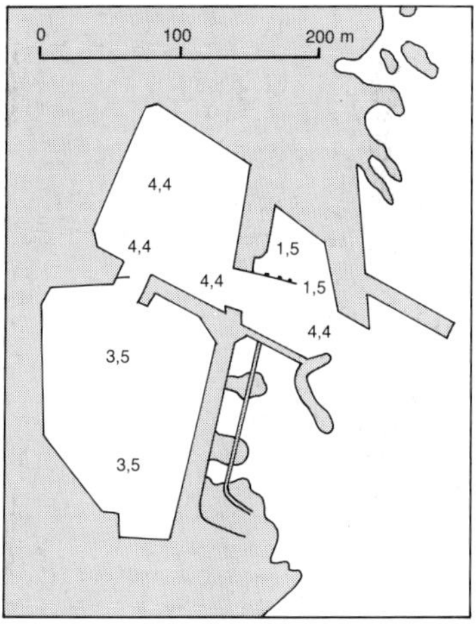

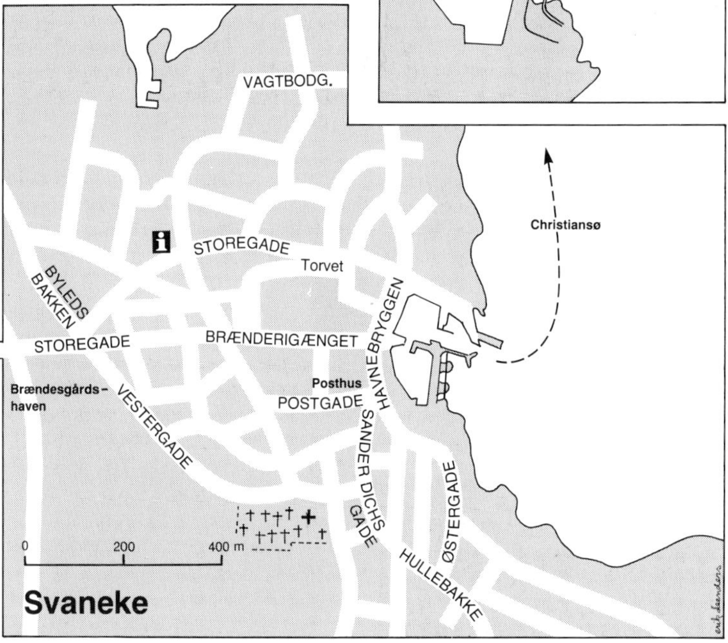

- Telefon
- Wasser
- Proviant
- Benzin/Diesel
- E-Anschluß
- Hafenmeister Tel. 53 99 60 40
- Fahrradverleih
- Nächste Tourist-Information: Storegade 2 Tel. 53 99 63 50

Schären hindurchführt. Bei starken östlichen Winden ist es schlichtweg unmöglich, sie anzulaufen, denn dann werden ihre Hafentore geschlossen. Ist man aber erst einmal drinnen, liegt man geborgen und sicher - und kann sich von hier aus das beeindruckende Schauspiel ansehen, bei dem sich die Wellen wild an den Klippen brechen.

In der Stadt

Svaneke zeichnet sich in architektonischer Hinsicht durch viele kleine Häuser des 18. und 19. Jahrhunderts aus, die ein so geschlossenes Stadtbild ergeben, daß sie den Ort zum idyllischsten der ganzen Insel machen. 1975 nahm die „Stadtvereinigung der Freunde Svanekes" dafür eine Auszeichnung entgegen: Die Goldmedaille des Europarates und der Organisation „Europa nostra".
Svanekes Ausdehnung ist trotz der nur 1300 Einwohner groß, da es hier keine Mietshäuser gibt. Jede Familie wohnt in ihrem eigenen Haus, und das wird gehegt und gepflegt. Außerhalb Svanekes stehen als Wahrzeichen zwei stattliche Mühlen (siehe unten) und zwischen ihnen thront ein Wasserturm, der einem Seezeichen gleicht. Er steht auf drei Beinen und ist wie eine Bake an der Nordseeküste geformt. Entworfen wurde er von Jørn Utzon.
Svaneke Kirke steht am Kirkeplads und stammt aus dem Jahr 1569. Sie ist von einem Friedhof umgeben und liegt 18 m über dem Meeresspiegel auf einem der Hügel, auf denen die ganze Stadt errichtet ist. Ursprünglich trug der Turm ein Satteldach über dem aus Fachwerk errichteten Glockenstuhl, doch 1789 erhielt der Turm stattdessen seine hohe, gertenschlanke und schindelbedeckte Haube mit einer Windfahne, die den gekrönten Schwan der Stadt darstellt.
Die **Bockmühle** Svanekes steht am Nordre Strandvej. Sie ist die älteste des Landes und gut erhalten. Sie wurde 1634 gebaut. **Svanemølle,** die Schwanenmühle am Rønnevej, ist eine Holländermühle mit einem Schindeldach aus dem Jahr 1864.

Die Umgebung

Der **Brændegårdshave** liegt 4 km weit in südwestlicher Richtung. Es ist ein ca. 7 ha großer Park mit einem See, der zum Rudern einlädt und mit einer Schwebebahn überquert werden kann. Dazu gibt es noch viele andere Freizeitangebote. Alles ist kostenlos, nur am Eingang muß man ein kleineres Eintrittsgeld bezahlen. Es gibt auch Tiergehege, Affenkäfige usw.

Von Svaneke nach Listed

Von Svaneke aus rundet man nördlich sogleich Møllenakke und geht auf Westkurs. Die gesamte Distanz bis zum nächsten Hafen beträgt nur etwa 1 sm. Listed, wie dieser Hafen heißt, liegt an der schönen, teilweise geschützten Felsenküste zwischen Svaneke und Gudhjem.

Listed Havn

Yachten mit einem Tiefgang bis 1,8 m bereitet Listed keine Schwierigkeiten. Selbst in der Saison kommen hier nicht viele Touristen her, und wenn

Der Brændegårdshave ist ein Freizeitparadies für Kinder und Erwachsene

diese Zeilen das nicht ändern, trifft man hier auf ein seltenes Idyll mit vielen Fachwerkhäusern, die sich um den kleinen Fischerplatz gruppieren. Daher hat man hier gute Möglichkeiten, das „echte“ Bornholmer Fischermilieu zu erleben. Nahe des kleinen Fischerortes liegt ein Gebiet mit Bautasteinen.

Bølshavn

Zwischen Listed und Melsted liegt Bølshavn, das nur von kleineren Booten angelaufen werden kann, da die Wassertiefe nur etwa 1 m beträgt. Der kleine Fischerort ist von einer bemerkenswerten Landschaft umgeben. Unmittelbar südlich des Ortes gibt es Strandwiesen, die eine Besonderheit darstellen, da sie sich auf Granit gebildet haben. Einen guten Kro findet man in der Nähe des Hafens.

- Wasser
- Hafenmeister Tel. 53 99 66 76
- Nächste Tourist-Information: Svaneke, Tel. 53 99 63 50

Von Bølshavn nach Melsted

Nur eine halbe Seemeile südöstlich von Gudhjem liegt ein weiterer der kleinen idyllischen Fischerorte der Nordostküste:

Melsted Havn

Für Schiffe mit einem Tiefgang bis zu 1,2 m bereitet die Ansteuerung von Melsted, sofern kein starker auflandiger Wind herrscht, keine größeren Schwierigkeiten. Es werden 1,6 m Wassertiefe sowohl für die Fahrrinne als auch für das Hafenbecken garantiert, doch gilt das nur bei mittlerem Wasserstand. Melsted ist das beste Beispiel für einen alten Bornholmer Fischerort, der in einer reizvollen Umgebung liegt. Unten am Hafen findet man kleine Straßen mit Fachwerkhäusern, an denen sich Stockrosen emporranken.

- E-Anschluß
- WC
- Hafenmeister Tel. 53 95 18 08

Von Melsted nach Gudhjem

Man kann von Melsted aus nach Gudhjem segeln wie auch laufen. Ein ca. 1 km langer, gewundener Klippenpfad führt dorthin zum Hafen und in die Stadt. Gudhjem bietet zwei Häfen, die beide unter hohen Kosten in die harten Granitklippen gesprengt wurden. Die Einfahrt in den Trafikhavn (dem südlichen und von Gästen häufiger benutzten Hafen) erfolgt zwischen den Schären Bokkens Knajl und Bredhald - und man sollte sich hier kein Abweichen erlauben, sondern Kurs halten. Bei gutem Wetter gibt es keine Probleme, wenn jedoch der auflandige Wind stärker als Bft 4 ist, kann man nicht einlaufen, weil dann die Hafentore zum inneren Hafen geschlossen werden, um wenigstens dort Ruhe zu haben. In Notsituationen darf man in den Außenhafen einlaufen, doch kann hier Schwell stehen, so daß man sehr unruhig und schlecht liegt. In diesem Fall ist es besser, weiterzusegeln und einen Hafen an der Leeküste Bornholms anzulaufen.

Gudhjem (südlicher Hafen)

- Telefon
- Wasser
- Proviant
- Benzin/Diesel
- E-Anschluß
- Hafenmeister Tel. 53 98 53 32
- Fahrradverleih
- Tourist-Information:
  Ejnar Mikkelsensvej 28
  Tel. 53 98 52 10

In der Stadt

Unter Ostseeseglern ist und bleibt Gudhjem für seinen Charme und für seine ungewöhnlich hübsche Lage berühmt - und es wäre eine Sünde, hier vorbeizusegeln, und deshalb gibt es im kleinen Hafen während der Hochsaison ständig Platzmangel. Es kommt hin und wieder vor, daß so viele Schiffe im Hafen liegen, daß man dort nicht einen einzigen Quadratmeter freies Wasser zu Gesicht bekommt. Die Lage Gudhjems ist in Dänemark einzigartig und läßt sich nur mit den kleinen Küstenorten des Mittelmeeres vergleichen. Die Stadt schiebt sich terrassenförmig die steilen Hänge hinauf, und vom Bokul, 47 m über dem Meer, hat man einen prachtvollen Blick über die Dächer der Stadt und die vielen üppigen kleinen Gärten. Überall schimmert das Granitmassiv hindurch, während direkt daneben z.B. ein Maulbeerbaum oder ein Feigenbaum wächst. Die Hauptstraße, die Gudhjembrødden heißt, ist so steil, daß Fahrradfahren verboten ist. Und über der Stadt erhebt sich eine große Windmühle, die nachts angestrahlt wird.

Die Bornholmer Heringsräucherei nahm in Gudhjem ihren Anfang. Vor einigen hundert Jahren beobachteten Fischer aus Gudhjem schottische Söldner, die sich an Heringen delektierten, die sie in Steinhütten mit offenen Schornsteinen selbst geräuchert hatten. Bald darauf ging man überall in Gudhjems Fischerkaten der Räucherei nach, und im Jahre 1886 bauten die Gebrüder Kock die erste kommerzielle Heringsräucherei, was sich als eine Idee erwies, die ihnen viel einbrachte. Schnell verbreitete sich das Gewerbe über die Bornholmer Fischerorte.

Die **Sankt Annæ Kapel** steht hinter der (neuen) Kirche von 1893. An der Kapellenmauer ist eine Gedenktafel für 11 finnische Seeleute eingelassen, die beim Untergang zweier Schiffe am 22.5.1840 umkamen. Auf dem Friedhof liegt einer der größten dänischen Maler, Oluf Høst, begraben. Er lebte von 1884 bis 1966.

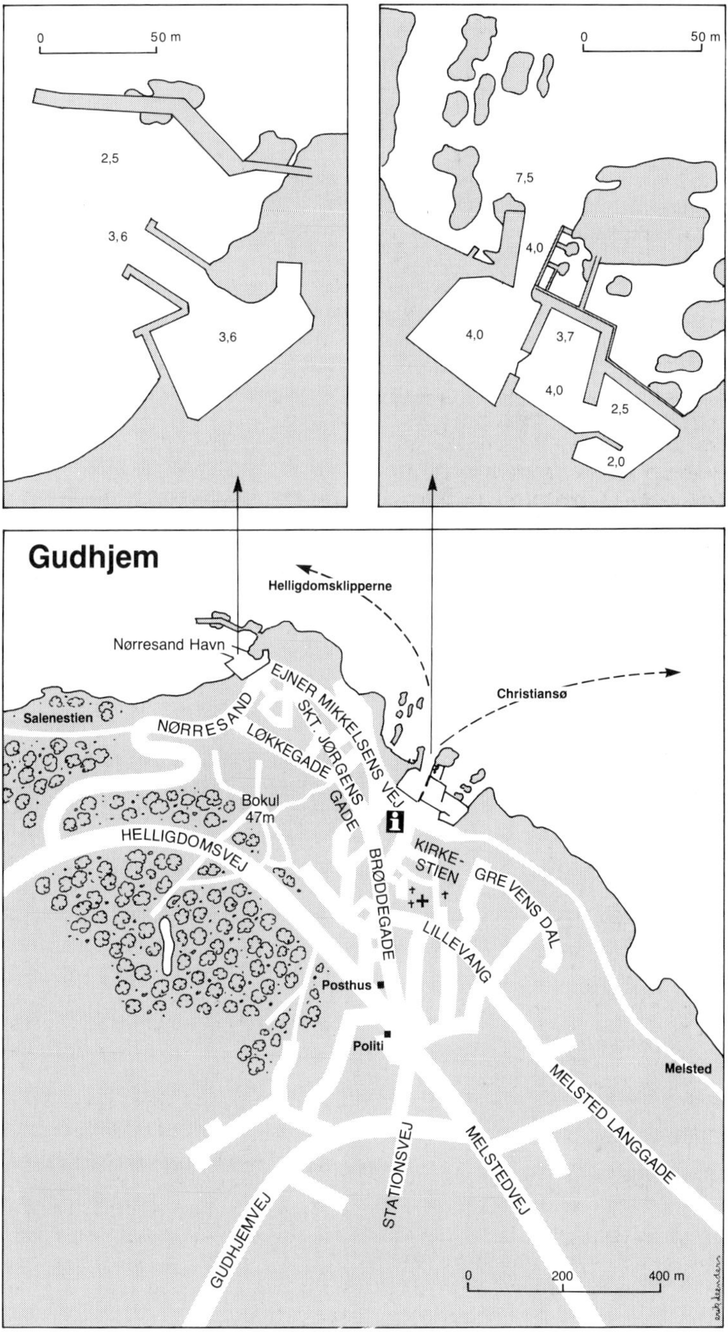
0
50 m
2,5
3,6
3,6
0
50 m
7,5
4,0
4,0
3,7
4,0
2,5
2,0
Gudhjem
Helligdomsklipperne
Nørresand Havn
Christiansø
Salenestien
NØRRESAND
EJNER MIKKELSENS VEJ
SKT. JØRGENS GADE
LØKKEGADE
Bokul
47m
HELLIGDOMSVEJ
BRØDDEGADE
KIRKE-STIEN
GREVENS DAL
LILLEVANG
Posthus
Politi
Melsted
MELSTED LANGGADE
MELSTEDVEJ
STATIONSVEJ
GUDHJEMVEJ
0
200
400 m

Der Hafen von Gudhjem wurde unter großem Kostenaufwand in die Klippen gesprengt

Gudhjems Museum am Stationsvej 1 ist in einem ehemaligen Bahnhof mit einem eigenartigen Holzturm untergebracht. Es zeigt eine heimatkundliche Sammlung, in der es u.a. Textilien, darunter auch Volkstrachten, gibt. Im übrigen werden wechselnde Malerei- und Grafikausstellungen veranstaltet, und vor dem Museum sind moderne Skulpturen aufgestellt.

Die Umgebung

Gudhjem Plantage, ein Forst, liegt etwa 600 m vom Hafen entfernt auf der anderen Seite der Landstraße von Gudhjem nach Allinge. Mitten im Forst liegt der hübsch Waldsee Gråmyr. Durch die Bäume hindurch kann man eine Gruppe niedriger Hügel sehen, auf denen Funde aus der älteren Steinzeit geborgen wurden. Hinter dem Wald steigt das Steinmassiv bis zu einer Höhe von 73 m an.

Gudhjem Havn (Nørresand)

Dieser Hafen liegt 300 m weiter im Norden beim Stadtzentrum. Vielleicht wurde er gebaut, weil man den südlichen Hafen ab einer gewissen Windstärke nicht mehr anlaufen kann. Nørresand Havn wurde auf der anderen Seite hinter einer Landzunge erbaut, so daß man Gudhjem bei allen Winden anlaufen kann.

- Telefon
- Wasser
- Proviant
- Benzin/Diesel
- Hafenmeister Tel. 53 98 53 32 (die beiden Häfen der Stadt haben denselben Hafenmeister)
- Fahrradverleih
- Tourist-Information: Ejnar Mikkelsensvej 28 Tel. 53 98 52 10

Direkt vor dem Hafen gibt es einen der besten Ankerplätze Bornholms. Er heißt Salne Bugt und ist durch das hohe Land gegen Winde aus Süd geschützt. Der Grund besteht aus Sand, in dem der Anker leicht einen Halt findet.

Von Gudhjem nach Tejn

Die Distanz bis Tejn kann man dicht unter Land segeln. Das einzige Hindernis sind die Rødstadsschären etwas östlich von Helligdom. Die übrigen Gewässer sind rein, und an einigen Stellen kann man bis dicht an die Klippen laufen, genau wie im schwedischen Schärengarten. Die Helligdomklippen nördlich von Rø sind zerklüftete Steinformationen. Hier gibt es versteckte Höhlen und Grotten, von denen die größte, **Sorte Gryde,** nur schwer zugänglich ist.

Tejn Havn

Der Hafen von Tejn ist großzügig angelegt, denn hier ist eine umfangreiche Fischereiflotte beheimatet. Gäste dürfen nur den Osthafen benutzen. Die Stadt mit ihren roten Dächern hat nicht so viele reizvolle Häuser zu bieten wie Gudhjem oder Svaneke, dafür aber Ruhe.

Eine der vier Rundkirchen Bornholms, **Olsker,** steht hoch erhoben etwas im Landesinneren. Der Kro am Hafen, die Räuchereien sowie die gepflegten niedrigen Häuser zeichnen das Bild einer harmonischen Gemeinschaft, in der die Entwicklung und die Seele miteinander Schritt halten können. Es gibt hier auch einen aktiven Segelclub, und Tejn ist gewöhnlich Ausgangshafen für Sportangler, die ihrem Hobby auf der offenen Ostsee nachgehen wollen.

Tejn Mølle ist eine kleine Bockmühle, die auf Granit gebaut wurde. Sie steht unter Denkmalschutz, gehört der einheimischen Bevölkerung und wird von ihr auch instandgehalten. Man weiß nicht, wann sie gebaut wurde, nur, daß sie im Jahre 1850 hierher gebracht wurde.

- Telefon
- Wasser
- Proviant
- Benzin/Diesel
- Hafenmeister Tel. 53 98 01 89
- Fahrradverleih
- Tourist-Information:
  Sdr. Strandvej 11
  Tel. 53 98 05 80

Von Tejn nach Allinge

Segelt man von Tejn aus nach Norden, kann man sich dicht unter der Küste halten, die 10-m-Linie liegt dicht unter Land. Schon bald taucht die Doppel„stadt“ auf, zuerst Allinge mit seinem Hafen und dann Sandvig.

Allinge Havn

Auch der Hafen von Allinge wurde in die Felsenküste gesprengt. Es gibt ein Tor zwischen dem inneren und dem äußeren Hafen, das bei viel Wind geschlossen wird.

- Telefon
- Wasser
- Proviant
- Benzin/Diesel
- E-Anschluß
- Hafenmeister Tel. 53 98 00 75
- Fahrradverleih
- Tourist-Information:
  Kirkegade 10
  Tel. 53 98 00 01

Er wird in der kurzen, aber hektischen Saison von vielen Seglern angelaufen. Es kann leicht zu einer kleineren

Kletterpartie über Yachten hinweg kommen, bevor man festen Boden unter den Füßen spürt, denn hier liegen die Schiffe dicht in Päckchen. Allinge ist ja der erste sichere Hafen nach dem Runden des Hammerknudens.

In der Stadt

Allinge-Sandvig nennt man auch die Zwillingsstadt, denn beide sind vollständig zusammengewachsen. Bei einem Spaziergang gleitet man von einem Ort in den anderen über, ohne den Übergang richtig zu bemerken. In Allinge bildet der Hafen das Stadtzentrum und bietet hübsche Straßenzüge mit Fachwerkhäusern. Charakteristisch sind hier im übrigen die „Hochsockelhäuser", die auf abfallendem Gelände erbaut wurden, und an deren Fassaden Treppengänge hochführen. Darüber hinaus gibt es hier viele Hotels und eine lebhafte Restaurantszene.

Die **Allinge-Sandvig Kirke** am Kirkeplads ist für beide Orte zuständig und besitzt einen Turm mit charakteristischem Stufengiebel, von dem gesagt wird, daß er aus dem 16. Jahrhundert stamme.

Ein **Obelisk** erinnert an die gefallenen russischen Soldaten des 2. Weltkrieges. Er steht vor dem neuen Friedhof in Allinge.

Mellem byerne, deutsch: „zwischen den Orten", so heißt das Stück zwischen Sandvig und Allinge ganz offiziell. Man findet auf dem Madsebakke eine Klippenfläche mit der größten Sammlung von **Felszeichnungen** Dänemarks. Insgesamt kann man hier 12 Schiffsdarstellungen und ein Kreuz im Rad sehen.

Von Allinge nach Sandvig

Ungefähr eine Seemeile in nordöstlicher Richtung trennt Allinge vom nördlichsten Hafen. Der Hafen heißt Sandvig Havn, und hier kann man bei ruhigem Wetter an der äußeren Mole liegen - das Wasser ist hier etwa 2 m tief, während es im inneren Hafen nur 1,5 m aufweist.

Sandvig Havn

Die Bollwerke in Sandvigs Hafen sind aus Granit, und 10 - 15 m hohe Klippen erheben sich schützend um ihn herum. Dieser Hafen ist ein ausgesprochener Fischereihafen, der zusammen mit einem vollkommen weißen, wunderbaren Sandstrand viele Sportbootfahrer im Laufe der Saison anzieht.

- Telefon
- Wasser
- Proviant
- E-Anschluß
- Hafenmeister Tel. 53 98 00 75
- Fahrradverleih
- Tourist-Information: Hammershusvej 2, Tel. 53 98 00 01

In der Stadt

Es sind nur ein paar Kilometer von Sandvig bis ins Zentrum von Allinge, und die benachbarten Orte sind fast zu einer Stadt zusammengewachsen. Sandvig, die eine Hälfte der Doppelstadt, besticht durch ihren eigenen Charme, die schmalen Wege mit den gepflegten Häusern und den Stockrosen.

Ein **Gedenkstein** für den Befreier Bornholms, Jens Kofoed, ist an der Østersø-Schwimmhalle aufgestellt.

Skansevold an der Strandpromenade ist der Rest eines alten Schanzenwalles, der als Teil einer Verteidigungsanlage u.a. gegen die Schweden gebaut wurde.

Das **Tømmehus** in der Vestergade 3 ist ein kleines Museum, das von den Gebrüdern Lange in einem Haus aus dem 19. Jahrhundert eingerichtet wurde. Die Sammlung besteht hauptsächlich aus dem Inventar der Landbewohner. Im Garten steht ein alter Maulbeerbaum.

Den gamle Rådstue, die alte Ratsstube, ist das einzige denkmalgeschützte Haus des Doppelortes. Bis 1884 fanden hier die Birketings, die Ratsversammlungen des Bezirks Hammershus statt, später diente es als Spritzenhaus.

Zwischen Sandvig und dem Hammerknude liegt die Åsand-Bucht. Bei westlichen Winden ist sie ein guter Ankerplatz. Hier kann man liegen und besseres Wetter abwarten, wenn es zu stürmisch ist, um auf der anderen Seite Hammers zu segeln, oder wenn man einen Nachttörn nach Bornholm hinter sich hat und nun ein wenig Schlaf nachholen möchte, ist die Åsand-Bucht ein geeigneter Ort dafür. Die Alternative wäre ein überfüllter Hafen, wo man als äußerster im Päckchen liegt, und schon im voraus damit rechnen kann, im Schlaf gestört zu werden, weil verholt werden muß.

Der Kreis ist nun geschlossen. Die Entfernung rund Bornholm beträgt etwa 70 sm, auf der man die 22 beschriebenen Häfen anlaufen kann. Doch be-

Der Hafen von Sandvig

steht die Insel nicht nur aus ihrem Küstenstreifen. Selbst wenn sie nur 40 km in ihrer längsten Achse mißt, wird man ihre abwechslungsreiche Natur bei einem einzigen Bornholmbesuch nicht annähernd kennenlernen.

Von Sandvig nach Christiansø

Die Distanz zwischen Sandvig und „Oen", der „Insel" wie sie auf Bornholm einfach genannt wird, beträgt 14 sm. Von Gudhjem aus beträgt die Entfernung sogar nur 10 sm. Hier, im Osten Bornholms, liegt ein äußerstes Stückchen Dänemarks, eine Inselgruppe, die Erbseninseln genannt werden, jedoch unter dem Namen Christiansø besser bekannt sind. In Wirklichkeit besteht die Inselgruppe aus 17 kleinen Inseln und Schären, von denen nur Christiansø und Frederiksø bewohnt sind. Zwischen beiden Inseln, die miteinander durch eine Drehbrücke aus dem Jahre 1912 verbunden sind, liegt ein Naturhafen mit einer nördlichen und einer südlichen Einfahrt.

Christiansø

Wenn man sich den Inseln an einem sonnigen Sommertag nähert, leuchten die gelben Mauern der Kasernen über die See, und im Hafen spiegeln sich die Bastionen und Festungstürme in hellen südländischen Farben. Alles zusammen erinnert an Zeiten, als fremde Schiffe den östlichsten, kanonenbestückten Vorposten des Landes respektvoll grüßten.
Beim Verlust Schonens, Hallands und Blekinges 1658 plante man, eine feste Burg auf den Erbseninseln zu errichten, von der aus man die schwedischen Flottenbewegungen beobachten konnte. Indessen verging eine ganze Reihe von Jahren, bis der Grundstein für diese erste Flottenbasis der Welt gelegt wurde.

- Telefon
- Wasser
- Dusche (Salzwasser)
- WC
- Hafenmeister Tel. 53 96 20 01
- Nächste Tourist-Information: Svaneke, Tel. 53 99 63 50

Doch auf Befehl Christians V. erbauten 1684 zwei Kompanien norwegischer Soldaten als ersten Teil der Festungsanlage eine Kanonenbatterie, die den Hafen schützen sollte. Danach folgte der Bau des großen Turms auf Christiansø und des kleinen auf Frederiksø, in dem nun ein Museum eingerichtet ist. **Storetårn,** der große Turm, mißt 27 m im Durchmesser und war in seinem obersten Stockwerk kanonenbewehrt, während sich im untersten eine Kirche befand. Das änderte sich später, die Kirche zog aus, und 1805 wurde im Turm das erste Spiegelleuchtfeuer Dänemarks installiert.
Andere Gebäude kamen hinzu, u.a. das **Kommandantenhaus** (1703), die **Hauptwache** (1735), das **Verwalterhaus** (1738), die malerische **Kajgade** mit ihren Wohnungen für das Militärpersonal (1791), das **Magazin** beim Hafen (1808) und das **Staatsgefängnis** auf Frederiksø (1824). Die ursprüngliche Offiziersmesse wurde zu einem Kro. An der Festung wurde bis zum Jahr 1848 gebaut.
Als die Festung fertig war, zählten der Offiziersstab, die Matrosen, das Verwaltungspersonal und die Handwerker zusammen 114 Mann, und während des Krieges gegen die Engländer 1807 bis 1814 wurde die Besatzung auf 372 Mann verstärkt, zeitweise sogar auf 568.
Diese Festungsanlage auf Christiansø hat den dänischen Staat enorme Summen gekostet, sowohl für ihre Einrichtung, wie auch später für ihre Erhaltung. Und doch ist sie trotz all des Geldes nur einmal in Kämpfe ver-

Der Lilletårn auf Frederiksø

wickelt gewesen. Am 24.10.1808 griff eine englische Eskorte aus drei Schlachtschiffen, drei Fregatten, einer Brigg und einem Kutter Christiansø an, jedoch ohne allzu großen Erfolg. Eine englische Bombe fand allerdings den Weg in ein kleineres Haus auf Frederiksø. Das Haus wurde dazu benutzt, sechs schwedische Soldaten unterzubringen, die man auf einem preußischen Schiff gefangen genommen hatte. Die Bombe fiel auf den Tisch, an dem sie saßen und Karten spielten. Sie wurden alle getötet und in Stücke gerissen, so daß man sie in nur drei Särgen begrub. Die Engländer verschwanden in Richtung Norden und ließen Christiansø für den Rest des Krieges in Frieden. Das dramatische Ereignis war jedoch Anlaß genug, die Befestung zu verstärken; unter anderem baute man kräftige Ringmauern zwischen den Batterien. 1855 sah die Admiralität ein, daß die Zeit der alten Festung und Marinebasis vorbei war. Nur eine kleine Abteilung Soldaten unter der Führung eines Leutnants blieb zurück, um Ruhe und Ordnung um den lebendigen Hafen herum aufrechtzuhalten. Viele Wohnungen standen nun leer, und 1863 verließen die letzten Soldaten auch Christiansø. Die Inseln standen schon früh unter der Verwaltung des Verteidigungsministeriums, und man kann dort weder Grund noch Haus kaufen - nur mieten.

Um dem fortschreitenden Verfall der leeren Häuser entgegenzuwirken, wurde 1865 bestimmt, daß ehemalige Soldaten und andere, die die Fischerei betreiben wollten, dort billige Wohnungen erhalten konnten, und dazu verschiedene Vergünstigungen, die sonst der Besatzung der Festung vorbehalten waren. Familien zogen in die gelben Langhäuser ein, und was früher eine extra Einnahmequelle und notwendige Ergänzung der Nahrung war, wurde nun zum Haupterwerb der neuen Bewohner.

Neben der Marinebasis wurden die Ertholme, wie die Erbseninseln im Dänischen genannt werden, aufgrund ihrer isolierten Lage die „Teufelsinseln", des Reiches. Gefangene, die zu lebenslanger Haft verurteilt waren, kamen auf die Insel, um ihr Leben damit zu verbringen, Granit zu sprengen, den man als Ballast für Schiffe benutzte. Sie wurden „Jernfanger", „Eisengefangene", genannt, weil sie angekettet waren. 1825 wurde Dänemarks erstes und hoffentlich einziges Gefängnis für politische Gefangene hinter der Salzerei für die geräucherten Fische auf Frederiksø errichtet, in dem der berühmte Gefangene Phill. J.J.

Christiansø und Frederiksø sind durch eine Drehbrücke aus dem Jahre 1912 miteinander verbunden

Dampe von 1826 bis 1841 einsaß. Heute werden in den Zellen Fischergeräte aufbewahrt, aber eine Zeitlang wohnte dort auch eine Fischerfamilie. Dampes Verbrechen bestand in einer „Verschwörung gegen die absolute Königsmacht".

Die **Kirche** ist eine alte Waffenschmiede, die 1852 umgebaut und 1928 restauriert wurde. 1927 erhielt sie einen freistehenden Glockenturm, wie man ihn auch auf Bornholm kennt.

Den Sommer über besuchen 100.000 Touristen die Insel, doch im Winter zählt man hier nur 132 Seelen. Der Höhepunkt im Leben der kleinen Inselgemeinschaft ist der Flottenbesuch. Es beginnt damit, daß eine Schar Kinder im Hafen herumgeht, Lärm veranstaltet und dazu im Chor ruft: „Es ist Ball auf dem Mond um halb acht und alle sind willkommen". Der „Mond" ist das Versammlungshaus gleichen Namens, und man tanzt bei derartigen Anlässen bis in die frühen Morgen-

stunden zur Musik des Schifferklaviers.
Auf Christiansø steht gleich nördlich der Brücke die Hovedvagt, die Hauptwache (auch: Infanterivagt). In ihr ist jetzt die öffentliche Bücherhalle der Insel untergebracht.
Neben der Hauptwache öffnet ein Kaufmann sein Geschäft in einem Stallgebäude, das zur Kommandantenwohnung gehörte. Der Kaufmann hat auf der Insel das Monopol für alle Läden und den Gasthof. Nur selbst hergestellte Waren dürfen auch durch andere gehandelt werden.
In einem alten Magazin neben der Kirche wurde ein Elektrizitätswerk eingebaut, so daß die Erbseninseln sich selbst mit Strom für das Leuchtfeuer und die Bewohner versorgen. Unter dem Giebel des Magazins befinden sich die Versorgungseinrichtungen für Segler und Touristen. Man sollte mit dem Wasser sparsam umgehen, denn es herrscht auf der Insel Frischwassermangel. Es ist der Herrgott selbst, der hier für die Wasserversorgung zuständig ist, denn das Wasser kommt aus den Brunnen in den Klippen. Es ist Regenwasser, und es ist so wenig, daß die Toilettenspülungen mit Salzwasser funktionieren. Einer dieser kleinen Seen - oder Brunnen - heißt „Guds forsyn", die „Vorsehung Gottes".
Man darf auf Christiansø keine Hunde oder Katzen mitbringen, um zu verhindern, daß das Trinkwasser verschmutzt wird!
Die drittgrößte Erbseninsel heißt Græsholm. Sie ist in ihrer Gesamtheit ein Vogelreservat und liegt da wie eine weiße Klippe - weiß von Möwenkot. An diesem abgelegenen Ort stand in der Festungszeit der Galgen, an dem die Missetäter der damaligen Zeit hingerichtet wurden. In den Jahren 1684/85 diente die Insel auch als Pestfriedhof.
Heute ist Christiansø ein beliebtes Ziel für Touristen - eine Art Museum, in dem eine Fischergemeinschaft lebt. Die Fischer fahren aufs Meer und schicken den Fang täglich mit dem Postschiff nach Bornholm. Dieser kleine Ort lebt weiter, wenn auch unter anderen Bedingungen als die übrige dänische Gesellschaft.

Ortsregister

Agersø Havn 89
Albuen 126
Allinge Havn 167
Arnager Havn 156
Årsdale Havn 159
Askø Havn 117

Bandholm Havn 121
Bisserup Havn 92
Blands Havn 122
Bøgeskov Fischereihafen 107
Bølshavn 163
Bogø Fischerei- und Fährhafen 136
Bornholm 147 ff.
Borreknold 139
Bramsnæs 66
Brøndby Strand 110

Christianshavn 18
Christiansø 170 ff.

Dragør Havn 22
Dybsø Naturhafen 97
Dybvig Havn 116
Dyrnæs Hage 45

Ejby 64
Elleore 55
Errindslev Fischereihafen 128
Eskildsø 53
Espergærde Havn 34

Fakse Ladeplads 104
Farø 138
Femø Havn 114
Flakfort 24
Frederiksholm-Kanal 19
Frederikssund 48
Frederiksværk 45

Gåbense Bro 135
Gedser Yachthafen 131
Gershøj 61
Gilleleje 39
Gudhjem Havn (Nørresand) 166
Gudhjem (Südlicher Hafen) 164
Guldborg Anlegebrücke 134
Guldborg Brücke und Bootshafen 135

Hammerhavn 149
Hårbølle Havn 140
Hasle Havn 152
Havnsø 76
Hellas 61
Hellerup Havn 28
Helligpeder Havn 152
Helsingør Nordhavn 35
Herslev Yachthafen 60
Hesnæs Fischereihafen 141
Hesselø 74
Hestehoved Yachthafen 124
Hørby Yachthafen 69
Holbæk Havn 67
Holbæk Marina 67
Hornbæk Yachthafen 39
Humlebæk Havn 33
Hundested 40
Hundige Yachthafen 109
Hvidovre Yachthafen 21
Hyldeholm 50

Isefjord 64 ff.
Ishøj 110

Jyllinge 52
Jyllinge Nordhafen 53

Kalkbrænderihavn (CBC Havn) 27
Kalundborg 81
Kalvebodernes Havn 21
Kalvehave Havn 101
Karrebæksminde Havn 93
Kastrup Yachthafen 23
Kastrup Strandpark 23
Kattinge Vig 59
Kignæs Yachthafen 46
Klintholm Havn 141
Køge Yachthafen 108
Kølholm 50
Kopenhagen 9 ff.
Korsør Havn 86
Kragenæs Havn 122
Kramnitse Fischereihafen 127
Kransekrog 60
Kulhuse Havn 43

Langelinie Yachthafen 12
Langø Havn 125
Lejre Vig 60
Lergraven 132
Lilleø 119
Listed Havn 162
Lynæs Havn 42

Margretheholm 25
Marbæk 48
Melsted Havn 163
Møllekrog 62
Mosede 109
Mullerup Yachthafen 83
Musholm 84

Næstved 94 f.
Nakskov Handelshafen 125
Nekselø Bro 77
Neksø Havn 157
Nivå Bugt Havn 32
Nørre-Kås Havn 153
Nyhavn 18
Nykøbing/Falster Havn 132
Nykøbing/Seeland 71
Nyord Havn 143
Nysted Havn 128

Odden (Havneby) 74
Ølvig 60
Omø Havn 90
Onsevig Fischerei-hafen 123
Orø Havn 70

Peberholm 50
Peberrenden 50
Petersværft Lilleput-havn 101
Pouls Vig 94
Præstø Havn 103

Reersø 83
Ringø 60
Rødby Havn 127
Rødvig Havn 105
Rønne Industrihavn (Sydhavn) 154
Rørvig Havn 73
Røsnæs Fischerei-hafen 80
Roskilde Havn 56
Rungsted Yachthafen 32

Sakskøbing Havn 119
Saltholm (Barakkebro) 24
Sandvig Fischerei-hafen 102
Sandvig Havn 168
Sejerø 78
Skælskør Havn 88
Skåningebro 138
Skalø 116
Skovshoved Havn 29
Skudehavn 27
Skuldelev Havn 51
Sletten Havn 33
Snekkersten 35
Snogebæk Havn 157
Sønderby Havn 54
Sortsø Anlegebrücke 136
Sprogø 84
Stavreby Havn 102
Stege Havn 145
Stubbekøbing Havn 139
Sundby Havn 23
Svaneke Havn 161
Svanemøllehavn 28

Tærø Havn 100
Tårbæk Havn 30
Tårs Fischerei-hafen 124
Teglkås Havn 152
Tejn Havn 167
Tempelkrog 67
Trangraven Marina 17

Uglekrog 60
Urne Fischerei-hafen 123

Værebro Å 52
Vallensbæk 110
Vang Havn 151
Vedbæk Havn 31
Veddelev Yachthafen 56
Vejrø Havn 111
Vellerup Vig 64
Vesterby Havn 116
Vordingborg Nordhavn 99

Westseeland 74 ff.
Wilders Plads Marina 17

Sanne Wittrup

Törnführer Dänemark 1

Langeland · Rund Fünen
Alsen · Kleiner Belt

Edition Maritim

Sanne Wittrup
Törnführer Dänemark 1
Langeland, Rund Fünen, Alsen, Kleiner Belt

152 Seiten, 40 Pläne, 40 Fotos,
Format 22 x 12 cm
ISBN 3-89225-239-4